江苏省农业科学院出版物奖励扶持专项资金资助出版

U0651174

光伏农业园区
规划设计与创新实践

鲍恩财　　周长吉 ◎ 主编

中国农业出版社
北　京

图书在版编目（CIP）数据

光伏农业园区规划设计与创新实践 / 鲍恩财,周长吉主编. -- 北京 : 中国农业出版社, 2024. 12.
ISBN 978-7-109-32727-6

Ⅰ. F324. 3

中国国家版本馆CIP数据核字第2024XY4473号

中国农业出版社出版

地址：北京市朝阳区麦子店街18号楼
邮编：100125
责任编辑：周锦玉
版式设计：杨　婧　　责任校对：吴丽婷　　责任印制：王　宏
印刷：北京通州皇家印刷厂
版次：2024年12月第1版
印次：2024年12月北京第1次印刷
发行：新华书店北京发行所
开本：880mm×1230mm　1/32
印张：8.5
字数：236千字
定价：88.00元

编 写 人 员

主　编　鲍恩财　江苏省农业科学院

　　　　周长吉　农业农村部规划设计研究院

副主编　李若男　安徽农业大学

　　　　吴翠南　江苏省农业科学院

　　　　吴照学　安徽农业大学

　　　　叶章颖　浙江大学

　　　　饶　勇　四川渔光物联技术有限公司

　　　　陈　佩　中广核新能源投资（深圳）有限公司

　　　　王一然　中广核新能源投资（深圳）有限公司

参　编　肖媛媛　杭州市萧山区涌潮综合能源研究院

　　　　朱铁铭　杭州市萧山区涌潮综合能源研究院

　　　　方　亮　南京工业大学

　　　　张　龙　江苏省农业科学院

　　　　龚剑晖　江苏省农业科学院

　　　　耿夏允　江苏省农业科学院

　　　　胡珍珍　江苏省农业科学院

曹　凯　江苏省农业科学院

陈金友　江苏省农业科学院

杨志鹏　安徽农业大学

袁天韫　安徽农业大学

林玉良　四川渔光物联技术有限公司

陈　章　四川渔光物联技术有限公司

朋泽群　浙江大学

杨　晨　深能南京能源控股有限公司

　　光伏农业是在农业生产基础上，合理有效利用光照资源进行光伏发电，实现节地、节能、高效、可持续及生态循环的现代农业科技综合体，是将清洁能源发电与农业生产有机耦合的新型发展模式，不仅是新能源电力的主要来源之一，更是一个巨大的农业碳汇系统。当前，中国已成为光伏农业模式发展最好的国家之一，结合农业各业态的光伏总装机容量位居世界第一。根据联合国粮食及农业组织（FAO）估测，到2050年，全球农业需要增产近50%（相较于2012年）才能满足预估的粮食需求，因此，光伏农业可持续低碳发展是实现中国农业领域"双碳"战略目标必须重视的环节。目前，全球能源转型的基本趋势是实现化石能源体系向低碳能源体系的转变，而光伏农业同时具有降低碳排放、资源可再生，且能实现土地复合利用等多种优势，近10年来在全球范围内广受关注。

　　近年来，随着各国光伏农业发展规模持续扩大，光伏发电和农业生产之间的矛盾愈发突出，光伏农业园区中的农业用地一直未得到有效利用起来，农业减产严重，大部分园区仅仅有发电的效益，给光伏农业园区项目推广应用带来了一定程度上的负面影响。因此，加强对新建光伏农业园区的规划设计和建成园区的应用实践，形成可推广、

有效益的农电高效耦合的生产模式，已经成为光伏农业产业发展中的热点与难点。

本书以光伏农业园区的规划设计为核心，兼顾基本原理和应用实践，内容包括光伏发电技术、光伏农业的概念与分类、光伏农业园区规划设计方法、光伏农业光电系统设计，以及光伏种植园区、光伏渔场和光伏畜禽场的规划设计方法与案例。

本书内容丰富、图文并茂，注重规划设计和工程应用，旨在促进我国光伏农业产业的高效耦合发展。本书可供从事光伏复合发电工程开发及光伏农业耦合生产的技术人员阅读，也可供高等院校新能源科学与工程和光伏工程技术等相关专业的师生学习参考。

本书由江苏省农业科学院鲍恩财策划组织编写，各章设章主编，分别为第1章王一然、陈佩，第2章吴翠南、肖媛媛，第3章李若男，第4章李若男、饶勇，第5章鲍恩财、张龙，第6章叶章颖、饶勇，第7章吴照学、杨晨，另有朱铁铭、龚剑晖、耿夏允、胡珍珍、曹凯、陈金友、杨志鹏、袁天韫、陈章、朋泽群、方亮、林玉良参与编写，全书由农业农村部规划设计研究院周长吉统稿并定稿。本书编写过程中，多家企业提供了典型的实际工程案例，在此一并致谢！

目前光伏农业应用模式各具特点、种类繁多，随着光伏发电和现代农业的快速发展，光伏农业耦合应用的新理论与新技术还在不断涌现，本书仅选择部分案例供读者参考。书中难免有疏漏和不妥之处，恳请广大读者批评指正。

编　者

2024年6月

目 录
CONTENTS

3 光伏农业园区规划设计基本方法　　53

4 光伏农业光电系统设计　　83

6 光伏渔场及案例 188

7 光伏畜禽场及案例 218

1 光伏发电技术

1.1 光伏发电原理

光伏发电的本质是光电效应。光电效应是物理学中一个重要而神奇的现象。在高于某特定频率的电磁波照射下，某些物质内部的电子吸收能量后逸出而形成电流，即光生电，这类光生电的现象被人们统称为光电效应。

光电效应分为光电子发射效应、光电导效应和阻挡层光电效应。光电子发射效应是当物质受到光线照射时，电子得到了足够的光能后从物质表面上发射出来的现象。发射出来的电子称为光电子，可以发射光电子的物体称为光电发射体。光电导效应，又称为光电效应、光敏效应，是光照变化引起半导体材料电导变化的现象，即光电导效应是光照射到某些物体上后，引起其电性能变化的一类光生电现象的总称。阻挡层光电效应，又称光生伏特效应，指光照使不均匀半导体或半导体与金属结合的不同部位之间产生电位差的现象。它首先是由光子转化为电子、光能量转化为电能量的过程；其次是形成电压的过程。有了电压，就像筑高了大坝，如果两者之间连通，就会形成电流的回路。光电子形成的电流即光电流。光电子发射发生在物体表面，称为外光电效应；光电导效应和阻挡层光电效应发生在物体内部，称为内光电效应。按照粒子说，光是由一份一份不连续的光子组成，当某一光子照射到对光灵敏的物质上时，它的能量可以被该物质中的某个电子全部吸收。电子吸收光子的能量后，动能立刻增加，如果动能增大到足以克服原子核对它的引力，就能在 10^{-9} s 时间内飞逸出物质

1

表面，成为光电子，形成光电流。单位时间内，入射光子的数量越大，飞逸出的光电子就越多，光电流也就越强。

大多数情况下，半导体吸收入射光后，光子的能量使电子跃迁到高能级，形成非平衡载流子，提高了半导体的载流子浓度，使半导体的电导率增大。在半导体物理学中，电子流失导致共价键上留下的空位被视为载流子，非平衡载流子是指处于非平衡状态的半导体，其载流子浓度也不再是初始浓度，可能比平衡状态多出一部分，多出来的这部分载流子称为非平衡载流子。这种由光照引起半导体电导率增加的现象称为光电导效应。而通过光激发形成的非平衡载流子很快回到基态，因此只能提高半导体的电导率，无法形成电势差。电子和空穴的转移在n区和p区分别留下没有载流子补偿的固定的施主离子和受主离子，从而建立了两个空间电荷层。这些电荷的施主离子和受主离子称为空间电荷，空间电荷所在的区称为空间电荷区，空间电荷区内形成的电场称为内建电场。受激电子和空穴受到内建电场的作用，各自向相反的方向运动，受激电子集结在n区，而空穴集结在p区，形成与内建电场相反的电动势，称为光生电压。如将p-n结短路，则会出现电流，称为光生电流。这种由p-n结的内建电场引起的光电效应，称为光生伏特效应。

太阳光照在半导体p-n结上，形成新的空穴－电子对，在p-n结内建电场的作用下，空穴由n区流向p区，电子由p区流向n区，接通电路后形成电流，这就是光伏电池的工作原理。

光电直接转换方式是利用光伏效应，将太阳辐射能直接转换成电能。光电转换的基本装置就是光伏电池。光伏电池是一种利用光生伏特效应，将太阳光能直接转化为电能的器件，是一个半导体光电二极管。当太阳光照到光电二极管上时，光电二极管会把太阳的光能变成电能，产生电流。将许多个电池串联或并联起来就可以成为有较大输出功率的光伏电池方阵。光伏电池是一种大有前途的新型电源，具有永久性、清洁性和灵活性三大优点。光伏电池寿命长，只要太阳存在，光伏电池就可以一次投资而长期使用。与火力发电、核能发电相比，光伏电池不会引起环境污染。很多材料能产生光生伏特效应，如单晶硅、多晶硅、非晶硅、砷化镓和铜铟镓硒等，它们的发电原理基本相同，均为半导体p-n结的光生伏特效应。

　　光生伏特效应的大小用量子效率来表达，即光生电子数量与入射光子数量的比。量子效率与波长相对应，即与光子能量相对应（图1-1）。能量低于禁带宽度的光子，其量子效率为0。通常波长小于350nm光子的量子效率不予测量，因为在AM1.5大气质量光谱中，这些短波的光所包含的能量很小。如果某个特定波长的所有光子都被吸收，并且其所产生的少数载流子都能被收集，则这个特定波长的所有光子的量子效率都是相同的。

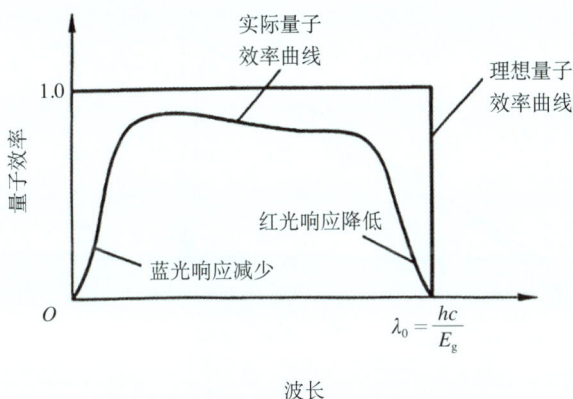

图1-1　入射光波长与量子效率的关系

　　量子效率分为外部量子效率和内部量子效率。外部量子效率包括光的损失，如透射和反射。内部量子效率指的是没有被反射和透射且能够产生可收集的载流子的光的量子效率。测量电池的反射和透射，可以修正外部量子效率曲线并得到内部量子效率。

量子效率描述的是电池产生的光生电子数量与入射到电池的光子数量的比值，而光伏电池产生的电流与入射能量的比值称为光谱响应，用SR表示。

理想的光谱响应在长波段受到限制，因为半导体不能吸收能量低于禁带宽度的光子。不同于量子效率曲线，光谱响应曲线随着波长减小而下降（图1-2）。因为短波长的光子能量很高，而一个光子只能生成一个电子，导致能量的比值下降。

对于光伏电池，短波长光子的高能量不能被完全利用，而超出长波吸收限的光子只能加热电池，无法产生光生载流子，导致了显著的能量损失。

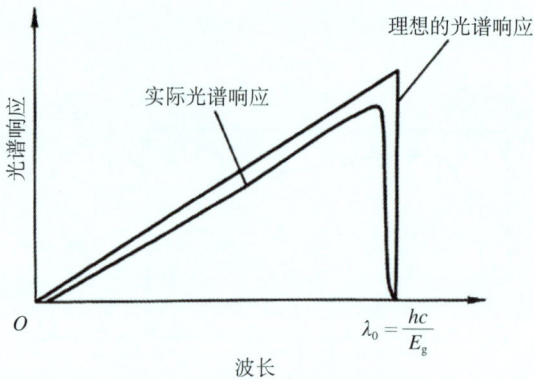

图1-2 光伏电池的光谱响应曲线

1.2 光伏电池组件及其性能

1.2.1 光伏电池组件

将若干单体光伏电池按性能分类进行串、并联，经封装后组合成可以作为独立电源使用的最小单元称为光伏电池组件。

光伏电池是光伏发电系统的核心元件，是由掺杂不同物质形成 p-n 结的半导体制成。光伏电池在太阳光的照射下，光能使得光伏电池 p-n 结的 p 区带正电、n 区带负电，从而在 p-n 结两边产生光生电动势。这就是光伏电池的发电原理。也就是说，光伏电池是把太阳能转变为电能的元件。

1.2.1.1 光伏电池的种类

根据电池的材料不同，光伏电池分为硅光伏电池和其他光伏电池。

（1）硅光伏电池　硅材料，按其结构分为单晶硅、多晶硅和非晶硅 3 种。当熔融的单质硅凝固时，硅原子以金刚石晶格排列成许多晶核。如果这些晶核长成晶面取向相同的晶粒，则形成单晶硅；如果这些晶核长成晶面取向不同的晶粒，则形成多晶硅。多晶硅可作为拉制单晶硅的原料。一般的半导体器件要求单晶硅的纯度达到 6 个 9 以上，即 99.999 9%；大规模集成电路对单晶硅的要求更高，硅的纯度必须达到 9 个 9，即 99.999 999 9%。非晶硅又称为无定形硅，从微观原子排列来看，是一种"长程无序"而"短程有序"的连续无规则的网状结构，是直接吸收光的半导体材料，其光的吸收系数很高，仅几微米就能完全吸收阳光。

硅光伏电池是目前应用最广泛的光伏电池，其中单晶硅和多晶硅光伏电池又称为晶体硅光伏电池，目前占据着世界大部分光伏电池市场。在单晶硅、多晶硅和非晶硅这 3 种硅光伏电池中，单晶硅光伏电池造价最高，多晶硅光伏电池造价次之，非晶硅光伏电池造价最低。太阳能的转换效率也是如此。一般来说，单晶硅光伏电池的转换效率为 18%～24%，多晶硅光伏电池的转换效率为 16%～20%，非晶硅光伏电池的转换效率为 10% 左右。非晶硅光伏电池造价便宜，转换效率较低，其性能不如晶体硅光伏电池稳定，主要应用于计算器、电子表、收音机等弱光和微功率产品中。

（2）其他光伏电池　有化合物薄膜电池、砷化镓光伏电池、聚光光伏电池等。化合物薄膜电池基片的厚度只有晶体硅光伏电池基片厚度（300μm）的 1/10 左右，可极大减少半导体材料用量，大幅降低成本。铜铟镓硒（CIGS）薄膜光伏电池性能稳定，光电转换效率高、成本低，是一种发展前景良好的光伏电池。砷化镓光伏电池价格昂贵且比较脆，但是具有较高的效率和良好的耐辐射性，已经在部分卫星上试用。

1.2.1.2 光伏电池的规格

单体光伏电池的工作电压为直流0.5 ~ 0.6V。常见单体光伏电池尺寸为直径10cm的圆片和边长为10cm的正方片，峰值功率分别为1W和1.4W。较大的单体光伏电池尺寸为边长15cm的正方片，峰值功率约3W。

1.2.1.3 光伏电池组件封装

光伏电池组件实际使用时按照负载要求，将若干单体光伏电池按性能分类进行串、并联，经封装后组合而成，是可以独立作为电源使用的最小单元。制作光伏电池组件时，要挑选电性能参数一致的单体光伏电池组合和封装，以保证光伏电池的组合损失最小。根据标称的工作电压确定单体光伏电池的串联数，根据标称的输出功率确定光伏电池的并联数。

若需要大功率的光伏发电系统，则需要多个组件连接成方阵，以满足各种不同的用电需求。

光伏电池组件通过封装组件后具有坚固的机械强度、良好的绝缘性能及耐腐蚀性能，并增强了光的透射能力。具体封装工艺流程如下。

（1）电池检测及分选　电池因其材料、生产工艺等不同，其电特性差别较大，即使同一厂家、同一型号、同一批次的电池，电池性能也不尽相同，其电参数值也有所差别。因此，组件封装时首先要检测电池片性能，并进行分选，禁止将电性能差异大的电池片串联在同一组件中。为提高光伏组件的转换效率，必须将性能一致或十分相近的电池进行匹配组合封装。

首先目测外观，将有缺陷的电池按照缺陷类别分区放置，并记录缺陷类型。为了美观，通常也要对电池片的色差进行分选。

其次测试电性能，经外观分选合格的电池片，用光伏电池分选仪对电池的转换效率和单片功率等进行测试和分选。一般以功率按0.05W间隔分档，或以效率按0.5%间隔分档放置。分档分级时，多按每个组件所需的电池片数量分包，如60片或72片为1包。

（2）电池片焊接　电池片焊接包括电池片正面焊接和背面串联焊接，焊接用的焊带是镀锡的铜带，长度约为电池片边长的2倍。将1/2焊带焊在正面的主栅线上，剩下1/2焊带焊在第二个电池的背面电极上，使得两块电池形成串联（图1-3），两块电池片间距控制在（1.5±0.5）mm。焊接要光滑、无毛刺、无焊渣、无锡珠。如6×10排列的60片组件，将串联10片电池，形成一个电池串。

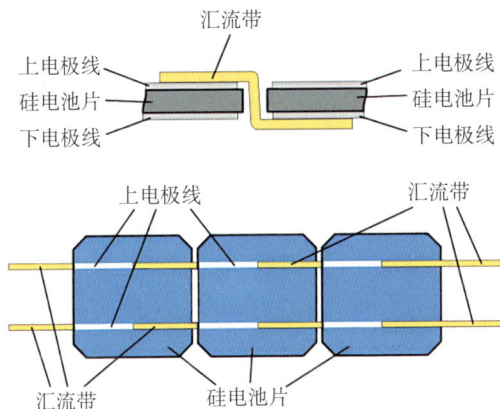

图1-3　电极焊接

（3）叠层　焊接好电池串后叠层封装所需材料，由下向上依次叠放TPT（聚氟乙烯复合膜）背板、EVA（乙烯-醋酸乙烯酯共聚物）胶膜、电池串、EVA胶膜、钢化玻璃（图1-4）。电池串按照组件设计要求进行摆放，如6×10排列的60片组件封装时，将6组串接好的10片电池串头尾交叉依次摆放，再依次用焊带将电池串串接。电池串之间间隙一致，误差不得超过±0.5mm。按组件设计规定的位置，在电池上层的EVA胶膜和TPT上切开方形电极引出口，将组件的正、负极从方形口引出，并固定在背板上。

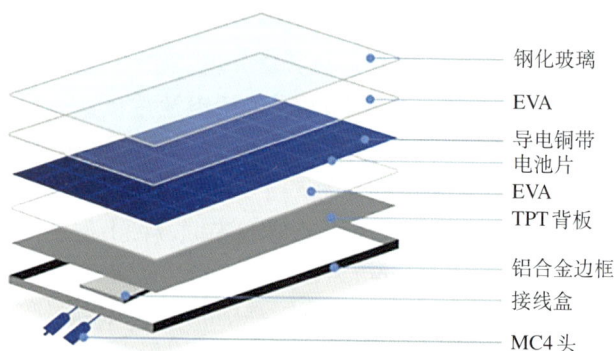

钢化玻璃
EVA
导电铜带
电池片
EVA
TPT背板
铝合金边框
接线盒
MC4头

图1-4 叠层

叠层后的层压件在测试台上检测电压、电流，并检测内部是否有异物，一切正常就可以进行层压。

（4）层压 将叠层好的层压件放入层压机内，通过抽真空将组件内的空气抽出，并进行加热层压。层压机加热板加热，使EVA胶膜熔化，在外部大气压力下将电池、玻璃和背板黏结在一起，形成层压组件。

层压工艺是组件生产的关键一步，层压温度和层压时间根据EVA胶膜的性质决定，使用快速固化EVA胶膜时，层压时间约为22min，固化温度为140 ～ 145℃。

（5）修边及装框 层压时，EVA胶膜熔化后在压力作用下向外延伸固化形成毛边，所以层压完毕应将毛边切除。切除毛边后装进注有硅胶的铝合金边框，以增加组件的强度，并进一步密封电池组件，延长电池的使用寿命。边框和玻璃组件的缝隙用1527硅胶（即硅酮树脂）填充。

（6）焊接接线盒 在组件背面引线处焊接接线盒，以利于电池与其他设备或电池间的外部连接。接线盒用1521双组分硅胶黏结在背板上。接线盒黏结后将组件的引出导线焊接到接线盒的电极端子上，并密封组件，引出电极开口区域。为了降低接线盒阴影影响，正、负电极应并接旁路二极管。

（7）组件测试 组件封装后进行外观检查和电性能测试、耐

8

压绝缘测试以及 EL（电致发光）测试。电性能测试是在标准测试条件下，对组件的输出功率进行标定，测试其输出特性，确定组件的质量等级，并通过不同温度和辐射强度下的性能参数值，即短路电流、开路电压、最大功率点电压、电流及最大功率等，对光伏组件的性能进行评价。

1.2.2 光伏电池组件主要性能指标

光伏电池组件的性能主要指电流 - 电压特性。任何给定组件的输出性能可以用此特性曲线来描述，称为光伏电池组件的 I-U 曲线。准确的 I-U 曲线是在太阳光谱为 AM1.5（AM1.5 指太阳光入射光线与地面法线的夹角为 48.2°，太阳辐照度 1 000W/m²，温度 25℃）的标准测试条件下测得。

描述光伏电池组件的性能指标有最大功率（P_m）、开路电压（U_{oc}）、短路电流（I_{sc}）、最大工作电压（U_{mp}）、最大工作电流（I_{mp}）和光电转换效率（η）。

（1）最大功率 最大功率指在一定负载条件下，光伏电池组件输出的最大功率。在标准测试条件下，光伏电池组件所输出的最大功率为峰值功率。与最大功率点相对应的负载称为最佳负载。最大输出功率点电压与电流相乘可以得到最大功率点的功率值。随着电压下降，输出功率减少。超过最大功率点后，大多数组件随着电压的增加，输出电流或输出功率将减少。

（2）开路电压 开路电压指光伏电池组件电路开路（即 $I = 0$）时的电压，是无电流通过组件时可能达到的最大电压。

（3）短路电流 短路电流指光伏电池组件电路短路（即 $U = 0$）时的电流，是组件在回路阻抗等于 0 时能够输出的最大电流。

（4）最大工作电压 最大工作电压指输出最大功率时的电压。

（5）最大工作电流 最大工作电流指输出最大功率时的电流。

（6）光电转换效率 光电转换效率指在外部电路连接最佳负载电阻时的最大能量转换效率，是光伏电池的最大输出功率与照射到光伏电池上的太阳光功率之比，通常用百分比表示。

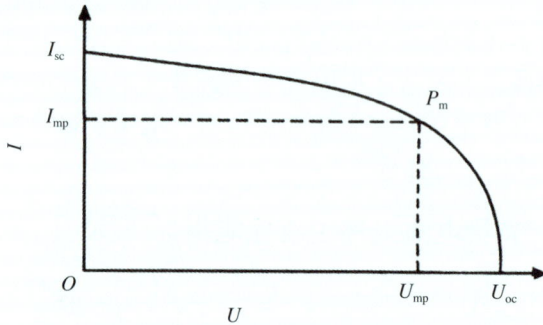

图1-5　光伏电池 I-U 曲线

在光伏电池 I-U 曲线上有3个具有重要意义的点（图1-5），即最大功率点 P_m（U_{mp}，I_{mp}）、开路电压（U_{oc}）、短路电流（I_{sc}），通过这3个点基本就能确定光伏电池组件的上述主要性能指标。

影响光伏电池组件发电功率的主要因素有负载阻抗、日照强度、温度、热斑效应。负载阻抗与组件的 I-U 曲线相匹配时，组件输出效率高，反之，组件运行效率均会降低。光伏电池组件的发电功率与日照强度成正比，与温度成反比。随着光伏电池组件的温度升高，其发电功率降低，大约温度每升高1℃，其最大发电功率减少0.4%。在光伏电池方阵中，当有阴影（如树叶、鸟类等）落在某单体电池或一组电池上，或某单体电池损坏，而组件其余部分仍处于阳光之下时，阴影部分电池反而成为负载，消耗其他电池产生的功率并发热而形成"热斑效应"，进而引起整个组件和方阵失效。

1.2.3　光伏组件的光谱调控技术

光伏组件的光谱调控技术是通过调整太阳光的光谱组成，使其更加符合光伏电池的吸收特性，从而提高光电转换效率，使相同面积光伏组件内产生更多的电能，直接降低单位能源成本，这对于降低运营成本，提高经济效益具有积极作用。高效率的光伏组件可以减少对土地资源的占用，为农业生产留出更多空间，实现土地资源的高效利用。因此，光谱调控技术在提高光伏组件光电转换效率方面发挥了至关重要的作用，它不仅提升了光伏农业园区的能源产出和农业生产能力，还对促进环境保护和可持续发展具有深远影响。

调控光伏组件光谱的技术主要有增透技术、减反射技术、光谱转换技术及背板高反射技术。

1.2.3.1 增透技术

玻璃增透技术主要是通过在玻璃表面涂覆一层或多层特殊的光学薄膜，从而减少光线在玻璃表面的反射，提高透光率。这些光学薄膜通常由金属氧化物或硅氧化物等材料构成，能够有效地调整玻璃表面的折射率，使得入射光线在薄膜界面上产生的反射光相互干涉，部分互相抵消，从而减少总的反射量。增透膜的设计需考虑其对不同波长光线的透过率，以及在不同角度下的光学性能，确保在各种使用条件下都能达到最佳的增透效果。

玻璃增透技术所使用的硅氧化物主要是二氧化硅（SiO_2），尤其是在多层膜结构中，二氧化硅通常作为低折射率材料，与高折射率的金属氧化物交替使用，形成光学干涉效果，达到减少反射、增加透光率的目的。这些材料的选择和搭配，以及它们在薄膜中的精确控制，是实现高效增透效果的关键。

1.2.3.2 减反射技术

在光伏电池的生产过程中，硅片的表面处理技术是提高其光电转换效率的关键步骤之一。硅片表面制绒是提高光效的一项重要技术，即通过在硅片表面制造微米或纳米级别的结构，减少光的反射，增强光的吸收。这种表面微结构的制备通常通过湿法腐蚀（如碱性或酸性溶液处理）、干法腐蚀（如等离子体刻蚀）或激光加工等方法实现。通过制绒处理，硅片表面形成了类似于绒面的粗糙结构，极大减少了入射光线的反射率，从而使得更多的太阳光能被吸收并转换为电能。制绒技术不仅可以提高硅片的吸光率，还有助于减少表面污染物的附着，提高光伏电池的长期稳定性和可靠性。此外，随着纳米技术的发展，纳米级别的绒面结构设计，可以进一步优化反射损耗，使得光伏电池在更宽的光谱范围内具有更好的吸收性能。

目前，制绒技术已成为提升光伏电池性能的标准工艺之一。研究人员和工程师们正不断探索新的材料和工艺方法，以实现更高效率、更低成本的光伏电池生产。随着技术的不断进步和成本的降低，制绒技术将在未来光伏电池领域发挥更加重要的作用。

1.2.3.3 光谱转换技术

光谱转换技术是指通过特定物质将太阳光中非硅材料吸收波段的光转换为电池能够有效吸收的波段。这种技术可以扩展电池对太阳光谱的利用范围，提高电池对太阳能的转换效率。光谱转换技术的关键在于转换材料，这些材料通常是某些特定的荧光物质或者量子点，它们能够吸收太阳光中的紫外光或者蓝光等高能量光子，并重新发射出长波长的光，例如红光或者近红外光，这些就是硅基光伏电池的"最佳吸收区间"。

目前可应用于光伏电池的光谱转换材料包括有机荧光染料、稀土有机配合物、无机稀土转光材料、量子点材料等。

（1）有机荧光染料　作为光伏电池中的光谱转换材料，其核心作用在于吸收太阳光中的特定波段，并将其转换为更易于电池吸收的光谱范围，从而提高光伏电池的光电转换效率。这类材料通常具有较强的光吸收能力，能够吸收紫外或可见光区域的光子，并通过内部分子结构的电子跃迁释放出能量较低的光子，即发生荧光发射。这一过程通常涉及激发态和基态之间的能量差异，其中激发态电子在返回基态时释放出的能量形式为较长波长的光。

有机荧光染料的主要结构组成包括共轭体系和辅助基团。共轭体系是实现光吸收和荧光发射的关键，由多个共轭双键组成，能够通过 $\pi\text{-}\pi^*$ 跃迁吸收特定波长的光。辅助基团则可以调节共轭体系的电子性质，从而改变染料的吸收和发射特性。此外，辅助基团还可以增强染料分子的溶解性、热稳定性和光稳定性。常见的合成方法包括苯环构建、异构化反应、重氮偶联等。

（2）稀土有机配合物　由于其独特的4f电子结构和能级跃迁特性而成为这一领域的重要材料。这些配合物通常包括稀土离子作为中心，以及能与其形成配位键的有机配体。稀土元素如镧 (La)、铈 (Ce)、镨 (Pr)、钕 (Nd)、钐 (Sm)、铕 (Eu)、镝 (Dy)、铽 (Tb)、镱 (Yb) 等，能够提供多样化的吸收与发射特性。

在光谱转换原理上，稀土有机配合物依靠内部 4f-4f 电子跃迁或者 4f-5d 电子跃迁来实现光能的吸收与发射。当光照射到材料上时，配合物中的稀土离子吸收特定波长的光子，激发电子从基态跃迁到激发态。之后，电子在返回到基态的过程中释放出能量，这一能量可能以较长波长的光子形式发射出来，实现光谱的转换。主要结构组成方面，稀土有机配合物的设计和合成需考虑稀土离子和有机配体之间的协同效应。配体通常为含有氮、氧等供体原子的有机分子，如β-二酮、邻菲啰啉等。配体不仅要能与稀土离子形成稳定的配位键，还要能调控其光谱特性，比如增大斯托克斯位移或调整发射波长。

稀土有机配合物的合成通常包括溶液相法、固相法等。溶液相法包括配位溶剂热法、微波辅助合成法等，这些方法可以在较低温度下进行并且反应时间短，有利于获得高纯度、均一性好的配合物。固相法则是在高温下直接将稀土氧化物与有机配体反应，适用于生产大批量产品。此外，还可以通过溶胶-凝胶法、电化学合成法等方法制备稀土有机配合物。

(3) 无机稀土转光材料　工作原理基于稀土元素的特殊电子结构，这些元素的电子能级分布可以通过吸收特定波长的光而激发，再以不同波长的光发射出来。这种光谱吸收与转换过程能够将太阳光中的紫外光部分转换为可见光或近红外光，即将电池不敏感的光波段转换为电池响应更好的光波段，从而提高整体的光电转换效率。无机稀土转光粉通常由宿主材料和掺杂剂组成。宿主材料通常是一种稳定的无机化合物，如氧化物、硅酸盐、磷酸盐等，它们提供了透明且稳定的基质。掺杂剂则是一种或多种稀土元素离子，如铕 (Eu)、铽 (Tb)、钕 (Nd)、镱 (Yb) 和铈 (Ce) 等，负责吸收和转换光谱。这些稀土离子被引入宿主材料的晶格中，通过离子间能量传递和跃迁来实现光谱转换。

无机稀土转光粉可以通过多种途径获得，常见的合成方法包括固相反应法、溶胶-凝胶法、水热合成法和熔融法等。固相反应法是将宿主材料和稀土掺杂剂粉末混合后在高温下煅烧，该方法简单但需要较高的合成温度。溶胶-凝胶法则是通过有机或无机金属盐溶液进行水解和聚合反应生成凝胶，再经干燥和热处理得到转光粉。该方法可控性好，能精确调控粒径和形貌。水热合成法是在封闭容器中通过水热反应合成粉体，能在较低温度下获得纯度高、颗粒大小均匀的转光粉。熔融法则是直接将原料在高温下熔融混合后快速冷却固化制得转光粉，适用于制备大批量产品。

（4）量子点材料 作为一种新型的光谱转换材料，已经在提高光伏电池效率方面展示出巨大的潜力。其工作原理是对太阳光谱中的特定波长的光进行吸收，并将其转换为光伏电池更加敏感的波长的光。这种转换过程涉及量子点对入射光子的激发，产生电子-空穴对，随后通过辐射复合释放出能量较低的光子。此过程中，量子点的尺寸起到决定性作用，因为它直接影响到荧光量子点的能带结构，从而决定了其吸收和发射的光谱特性。

荧光量子点的主要结构通常由半导体材料构成，常见的如 CdSe、CdS、PbS、InP 等，它们被包裹在一层有机或无机的壳层中以提高其稳定性和兼容性。壳层不仅能够保护量子点，避免其被氧化和光腐蚀，壳层材料还可以调控量子点的表面状态，进而优化其光谱转换效率。

合成与制备方法是影响荧光量子点性能的关键因素之一。目前，最常见的合成方法包括热注入法、微波辅助合成法、溶剂热法等。热注入法通过在高温下将前驱体快速注入热溶剂中，实现量子点的快速生长和尺寸控制。微波辅助合成法则利用微波加热均匀快速的特点，获得尺寸分布均一的量子点。溶剂热法则是在封闭容器中通过溶剂高温反应来合成量子点，该方法适用于大批量生产。

光谱转换技术在光伏电池领域应用的主要形式是转光胶膜。转光材料体通常与乙烯－醋酸乙烯共聚物（EVA）、聚烯烃弹性体（POE）等高透明度胶膜材料进行复合，构筑转光胶膜。关键性能参数包括转光效率、稳定性及透明性等。转光效率直接关系到电池模块的发电效率，取决于转光粉体对特定波长光线的吸收和转换能力。稳定性则是指长期暴露于户外环境下，转光胶膜能够保持其性能不退化，这涉及材料的耐候性、耐热性以及抗紫外线性能。透明性则是影响电池模块美观及其在实际应用中接收光线量的重要因素。

在制备过程中，优化转光粉体与胶膜基材的复合工艺至关重要。这包括选择合适的粉体颗粒、分散技术以及复合比例等。颗粒大小会影响最终复合物的透明度和转光效率；分散技术则决定了转光粉体在胶膜中的均匀性；复合比例直接关联到成本和性能之间的平衡。

未来，通过进一步研究和开发新型高效转光材料、改善胶膜材料的性能以及优化制备工艺，有望实现更加经济高效的转光胶膜生产，从而为光伏产业带来革命性的变革。

1.2.3.4 背板高反射技术

背板高反射技术旨在提高入射到电池背面光线的反射率，使得这部分光线再次被电池正面吸收，从而提升电池的整体吸光效率和电力输出。简而言之，就是在光伏电池的背面施加高反射率的材料或结构，以便更多地反射未被吸收的光线回到电池的正面。这样做的目的是增加电池对光线的吸收次数，从而提升电池对光能的转化效率。

背板高反射技术可以通过多种方式实现。例如，在电池背板上涂覆一层具有高反射率的涂料，或者使用镜面效果的材料作为背板，以达到提高光线反射率的目的。此外，也有的采用更为复杂的结构设计，如在背板上制造微结构或纳米结构，这些结构能够有效地将光线散射或反射回电池正面。在应用背板高反射技术时需要考虑到成本和材料稳定性等因素。材料的选择不仅要考虑反射率，还要考虑到其耐候性、耐热性和与电池背板的附着性等。此外，制造工艺应确保在提升效率的同时不会显著增加电池的生产成本。

总之，背板高反射技术为提升光伏电池的光电转换效率提供了一种有效途径。通过精心设计和材料选择，这项技术有望进一步优化光伏电池性能，并推动太阳能发电技术向更高效率、更低成本的方向发展。

随着光伏技术的不断进步，光伏组件的光谱调控方法也在持续发展中。增透技术、光谱转换技术和背板高反射技术都是提高组件效率、降低能量损耗、提高经济效益的重要手段。未来，在规划设计光伏农业园区，选择光伏组件时，应综合考虑这些技术的应用，以实现更高水平的能源和农业生产双重效益。

1.3 光伏发电系统

光伏发电系统晴天时光伏电池接收太阳光，将光能转换为直流电能，产生的直流电能经过控制器控制，输送给蓄电池充电，同时将多余的电能经逆变器转变为交流电输送给负载。晚上或阴雨天时蓄电池组放电，经过控制器控制，将直流电能输送给逆变器，经逆变器转变为交流电输送给负载。

1.3.1 光伏发电系统的构成

一般来说，光伏发电系统由光伏电池组件、蓄电池、控制器、逆变器、升压器与交流负载构成。简化的系统，可省去蓄电池和控制器，直接将光伏电池组产生的直流电通过逆变器转化为交流电送到交流负荷使用。如果用电负荷为直流负荷时，甚至还可以省去交流逆变器。

光伏电池组件是为光伏发电系统提供电能的元件。它无需通过热过程，直接将太阳能转化为电能，输出直流电。

蓄电池是光伏发电系统中的储能元件，白天太阳照射时将光伏电池组件输出的电能储存起来，到晚上或阴雨天需要用电时再将电能输出到负载。

控制器是光伏发电系统中最重要的设备。它对系统的电能进行调节和控制，一方面把调节后的能量送往直流负载，另一方面把多余的能量送往蓄电池储存。当所发电能不能满足负载需要时，控制器又把蓄电池的电能送往负载。蓄电池充满电后，控制器自动控制蓄电池不被过充电。当蓄电池所储存的电能快放完时，控制器自动控制蓄电池不被过放电，以保护蓄电池。控制器性能，对蓄电池的使用寿命影响很大，并最终影响系统的可靠性。

逆变器是光伏发电系统中的电源转换装置。由于光伏电池发出的是直流电，而一般负载是交流负载，必须将直流电转换为交流电才能满足需要。逆变器将直流电转换成单相220V、50Hz或三相380V、50Hz交流电，供给就地交流用电设备或者经过升压变电站并到公共电网给其他用电用户供电。

交流负载是将交流电转化为其他形式能量的各种用电装置，如电灯、电视机、电冰箱、空调、风机、水泵、电机等。

1.3.1.1 逆变

光伏发电系统的逆变过程，是一个将直流电能转换为交流电能的精密转换过程。这一过程的实现，依赖于光伏电池板产生的直流电以及逆变器的关键作用。

首先，光伏电池板通过高效的光电转换效应，将太阳光能转化为直流电能。随后，这一直流电能被传输至逆变器中。

逆变器作为光伏发电系统中的关键设备，其核心作用是将直流电能转换为交流电能。这一转换过程依赖于先进的电子开关技术。逆变器内部的高速电子开关以极快的速度对直流电能进行开关切换，从而将其转换为交流电能。这一过程需要严谨而精准的控制，以确保输出的交流电能稳定可靠。

在逆变过程中，逆变器还可能配备功率因数校正电路和滤波电路等先进功能。功率因数校正电路能够优化电流的波形，提高电能的有效利用率，降低能源浪费。滤波电路则能够滤除电能中的谐波成分，减少对电网的谐波干扰，保护电网和设备的安全稳定运行。

除了逆变过程的核心技术外，用户还应该关注光伏发电系统逆变过程的优化。随着技术的不断发展，逆变器已经逐渐实现智能化、模块化和小型化。智能化逆变器能够实时监测系统的运行状态，自动调整参数，确保系统的最佳性能。模块化设计使得逆变器更加易于维护和升级，提高了系统的可靠性。小型化则使得逆变器更加适应各种应用场景，降低了安装和运营成本。

在实际应用中，光伏发电系统的逆变过程对于提高整个系统的效率、稳定性和可靠性具有重要意义。优化逆变过程，可以进一步提高光伏发电系统的发电效率，降低能源浪费，同时减少对电网的谐波干扰，保护电网和设备的安全稳定运行。此外，逆变过程的优化还有助于提高光伏发电系统的适应性和灵活性，使其能够更好地应对各种复杂环境和应用场景。

由于光伏发电系统发出的是直流电，如果要为交流负载供电，必须配备逆变器。逆变器是通过半导体功率开关的开通和关断作用，将直流电能转变成为交流电能供负载使用的一种转换装置，是整流器的逆向变换功能器件。目前逆变技术多采用金氧半场效晶体管（MOSFET）、绝缘栅双极型晶体管（IGBT）、栅关断晶闸管（GTO）、集成门极换流晶闸管（IGCT）、场控晶闸管（MCT）等先进且易于控制的功率器件，控制电路多采用单片机控制或数字信号处理器（DSP）控制。

（1）逆变器分类　逆变器及逆变技术可按输出波形、主电路拓扑结构、输出相数等方式来分类。

按输出交流电相数分类，逆变器分为单相逆变器、三相逆变器和多相逆变器。

按输出电压波形分类，逆变器分为方波逆变器、正弦波逆变器和阶梯波逆变器。方波逆变器输出的交流电压波形为方波。其优点是线路简单，价格便宜，维护方便；缺点是含有高次谐波，在变压器等感性负载中会产生附加损耗，对通信设备有干扰。正弦波逆变器综合技术性能好，效率高，失真度低，对通信设备没有干扰，噪声小；缺点是线路比较复杂，维护技术要求高，价格较贵。阶梯波（或称改良方波）逆变器输出波形比方波有明显改善，高次谐波含量减少，性能、价格介于方波逆变器与正弦波逆变器之间。

按输入直流电性质分类，逆变器分为电压源型逆变器和电流源型逆变器。

按主电路拓扑结构分类，逆变器分为推挽逆变器、半桥逆变器和全桥逆变器。

按功率流向分类，逆变器分为单向逆变器和双向逆变器。

按负载是否有源分类，逆变器分为无源逆变器和有源逆变器。

按输出交流电频率分类，逆变器分为低频逆变器（低于50Hz）、工频逆变器（50Hz）、中频逆变器（50～1 000Hz）和高频逆变器（1 000Hz以上）。

按是否并网运行分类，逆变器分为离网逆变器和并网逆变器。

（2）逆变器性能技术参数　在光伏发电系统中，逆变器常用的技术参数包括额定输出电压、输出电压不平衡度、输出电压波形失真度等。

①额定输出电压。额定输出电压分为单相220V、三相380V。在稳定运行时，一般要求电压波动偏差不超过额定值的5%。在负载突变时，电压偏差不超过额定值的10%。

②输出电压不平衡度。在正常工作时，逆变器输出的三相不平衡程度不应超过8%。

③输出电压波形失真度。当输出为正弦波时，一般要求输出的电压波形失真度不超过5%。

④额定输出频率。逆变器输出频率应相对稳定，如工频50Hz，正常工作时应不超过1%。

⑤负载功率因数。负载功率因数表征了逆变器带动电感性负载的能力，在正弦波条件下，负载功率因数应为0.7～0.9。

⑥额定输出容量。指当输出功率因数为1（即纯电阻性负载）时，额定输出电压和额定输出电流的乘积。

⑦额定输出效率。指在规定工作条件下，输出功率与输入功率之比，通常应在70%以上。逆变器的效率会随着负载率而改变，往往在负载率低于20%和高于80%时，效率要低一些。为了提高能源的利用率，逆变器的效率应达到一定的要求。标准规定了逆变器的输出功率在不低于额定功率的75%时，效率应不低于80%。

⑧带载能力。要求逆变器在特定的输出功率条件下能持续工

作一定的时间。带载能力的标准规定如下：

a. 输入电压与输出功率为额定值时，逆变器应连续可靠工作4h以上。

b. 输入电压与输出功率为额定值的125%时，逆变器应连续可靠工作1min以上。

c. 输入电压与输出功率为额定值的150%时，逆变器应连续可靠工作10s以上。

（3）并网逆变器　是光伏并网发电系统的关键设备，其功能是将光伏发电系统发出的直流电能转化为与电网同频率、同相位正弦波电流馈入电网。并网逆变器自动检测交流电网是否满足并网条件的同时，也检测光伏电池方阵是否有足够能量并网。当一切条件满足后进入并网发电模式。当出现异常情况，立即进入保护模式。太阳能量较弱时，发电量与机内损耗接近时逆变器进入待机模式，几分钟后再次尝试并网发电；太阳光很弱或在夜晚时，如果光伏电池方阵没有足够的能量发电并且机内损耗较大，逆变器与电网断开，自动关机。

1.3.1.2 升压

光伏发电系统的升压主要是提升光伏电池板的输出电压，以满足电力系统的要求。

光伏电池板产生的电压通常较低，不能满足实际用电需求，因此需要进行升压。在光伏电站中，升压站通常负责将直流电从低电压升高到中等电压，以便将其输送到变电站。这个过程是通过升压变压器实现的，升压变压器通常由高压绕组、低压绕组和铁心组成，能够将光伏电池的输出电压提高到所需的电压级别。

此外，升压站还需要对电流和电压进行监控和检测，以确保电力质量符合要求。实时监测电流和电压的变化，可以及时发现并处理潜在的问题，保证电力系统的稳定运行。

当直流电通过升压变压器时，高压绕组会产生磁场，从而感应出高压交流电。调整升压变压器的匝数比，可以实现对输出电压的精确控制。升压变压器的设计和选择对于光伏发电系统的正常运行至关重要，它需要根据光伏电站的实际情况和用电需求进行合理配置。

同时，升压站还需要监控温度和湿度等环境参数。温度和湿度等环境因素对升压站的性能有着重要影响。例如，高温可能导致设备过热，影响其工作效率；而湿度过高则可能导致设备受潮，引发短路等故障。因此，管理中需要密切关注这些参数的变化，采取相应的措施来保障升压站的稳定运行。

1.3.1.3 储能

光伏发电系统的储能是确保电力供应连续性和可靠性的核心要素。随着可再生能源的普及，储能技术的重要性日益凸显。目前，电池储能是光伏发电中最为常见的储能方式。

（1）蓄电池的分类

①铅酸蓄电池。铅酸蓄电池储能是一种成熟且经济实惠的储能方式。铅酸蓄电池具有使用寿命长、端电压高、安全性强、性价比高以及安装维护简单等优点。这种蓄电池已被广泛应用于各类储能、应急供电和启动装置中。然而，铅酸蓄电池的能量密度相对较低，容易受到温度的影响，并且需要定期维护。

②锂离子蓄电池。锂离子蓄电池储能以其高能量密度、轻量化和长寿命等特点，在光伏发电系统中占据重要地位。目前，磷酸铁锂蓄电池和三元锂蓄电池（镍钴锰酸锂 LiNiCoMn）是主要的锂离子蓄电池类型。锂离子蓄电池的价格相对较高，且其使用寿命受到充电次数的限制。

③超级电容蓄电池。超级电容储能作为一种新兴的储能方式，在光伏发电系统中也展现出巨大的潜力。超级电容具有充电速度快、放电速度快、循环寿命长以及温度特性良好等优点。尽管其能量密度相对较低，但与其他储能方式结合使用，能够发挥出其独特的优势。

在选择适合的储能方式时，需要综合考虑光伏发电系统的具体需求，如储能容量、储能时间、成本等因素。同时，还需要关注储能电池的安全性、可靠性、维护成本等因素。在实际应用中，可能会采用多种储能方式相结合的策略，以满足光伏发电系统的不同需求。例如，可以将铅酸蓄电池、锂离子蓄电池和超级电容等多种储能方式结合使用，以充分利用各种储能方式的优势，提高光伏发电系统的整体性能。

铅酸蓄电池是目前应用最多的蓄电池，具有转换效率高、充放电循环次数多、端电压高、容量大等优点，而且具备防酸、隔爆、消氢、耐腐蚀等良好性能，广泛应用于汽车、电动车、军事、通信、电力、铁路等行业。近年来在太阳能发电领域应用的蓄电池主要也是铅酸蓄电池。

（2）铅酸蓄电池的基本构造 铅酸蓄电池由正极板、负极板、隔板、壳体、电解液和接线桩头等组成（图1-6），其中正极板的活性物质是二氧化铅（PbO_2），负极板的活性物质是灰色海绵状铅（Pb），电解液是稀硫酸（H_2SO_4）。

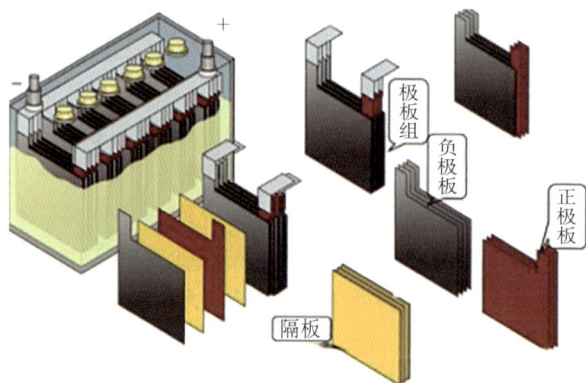

图1-6 铅酸蓄电池组成

（3）铅酸蓄电池的种类 按照电解液容量和电池槽结构分为传统开口式铅酸蓄电池和阀控式铅酸蓄电池。开口式铅酸蓄电池为开口半密封式结构，电解液处于富液状态，使用过程中需加水调节酸度。阀控式铅酸蓄电池为全密封式结构，电解液处于贫液状态，使用过程中不需加水或加酸调节维护。

按照蓄电池用途分为循环使用蓄电池和浮充使用蓄电池。浮充使用蓄电池是指当蓄电池处于充满状态时，充电器不会停止充电，仍会给蓄电池提供恒定的浮充电压与很小的浮充电流。一旦充电器停止充电，蓄电池会自然地释放电能，所以利用浮充的方式来平衡这种自然放电。浮充蓄电池主要是作为后备蓄电池使用。循环使用蓄电池有铁路蓄电池、汽车蓄电池、光伏蓄电池、电动车蓄电池、牵引蓄电池等类型。

按照蓄电池使用环境分为移动型蓄电池和固定型蓄电池。固定型蓄电池大多作为后备电源，广泛用于邮电、电站和医院等，最大要求是安全可靠，因其使用时固定在一定位置，重量不是关键问题。移动型蓄电池主要有内燃机车用蓄电池、铁路客车用蓄电池、摩托车用蓄电池、电动车用蓄电池等。

（4）铅酸蓄电池的主要性能参数　单体蓄电池是指蓄电池的最小单元。蓄电池组由单体蓄电池串联和并联组成，以满足存储大量电能的需要，其作用是存储光伏电池方阵发出的电能并随时向负载供电。单体铅酸蓄电池的电压为2V。例如，电压为12V的蓄电池由6个单体铅酸电池串联而成。

①蓄电池电压。单体铅酸蓄电池的标称电压是2V，充电结束时电压可达2.7V，然后缓慢降到2.05V的稳定状态；放电时，电压缓慢下降，低至1.7V，便不能再继续放电，否则会损坏电池的极板。

②蓄电池容量。蓄电池的容量是出厂时规定的蓄电池在一定的放电电流和电解液温度下，单体电池电压降到规定值时所能提供的电量，一般用安时（A·h）或瓦时（W·h）表示。

③蓄电池使用寿命。在离网光伏发电系统中，通常蓄电池是使用寿命最短的部件。关于铅酸蓄电池的使用寿命，可采用充放电循环寿命、使用寿命和恒流过充电寿命3种评价方法。在可再生能源领域使用的蓄电池，主要关注前两种寿命。充放电循环寿命以充放电循环次数来衡量，而使用寿命则是以蓄电池的工作年限来衡量。根据有关规定，固定型（开口式）铅酸蓄电池的充放电循环寿命应不低于1 000次，使用寿命（浮充电）应不低于10年。

④蓄电池效率。蓄电池工作时有一定的能量消耗，通常用能

量效率和充电效率来表示。能量效率是指蓄电池放电时输出的能量与充电时输入的能量之比。充电效率是指蓄电池放电时输出的电量与充电时输入的能量之比。在离网光伏发电系统中，充电效率为80%～85%，冬天可达到90%～95%。

蓄电池是离网光伏发电系统的重要组成部分，同时也是整个系统中使用寿命最短的部件，因此需合理选择蓄电池的类型和规格型号，确保其具有足够的容量，并进行精心安装和管理维护，才能保证离网光伏发电系统的长期稳定运行。

1.3.1.4 控制器

光伏发电系统中的控制器是对光伏发电系统进行管理和控制的设备。在不同类型的光伏发电系统中，控制器的规格和性能不尽相同，其功能及复杂程度差别很大，具体要根据系统的要求及重要程度来确定。

控制器主要由电子元器件、仪表、继电器、开关等组成。在离网光伏发电系统中，控制器的基本作用是：①为蓄电池提供最佳的充电电流和电压；②快速、平稳、高效地为蓄电池充电，并在充电过程中减少损耗，尽量延长蓄电池的使用寿命，同时保护蓄电池；③具有输入充满和容量不足时断开和恢复连接功能，以避免过充电和过放电现象发生。随着光伏发电系统的发展，控制器在控制技术和元器件方面有了很大发展和提高，先进的控制器已使用微处理器，实现了软件编程和智能控制。

（1）控制器种类　按照电路方式的不同，控制器的充电控制可分为旁路控制器、串联控制器、脉宽调制控制器、多路控制器、两阶段双电压控制器、最大功率跟踪控制器、蓄电池发电全过程控制器和智能控制器。

①旁路控制器。利用并联在光伏电池方阵两端的机械或电子开关器件控制充电过程。蓄电池充满电时，旁路光伏电池方阵可防止其过充电。旁路控制器的电路系统监控着蓄电池电压，当电压达到蓄电池过充电时，过充电流将被功率晶体管导向电阻器，将多余的电能转换成热能。旁路控制器也可以与防反充二极管结

合，二极管如同单向阀门，充电期间允许电流流入蓄电池，夜间防止蓄电池电流流向方阵。旁路控制器设计简单、价格便宜，缺点是要求控制元件有较大的电流通断能力。旁路控制器主要用于小型光伏发电系统。

②串联控制器。利用串联在光伏电池方阵两端的机械或电子开关器件控制充电过程。当蓄电池电压达到充电终止点电压值时，串联控制器通过开关切断电流，防止蓄电池过充电。当蓄电池达到充电恢复点低端电压时，控制器将方阵和蓄电池接通，使充电过程近似恒压充电。串联控制器使用传感器代替二极管通断电路，以防止夜间的"反向泄露"。串联控制器的优点是体积小、价格便宜、线路简单，较旁路控制器具有更大的负载操作能力；缺点是控制功率晶体管存在着管压降，当充电电压较低时会产生较大的能量损失。串联控制器适用于1kW以下的光伏发电系统。

③脉宽调制型控制器。以PMW（正弦波脉冲调宽）方式开关光伏方阵对蓄电池的电能输入。当蓄电池趋向充满电时，脉冲的频率和时间缩短。根据美国桑地亚国家实验室的研究，这种充电过程平均充电电流的瞬时变化更符合蓄电池当前的荷电状态，能够增加光伏系统的充电效率（比简单断开式控制器的充电效率高15%），并延长蓄电池的总循环寿命。脉冲调制控制电路的缺点是控制器自身将带来一定的损耗（4%～8%），如开关损耗、导通损耗、电磁干扰、转换损耗等。

④多路控制器。光伏电池方阵分成多个支路接入控制器。当蓄电池充满电时，控制器将光伏电池方阵逐路断开；当蓄电池电量回落到一定值时，控制器再将光伏电池方阵逐路接通，实现对蓄电池组充电电压和电流的调节。这种控制方式属于增量控制法，可以近似达到脉宽调制型控制器的效果。路数越多，增幅越小，越接近线性调节；但是路数越多，成本也越高，因此确定光伏电池方阵路数时，要综合考虑控制效果和控制器成本。多路控制器一般用于5kW以上的大功率系统。

⑤两阶段双电压控制器。将蓄电池的充电过程分为均衡充电

和浮充充电两个阶段。每天开始充电时，电压调节器的调节电压点，密封电池为2.4V/单体，开口电池为2.5V/单体。这一电压又称均衡充电电压。根据铅酸蓄电池的电化学工作原理，开始充电阶段，只有尽快达到均衡充电电压，蓄电池的电解液才能避免层化效应而以最高效率完成电化学反应，也就是充电效率最高。达到这一电压值后，充电电压必须立即下降，否则将造成电解液汽化。所以，系统在初充电达到均衡充电电压以后，立即自动改变充电的电压保护点，即由均衡充电电压保护点2.4V/单体改变为浮充电压保护点2.35V/单体（开口电池为2.4V/单体）。这样蓄电池的整个充电过程便始终保持在最高效率状态，而且蓄电池的电解液也不会因过电压而造成汽化损失。

⑥最大功率跟踪型控制器。将光伏电池方阵的电压和电流检测后相乘得到输出功率，控制器判断光伏电池方阵的实时输出功率是否达到最大。若不在最大功率点运行，则调整脉宽、调制输出占空比、改变充电电流，再次进行实时采样，并作出是否改变占空比的判断。通过这样的寻优过程，可保证光伏电池方阵始终保持在最大功率点状态，以充分利用光伏电池方阵的输出能量。同时采用PMW调制方式，使充电电流成为脉冲电流，以减少蓄电池的极化，提高充电效率。

⑦蓄电池放电全过程控制器。这种控制方式，根据蓄电池的剩余容量（SOC），对蓄电池的放电进行全过程控制，即除了设定蓄电池的过放电点（$SOC=0$）外，再增加几个控制点（$SOC=70\%$和$SOC=50\%$等）。每天系统放电之前，先检测出蓄电池当天的剩余容量，然后根据剩余容量设定当天的负荷功率或工作时间。此种方式可有效避免蓄电池过放电，并避免由于蓄电池过放电造成的恶性停机。

⑧智能控制器。采用单片机（如Intel公司的MCS51系列）对光伏电源系统的运行参数进行切断/接通控制。智能控制器还可通过单片机的RS232接口配合MODEM调制解调器进行远距离通信和控制。

（2）控制器的选择、安装、使用和维护

①控制器的选择。选择控制器应主要注意下列指标：

a. 系统电压（即蓄电池电压）。控制器的系统电压与蓄电池的电位应一致。例如，12V控制器用于12V系统，24V控制器用于24V系统等。

b. 输入最大电流和输入路数。控制器的最大输入电流取决于光伏电池方阵的电流，通常短路电流为方阵的最大电流值。为提高安全系数，应在此短路电流基础上再加25%的电流容量作为安全裕度。小型控制器一般只有一路光伏电池方阵输入，大型控制器通常采用多路输入。

c. 输出最大电流。控制器的输出电流取决于输出负载的电流，通常是逆变器的电流。

d. 蓄电池过充电保护门限（蓄电池过充电时的最高电压值）和蓄电池过放电保护门限（蓄电池过放电时的最低电压值）。

e. 辅助功能。包括其他保护功能，如通信、显示、数据采集和存储等。

②控制器的安装。光伏发电系统控制器的安装很简单，只需将光伏电池方阵、蓄电池和输出负载（交流系统是接逆变器）接好即可。接线顺序一般为：蓄电池→光伏电池→负载。连接光伏电池方阵最好是在早晚太阳光较弱条件下进行，以避免拉弧。

③控制器的使用与维护。控制器是自动控制设备，安装后即自动投入工作，不需人工操作。平时，工作人员只需注意观察蓄电池电压、充电电流、放电电流、蓄电池是否已经充满、蓄电池是否过充电等。

控制器的维护也很简单，只需定期检查接线、工作指示和控制门限即可。

1.3.2 光伏发电系统的运行方式

光伏发电系统分为空间用系统和地面用系统。空间用系统是指安装在太空中的太阳能发电系统，主要运用于卫星、太空探测器等太空设备中的电源系统。地面用系统是指安装在地球表面的太阳能发电系统。农业生产中使用的光伏发电系统主要为地面系统，但随着我国太空探测的深入，在空间站进行农作物种植已经不是遥远的未来。这里主要介绍地面系统。地面系统按运行方式分为离网运行系统和并网运行系统两大类。

1.3.2.1 离网运行系统

离网运行系统是未与公共电网相连接的闭合光伏发电系统，主要应用于远离公共电网的无电地区，为公共电网难以覆盖的边远偏僻农村、牧区、海岛的农牧民提供照明、看电视等基本生活用电；为通信中继站、沿海与内河航标、输油输气管道阴极保护、气象台站、公路道班及边防哨所等特殊处所提供电源。近年来，随着植物工厂技术的不断成熟，已经开始应用低功耗的 LED（发光二极管）灯作为光源，在完全封闭环境中进行工厂化育苗、蔬菜（食用菌）栽培。在边防哨所、远洋轮船、国际海运等固定或运动的场所利用光伏发电进行植物生产是离网运行系统在光伏农业中应用的典型代表。

离网运行系统可分为集中式光伏发电系统（光伏电站）和户用光伏发电系统。

（1）集中式光伏发电系统　是指由专用场地、专用机房和专用围栏或围墙、专用的小规模电网等组成的交流光伏发电系统。机房内有专用的设备室和蓄电池室。专用场地用于安装光伏电池方阵，机房用于安装蓄电池、控制器、逆变器等电站设备，围栏或围墙用于保护电站。小规模电网用于将电力输送到用户。大规模光伏温室（温室群）是典型的集中式光伏发电系统在农业生产中应用的实例，温室的采光屋面就是专用的光伏电池板安装场所。

（2）户用光伏发电系统　对于居民分散居住的地区，每户安装一套独立的光伏发电系统，供用户单独使用，功率一般在 300W 以下。根据负载的不同，户用系统有直流系统、交流系统和交直流混合系统。光伏水泵、太阳能杀虫灯等都是典型的用户光伏发电系统在农业生产中应用的实例。

1.3.2.2 并网运行系统

并网运行系统是与公共电网相连接的光伏发电系统。并网运行系统一般发电功率较大，在兆瓦级以上，被称为光伏电站。

并网运行系统一般仅由光伏电池组件、同步逆变器和升压变电站组成。与离网运行系统相比，并网运行系统少了蓄电池和控制器，建设成本也要低一些。

光伏发电并网是光伏发电的发展方向，代表21世纪最具吸引力的能源利用技术，是当今太阳能发电技术发展的主流，特别是与建筑（包括办公楼和宿舍楼、温室、畜禽舍、冷库、菇房、仓库、车库等）相结合的并网屋顶光伏发电系统，是众多发达国家竞相发展的热点。

1.3.3　光伏发电系统的特点

1.3.3.1　光伏发电系统的优点

（1）安全可靠、故障率低　与水电、火电、核电、风电等发电系统相比，光伏发电系统相对简单，无转动部件，所以运行可靠。

（2）使用寿命长　不带蓄电池的系统一次性投资，可保证20年供电。带蓄电池的系统一般5年左右更换或维护蓄电池后即可继续工作。

（3）管理维护简单　系统的设备仅需要很简单的维护，主要是光伏电池受光面的定期清洁。

（4）部件积木化　光伏发电系统的部件已积木化，用户可根据自己的需要，调整发电系统的容量大小，安装时灵活方便。

（5）供电自主性　离网运行的光伏发电系统具有供电的自主性和灵活性，可减少公共电网故障给用户带来的不良影响及危害。

（6）高海拔性能　高海拔处日照增强，光伏发电系统的功率输出也随之增加，因此使用光伏发电非常有利。相反，在高海拔处运行柴油发电机，其发电效率则会降低。

1.3.3.2　光伏发电系统的缺点

（1）初始投资大　目前光伏发电系统单位发电量的投资比火电、水电、风电的初始投资都要大。

（2）发电不稳定　与火电、水电和核电比较，光伏发电系统受天气的影响比较大，发电量变化较大，不稳定。

2 光伏农业的概念与分类

2.1 光伏农业的概念

光伏农业是一种可将土地同时用于光伏发电和农业耕作的技术，也称作"农光互补""农光一体"，是现代农业发展的一种新模式。光伏农业将光伏发电、农业生产、生态保护和观光旅游结合起来，利用田园景观、农业生产活动、农业生态环境和生态农业经营模式，提高土地的单位产出，增加环境生态效益和农户经济收益，最大限度地利用土地和光照资源，提升农业综合实力。

2.1.1 起源

光伏农业（agrivoltaics）的概念由阿道夫·古茨贝格[1]于1982年在德国首次提出。将传统地面光伏电站抬高，使其不直接安装在地面上，而是安装在离地面约2m的地方，则可能在地面上实现均匀光辐射，并且为地面种植留出生长空间，从而实现土地的双重收益。

作为世界上最早启动能源转型的国家，从2010年前后至今，德国的光伏产业经历了爆发式增长、全民光伏的辉煌阶段，也经历了2014年之后的补贴退坡而带来的行业大滑坡。如今，太阳能与风能等可再生能源已成为德国能源供应不可或缺的支柱，与风力发电和化石燃料发电相比，光伏发电需要相对较大的空间，因此通常很难找到合适的地区来建设大型光伏发电系统。针对此问

1　阿道夫·古茨贝格（Adolf Goetzberger，1929—2023），弗劳恩霍夫太阳能研究所（Fraunhofer ISE）的创始人之一。在其担任该研究所所长期间，弗劳恩霍夫太阳能研究所迅速成长为太阳能研究领域的国际领先机构之一。

题的一个解决方案是将光伏系统集成到人类活动的不同领域，例如，农耕地、建筑物、湖泊和交通运输区域等。就农业光伏开发而言，它大大提升了土地的双重用途和效益。从商业角度来看，尽管近十年来光伏组件的价格大幅下降，但光伏农业发电系统平准化度电成本[1]（LCOE）仍高于传统的大规模地面安装光伏发电系统。高出的成本包括土地流转费、整地、电缆的安全铺设深度加深、支架抬高和结构安全性保障，以及光伏组件的透光度等。然而，相较于成本提高的缺点，光伏与农业设施的结合不仅解决了用地矛盾问题，还创造了更大的经济和生态效益。例如，光伏组件可以替代温室屋顶或者大棚棚顶结构，为温室生产运营提供清洁能源。综合考虑各方面因素，光伏系统的附加值越大，其系统集成就越成功。

从全球范围看，多年来人类一直在应对气候变化的影响，越来越多的极端天气对农业的影响比对其他产业的影响都要严重得多。光伏系统对农业种植的支持和保护作用使得光伏在农业生产方面的应用备受关注，然而，可耕地资源有限，地面光伏对空间需求的增加可能会加剧对土地使用的竞争，并引发社会、政治、经济和环境冲突。考虑到这一点，农业光伏领域的研发是一项谨慎且关键的任务。

我国光伏农业发展的原动力并不是农村或农业对新能源的需求，而是消纳国内过剩的光伏组件产能。自2000年开始，欧美国家对清洁能源不断加大的政策和补贴支持力度刺激了中国光伏制造业的蓬勃发展。2011年之前，出口海外的光伏组件占该产业产能的95%。2011年，中国光伏组件的产量占到全球总产量近80%，堪称绝对意义的世界第一。很快，美国和欧洲为保护本土光伏制造商不受全球市场价格下跌的冲击，先后启动了对中国光伏产品的"双反"调查，并开始征收高额的反倾销税和反补贴税。为了给光伏组件产能寻找新出路，中国政府连续出台减税、简化项目

1　平准化度电成本（levelized cost of energy，LCOE），最早由美国国家可再生能源实验室（NREL）于1995年提出，是对项目生命周期内的成本和发电量进行平准化后计算得到的发电成本，即生命周期内的成本现值/生命周期内发电量现值。

审批、投资补贴等多重政策，鼓励国内的光伏电站建设。但是，早年间在西部地区开发的光伏电站"弃光"现象频发，原因是西部地区地广人稀，工业发展较弱，受限于光伏发电消纳和输电障碍。因此，2013年之后，国家开始鼓励在土地紧俏的中东部地区发展分布式光伏项目，光伏的开发必须让有限的土地资源产生多重效益，于是"光伏＋"模式应运而生，光伏农业开始在我国中东部地区大规模铺开。据学者统计，过去十多年间，光伏农业在中国实现了指数级增长：2011年仅有2个项目并网，2021年已有400多个拟建或已并网项目遍布全国，装机量超过40GW。

随着全球各地开展光伏农业的实地应用和试验研究，光伏农业逐渐显示出来的农业撂荒和农光协同技术问题一直困扰着光伏农业从业者和研究者。由于农作物的生长和光伏组件的发电都需要太阳光，对于如何确定光伏组件的适宜安装面积和合理排布方式，选择哪些农作物能够与光伏发电相结合实现共赢，如何安装光伏组件避免对作物生长微气候环境产生负面影响等，国内外相关学者进行了大量研究。

国外对光伏农业研究起步较早，技术也相对比较成熟。自2007年以来，荷兰、日本、美国等农业现代化程度较高的国家均将研究重点放在光伏农业设施上，并集中资源进行了科技攻关。

在研究光伏组件的适宜安装面积和合理排布方式方面，2012年，日本岛根大学研究了薄膜光伏组件在温室中直线条状和上下间隔的布置方式对大葱生长环境所产生的遮光效果。结果表明，上下间隔布置的光伏组件会减弱遮光对大葱生长的抑制作用，而直线条状布置的光伏组件会增强这种抑制作用。2013年，法国学者探讨了光伏组件覆盖对作物用水的影响。研究结果表明，通过选择特定的作物品种，可以提高光伏农业系统的用水效率，增加光捕获和减少土壤水分蒸发，为植物蒸腾留下更多的水用于植物生长。之后，研究学者通过对比实验评估了作物生长速率是否受光伏组件的阴影影响。研究表明，从露天种植向温室种植转变所需的种植方式适应性很小，光伏组件在不同的遮阳条件下对作物的生长速率产生了不同的影响。2014年，意大利相关学者研究了光伏组件在温室屋面的安装比例达到50%且安装有光伏能源辅助照明系统的条件下，安装面积对温室内番茄作物生长的影响。结果表明，当光伏组件在光伏温室屋面的安装比例超过50%时，辅助照明并不能提高番茄对光强的补偿和作物产出。更多研究表明，与非对称温室相比，文洛型温室的太阳辐射分布更均匀，且太阳辐射传输更高。与光伏组件直线式布置方式相比，棋盘式光伏组件的布置方式能够改善温室内太阳光的空间分布。

为避免光伏组件的安装对作物生长微气候环境产生负面影响，2010年，荷兰瓦赫宁根大学开发了一种新型材料用于光伏温室，其原理是将太阳辐射中的直射辐射通过新材料集中用于发电，而散射辐射则用于作物生产，因此，该技术兼顾了光伏温室的发电量和作物生长环境。在传统温室的基础上，光伏温室配备了最佳的气候控制系统，以及改进的屋面、带有热量回收的通风装置、加热器、热交换器，相比于无光伏组件的最优控制常规温室，光伏温室的天然气使用量大幅减少，而农作物产量显著增加。此后，研究人员研发了一种新型光伏温室，用于光伏温室供冷与能源供应，还可以将多余的太阳能直接转化为电能，并且通过季节性储存部分太阳能用于冬天供暖，以节省采暖费用。更多研究表明，在干旱或半干旱农田上方安装光伏组件，可使光伏组件下的区域保持较高的土壤湿度，种植作物的生物量增加，且用水效率大幅提升。此外，更多试验结果表明，光伏组件的遮光能够提供多种附加和协同效益，包括减少植物的干旱胁迫、提高粮食产量和减少光伏组件的热胁迫。

通过农作物品种选择实现作物生产与光伏发电共赢，对此方面研究表明，光伏组件不同倾斜角度下的能源生产和结构内部的小气候，在最热时期温室内部空气温度和相对湿度的平均值，都在主要蔬菜品种所需空气温度和湿度的最佳范围内。有实验证明，在安装光伏组件的情况下，太阳辐射减少对土壤平均温度、水分蒸发量和土壤水分平衡的影响比全光条件下更利于植物生长，平均玉米产量比全光条件下更高、更稳定。此外，印度学者对光伏组件供水系统与芦荟灌溉系统结合起来的可能性进行了实地研究。实验结果显示，在水资源有限的地区，可在水资源利用低的边缘地区建立光伏基础设施和非粮食作物（如芦荟）的耦合系统，从而最大限度地减少在主要农耕地上种植经济作物所造成的社会经济和环境问题。有学者还探讨了印度现有葡萄种植场发展光伏农业的可行性。研究结果表明，在保持葡萄产量不变的前提下，考虑到葡萄的耐荫性，安装光伏发电系统的葡萄种植场的经济效益可比传统种植场提高15倍以上。还有学者对光伏组件安装方式和莴苣种植进行了研究，结果表明，使用跟踪式光伏组件而非固定式的光伏组件实现了单位土地面积的高发电率，同时保持莴苣的产量接近在全日照条件下的生产量。与此同时，光伏农业的综合应用也在蓬勃发展。2016年，德国黑格巴赫市建成的光伏农业设施使马铃薯种植的土地利用收益达到传统种植土地利用收益的186%（图2-1）。

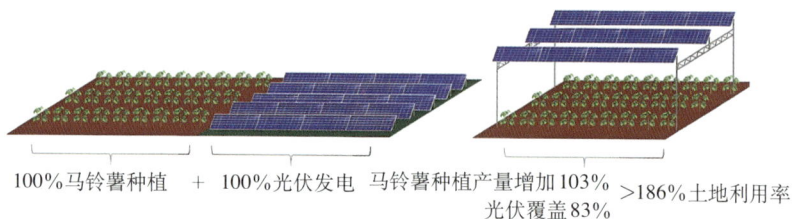

100%马铃薯种植 ＋ 100%光伏发电 马铃薯种植产量增加103% ＞186%土地利用率
光伏覆盖83%

图2-1 德国黑格巴赫市建成的光伏农业土地利用率达到186%

与国外相比，国内在光伏农业领域的研究还处在初级阶段。近年来，"重光轻农"现象的频发和农业部门对光伏农业的重视，促使我国越来越多的从业者和研究者投入到光伏农业的建设事业中。

关于研究光伏组件的适宜安装面积和合理排布方式方面，学者对试验玻璃温室的光伏组件布置方式进行了模拟设计，通过对比不同光伏组件布置方式的模拟结果，确定了最佳的玻璃温室屋顶光伏组件排布方式。

为避免光伏组件的安装对作物生长微气候环境产生负面影响，学者对光伏温室进行了多种参数测试，包括室内外温度、湿度和光照等。测试结果表明，采用间隔排列、平均透光率66%的光伏温室，开启湿帘风机能够达到0.5～7.8℃的降温效果，该类型光伏温室能够满足作物生长需求。

通过农作物品种选择来实现作物生产与光伏发电共赢方面，研究人员通过实地数据比较了光伏大棚与露天茶园的温度、湿度、光照环境、茶叶产量和病虫害情况。研究结果表明，光伏大棚茶园能提供更加适宜的棚内温度、湿度，改善茶树的棚内生长环境，提高茶叶产量。此外，还有学者研究了光伏温室的不同光伏组件面积占比对白菜的生长情况、光合效率、产量及品质的影响。结果表明，面积占比达到50%的光伏组件会影响白菜的正常生长，而33%的基本不影响。

更多研究人员探讨了光伏温室的经济及社会效益。光伏温室具有良好的经济效益，它们的年投资回报率9%～20%不等。根据光伏温室生产的不同作物，贴现回收期[1]为4.8年，光伏温室还带来了可观的社会效益，如提供新的就业机会、提高税收和避免大量二氧化碳排放。敏感性和不确定性分析表明，作物价格是最敏感的影响因素，电力上网电价的重要性远低于预期，这意味着光伏农业企业应更加重视作物种植，决策者也应将补贴的重点从光伏发电转向农业作物生产。

2.1.2 产业现状

近年来，随着光伏农业项目的快速推进，部分项目出现了"因光废农""有光无农""重光轻农"的现象，清华大学社会科学学院能源转型与社会发展研究中心对这些现象背后的深层原因进行了研究和解析，主要有以下几个方面。

一是农业部分的经济效益不高，光伏农业项目没有坚持市场

1　贴现回收期是指从贴现的净现金流量中收回原始投资额所需要的年限，该方法对期望的现金流量以资本成本进行贴现，考虑了风险因素以及货币的时间价值。

导向的多元合作模式。由于农业投入成本高、收益低、周期长，农业的投资效益远不如光伏，因此有光伏企业在建好光伏工程后放弃农业生产和管理。也有不少光伏企业将光伏组件下的土地免费给当地农户种植蔬菜，这种模式并没有摆脱"小农经济"的传统模式，看似光伏技术为农业注入了新动力，实际却没有真正促进农业现代化和规模化经营，因此农业部分的收益无法获得保障。农业规模化经营需要将更多利益方绑定在一起，实现同向发力、利益均沾，收益倾斜于民。在可行性研究阶段，没有农业公司合作的光伏企业由于自身在农业运营方面的专业性不足，缺乏对销售市场、建设条件、建设方案、种植技术、环境影响、劳动保护、投入产出等系统规划，后续缺乏农业产品市场营销和稳定的销售渠道。农户和村集体通常以土地租金获得收益，并没有将光伏产出和农业产出作为重要目标，且土地租金的收益有限，因此，农户和村集体作为参与者主动开发光伏农业项目的积极性不高。

二是光伏农业项目在作物选种和耕作方式方面，缺乏科学性和可操作性的关键技术规范和标准。光伏系统工程施工时，打桩作业常破坏地表耕作层，致使土壤肥力降低，田与田之间的界限移除，农田灌溉系统瓦解，原有农业生产难以恢复，新的作物生长对耕作方式提出了更高的要求。万物生长靠太阳，光伏组件遮阳会对农作物产量造成一定影响，导致部分作物产量和质量都有不同程度的下降。而一些喜阴作物例如食用菌则不受光伏遮阳影响，从而导致光伏企业和农业运营商一股脑地种植食用菌，致使食用菌产量大增，市场饱和，价格下跌，经济收益下降甚至亏本。因此，因地制宜选择适合板下种植的高附加值农作物，利用科学手段提升产量和质量，是实现农光互补产业健康发展的关键。我国土地辽阔，光照资源和农业气候环境差异大，综合考虑不同作物种类的生长环境要求、光伏组件遮阳情况、施工技术等因素，开发适用于不同地区、不同自然环境的光伏农业系统技术标准和验收规范显得尤为重要。

　　三是项目投资主体打着光伏农业的幌子违规占用农业用地，项目实施过程不规范、不透明。在涉及农用地的已建项目中，有些光伏企业为了抢占土地资源，利用"农光互补"作为项目包装，以谋求税收优惠和国家财政补贴，换取企业或个人利益，通过土地审批后敷衍农业生产管理，使"非农化"现象愈加严重。某些项目建设租用农户承包地，但项目主体通常只与农村集体经济组织签订土地流转合同，而农村集体经济组织并未履行针对农户的委托流转手续，农户收益权不明晰，农民权益缺乏保障。种种不合规行为表明农光互补项目实施中存在只考虑土地和光伏布阵，不重视落地流程和农业生产，不尊重农民主体地位的思维导向等问题。

　　四是随着国家土地政策收紧，可用于安装光伏的土地资源日益紧缺，土地性质的认定与实际情况存在差异。第三次全国国土调查发现存在荒地仍被识别为一般农用地的情况，企业在进行农业光伏项目备案时受阻，政府相关部门无法在现有土地政策上做出"突破"。而实际这类"荒地"应被认作劣质耕地，适合开发农业光伏项目，增加土地双重收益。此外，在荒地开发光伏项目，光伏企业认为整体来看已经提升了土地价值，农业的增益不大，没必要再进行农业生产的投入。

　　五是光伏农业发展初期，国家对土地利用的监管技术和监督力度都存在不足。近年来，随着国家对土地监管技术手段不断更新，卫星监拍手段作为一种自上而下的监督方式，给各级政府带来了相当的压力，促使他们在土地监督上更为严格，有效督促农业板块和光伏建设同步实施。对于新建项目，光伏系统建设完成以后，不能像以往一样对农业板块置之不理，蒙混过关。对于已建、在建项目，安徽、河北、山东、江苏等省份均对农光互补项目进行了全面摸排，严查占用耕地、林地、水域的互补项目。多个农光互补项目收到督查文件，责令做好项目内农业板块的种植工作。

2.2 光伏农业的产业模式及特点

根据近年来光伏农业的实地项目开发和科学研究，光伏农业的产业模式多达十几种（图2-2）。

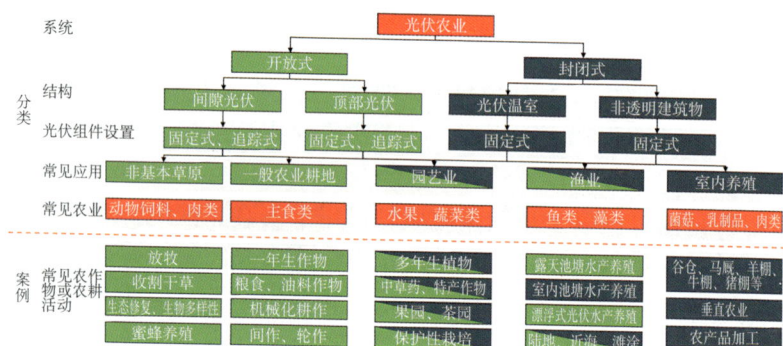

图2-2　光伏农业分类及种植养殖案例

光伏农业主要分为两种系统：一种是开放式，常见于光伏大田农业，在作物中间的空隙安装光伏，或者在作物上方安装光伏；另一种是封闭式，常见于光伏温室系统和非透明建筑物屋顶光伏，将温室顶部玻璃直接替换为光伏组件，或者在建筑物顶部安装光伏组件。

光伏组件的安装模式分为固定式和追踪式。固定式光伏支架是目前应用较广泛的光伏支架类型之一。它采用固定的角度和位置，将光伏组件固定在地面或屋顶上，以充分接收太阳辐射，实现光伏发电。固定式光伏支架具有以下5个特点：①稳定性高。固定式光伏支架采用坚固的结构设计，能够在各种气候条件下保持稳定。②维护成本低。由于固定式光伏支架没有移动部件，构造简单，制作与安装相对方便，维护成本相对较低。③适用性广。固定式光伏支架对场地要求不高，城市和乡村地区都可安装，适用于各种场地，包括屋顶、地面、山坡等。④寿命长。固定式光伏支架的使用寿命一般可达到30年以上。⑤光伏组件受光面有限。由于固定式支架无法主动调整光伏设备的最佳受光角度，在光照条件不理想的情况下，其发电效率会受到影响。

跟踪式光伏支架是一种能够根据太阳位置和光照情况自动调整光伏设备的光照角度的支架系统。跟踪式光伏支架也具有以下5个特点：①高能量输出。跟踪式光伏支架能够根据太阳位置实时调整光伏组件的角度，使其始终正对太阳辐射，从而最大限度地提高能量输出，相比于固定式光伏支架，跟踪式光伏支架能够获得更高的发电效率。②智能化控制。跟踪式光伏支架采用智能化控制系统，能够自动跟踪太阳的运动轨迹，通过精确地计算和控制实现最佳的角度调整，提高能量利用效率。③抗风能力强。跟踪式光伏支架在设计上考虑了抗风能力，能够在恶劣的气候条件下保持稳定；同时，跟踪式光伏支架还能够通过调整角度来减小风对光伏组件的冲击，提高系统的安全性。④适应性强。不同类型的跟踪式光伏支架（如单轴、双轴等）可根据不同的气候、地形和应用需求设计。⑤生产和维护成本较高。其设计和制造系统复杂，因此涉及较高的生产成本和运行维护成本。

根据土地性质，光伏农业常应用于非基本草原的动物饲料和肉类生产、一般农耕地的主食类种植、设施农用地的果蔬园艺种植、坑塘水面的渔业养殖，以及建设用地的乳制品、家畜肉类、菌菇类的养殖与加工。我国已出台多项地方政策，鼓励在畜禽养殖基地，利用养殖设施屋顶、管理用房屋顶、可利用空地建设光伏设施，打造生态养殖基地；在喜阴的药材、菌类、蔬菜、瓜果等农作物大棚上方建设光伏设施。支持在农作物育苗、花卉种植等农作物生产玻璃温室屋面建设光伏发电系统，满足温室保温、灌溉、照明补光等电力需求。在符合国土空间规划和复合用地标准的前提下，支持利用一般农用地、园地、滩涂、垦造地、荒山荒坡等建设农（林、茶）光互补项目，提高土地利用效益。支持在符合相关法律法规要求的水域建设光伏发电系统。支持在养殖池塘等水面建设渔光互补光伏发电项目，提高渔业养殖经济效益。

经实践总结，我国光伏农业的产业模式主要分为3类，即光伏种植业、光伏渔业、光伏养殖业。

2.2.1 光伏种植业

光伏种植业主要模式是光伏大田种植和光伏农业温室。其中，光伏农业温室是将光伏发电与温室大棚种植相结合，在满足温室大棚内花卉、蔬菜等种植作物正常生长所需光照的情况下，在屋顶安装光伏组件，利用太阳光能发电，满足温室电能需求，充分利用温室控光、控温和防病虫害的优势，更加高效地生产出品质优良的产品。光伏农业温室利用光伏发电新技术，让光伏农业发展优势更加明显：一是光伏组件通常设置在温室大棚顶部，不占据地面空间，节省土地资源；二是光伏发电生产的电能可以供应采暖、通风、照明、灌溉以及环境监测等的电力需求；三是发展光伏农场，提供休闲娱乐场所。

根据种植作物及其生长环境条件的不同，该产业模式又可以分为光伏＋设施园艺、光伏＋大田种植、光伏＋食用菌3个方面。

2.2.1.1 光伏＋设施园艺

光伏发电与设施园艺结合的典型应用有光伏日光温室、光伏塑料大棚和光伏连栋温室等类型，这也是光伏农业应用前景最广、对配套技术要求最高的应用领域之一。光伏农业温室用屋顶作为安装光伏组件的载体（图2-3），光伏组件成为温室结构的一部分，既不占用地面空间，又能节省建设成本。光伏温室项目是跨行业项目，需要光伏行业、设施园艺行业以及农业领域专业人员的协作。将光伏组件与温室大棚结合成光伏温室，不仅能为温室内动植物提供所需的光照、温度，而且能改善温室内的小气候，提高温室内的空气质量，从而实现温室内动植物的优质、高效生产。相比普通蔬菜温室大棚，光伏蔬菜温室具有保温，减少病虫害，抗冰雹、辐射、暴雨、强风等恶劣天气，无污染等优点。

图2-3 "光伏＋设施园艺"模型效果

　　2013年，我国第一个蔬菜温室光伏发电项目在"中国蔬菜之乡"——山东省寿光市正式建成并入网。17个光伏蔬菜温室装机容量1MW。温室为钢架结构，屋面由钢化玻璃和按一定规则排列的光伏组件组成（图2-4）。每栋温室有400多块光伏组件，年均发电量近160万kW·h，在满足蔬菜温室日常农业生产与环境调控用电外，其余大部分均并网给居民使用，实现了发电、种菜双丰收。

图2-4 山东寿光光伏温室

在我国海南地区，种植叶菜的光伏温室，在单位面积发电量与普通光伏电站发电量大体相当的情况下，叶菜类蔬菜的产量高于露地栽培的叶菜（图2-5）。海南夏秋季台风、高温、暴雨频繁，导致夏秋季蔬菜供给短缺，叶菜价格周期性波动，高菜价现象频出。在这样的背景下，海南大学刘建副教授团队提出，在海南利用光伏温室建设永久性常年蔬菜基地的建议。发展光伏温室对海南常年蔬菜基地的建设具有重要现实意义：一是增产提效，提高农民收入，实现周年生产；二是提高土地综合利用率，充分利用光热资源，降低蔬菜生产成本；三是保障菜篮子工程的有效实施，降低夏季对岛外蔬菜的依赖，维护民生稳定。

图2-5   海南洋浦开发区光伏温室蔬菜生产基地

图2-6是南京一家实现寒冬和暑夏生产花卉的玻璃温室。光伏玻璃温室内主要种植蝴蝶兰、竹芋等观赏花卉。该温室利用花卉喜弱光的特性，巧妙将温室与光伏结合，在满足花卉生长发育的前提下，有效利用过剩阳光进行太阳能发电，提高太阳能利用效率。温室采用物联网技术，实时监控植物生长状况，及时调节环境策略，极大满足花卉对弱光、高湿、恒温等条件的要求，实现环境调控的精准化和可视化。

图2-6　南京溧水花卉光伏温室

2.2.1.2 光伏＋大田种植

光伏＋大田种植通过利用光伏组件下空间，引导农民种植喜阴作物，例如中草药等经济作物，让单位面积的土地实现最大产出，实现板下经济发展和农民增收，助力乡村振兴。光伏产业在大田种植领域可用于灌溉、配套设施、大田种植物联网设备以及农业机械的供电等。光伏组件下露地作物种植种类多样，依据作物生长的光照强度要求，设置不同的光组件高度、角度、桩间距及安装模式（固定式或追踪式）等。

光伏大田农业项目主要涉及土地问题。我国相关部门规定，禁止光伏项目占用基本农田。因此，光伏农业项目一般建设在一般农用地或者劣质耕地。

2016年的中利"智能光伏＋科技农业"创新项目（图2-7），将光伏支架抬到4m以上高度，光伏支架桩距达到10m跨度，采用单板组件、倾斜安装等创新技术，既能满足大型农业机械化耕种，又能满足光伏组件下水稻、小麦、玉米等农作物的太阳光照条件。在这一创新模式下，光伏建设不影响农田性质，光伏产业不会走向"非农化"，国家粮食安全也将得到有效保障，既为光伏产业找到了突破土地瓶颈的新思路，又提高了农产品产量，促进了农民增收。

图2-7 "光伏＋水稻"大田农业机械化耕作

2014年，正泰新能源开发有限公司在浙江衢州江山市建设了全球第一个200MW大规模农林光互补电站（图2-8）。为了给光伏组件下作物腾出更多生长空间，其光伏组件的安装高度为2～3m。考虑到农业种植和机械化收割，光伏组件的最低边缘离地面至少1.6m，阵列间距为2.5m。由于光伏电池板的遮光效果，作物温润的土地环境可以改善光伏组件的"热阻效应"，光伏组件下方的低光照环境和降温效果是喜阴草本植物的理想生长环境，真正实现了"农光互补"。光伏组件下植物的选择倾向于耐阴品种，如铁皮石斛、白芨、芍药、黄芩、浙贝母、玄参、白术、金线莲等经济

a.种植蔬菜　　　　　　　　　　b.种植铁皮石斛

图2-8 江山农林光互补电站"光伏＋大田园艺"

价值较高的喜阴中草药植物，而在光伏组件之间则种植喜阳作物，如猕猴桃、覆盆子、番薯、山稻、黄瓜、西葫芦等果蔬。

2.2.1.3 光伏＋食用菌

食用菌在实现大农业"双碳"目标和提高产业效益中，具有特殊地位和作用。作为微生物农业，它具有循环利用和消纳农作物秸秆、畜禽粪便等农业废弃物的作用，既致富了农民，又减少了碳排放，是一般农作物种植和畜禽养殖无可比拟的。食用菌如香菇种植对温度要求极高，在大棚顶部安装光伏组件，既可以为大棚遮阳挡雨，还可以用绿色低廉的电能为智能温控大棚供电，在酷暑天气降低棚内温度，在雨雪天气提高棚内温度，改善香菇生长环境的同时消纳清洁能源。这种板上发电、板下种菇的绿色致富模式，被命名为"菌光互补"项目。在不改变土地性质和使用属性的情况下，菌光互补模式可实现菇棚棚顶发电，菇棚内高效种菇，同时还带动光伏食用菌采摘观光旅游，打造现代光伏食用菌产业链，开拓新时代特色高效农业创新之路。

浙江海宁袁花镇长啸村"农光互补"食用菌基地，占地107亩[1]，有菇棚71座，是浙江省现代农业科技示范基地，也是国内首个农光互补光伏电站。2013年前，长啸村是生猪散养大村，全村有1/3农户是生猪散养户，年出栏生猪2万余头，生猪养殖污染严重。2015年，全村生猪散养腾退后，长啸村干部积极带领村民破解转型发展的难题。长啸村借势袁花镇打造"阳光小镇"的东风，携手晶科能源从阳光里谋发展，创造性地建成了棚上发电、棚下养菇的"农光互补"食用菌基地。和普通菇棚不同的是，这里的菇棚顶上全部铺设了光伏组件，安装光伏多晶硅组件1.88万块，总计约5MW，平均一天能发电1.5万kW·h。2021年，基地一年利用太阳能发电收入590多万元，为村集体增收80余万元；全村光伏总发电量占总用电量的32%，棚顶的光伏组件，一年所发电量相当于节约1 680t标煤，减少二氧化碳排放4 350t，实现真正意义上的"阳光经济"（图2-9）。

1　亩为非法定计量单位，15亩＝1hm²。——编者注

a.大棚及棚内菌菇厂房　　　　b.种植菌菇

图2-9　海宁长啸村"农光互补"食用菌基地

2.2.2 光伏渔业

我国有着丰富的水产养殖资源，但存在的问题是养殖水域面积过大，水域空间浪费严重。光伏渔业是将光伏发电与水产养殖相结合，被称为渔光互补。渔光互补实现了水上光伏发电、水下水产养殖"一地两用"，打造了垂直产业新模式，大大提高了单位面积水域的经济价值，还可以减少水体蒸发，抑制蓝藻繁殖，保护水资源，达到"1＋1＞2"的效果。

通威扬中"渔光一体"基地依托池塘水产养殖，通过智能化的设施设备，生态湿地园区建设，实现了水产养殖、光伏发电、观光旅游融合（图2-10）。在光伏发电方面，通威扬中"渔光一体"

图2-10　通威扬中"渔光一体"项目

项目年均发电量为 3 200 万 kW·h，每年可节约标煤 1.08 万 t，减排二氧化碳 2.77 万 t。

渔业养殖方面，项目养殖池塘分为 4 个分区池塘：1 号、3 号池塘养殖传统鱼类，鲫、草鱼为主养鱼，花白鲢为调水鱼，套养虾和螃蟹，亩产 1 250kg，亩利润 5 000 元；2 号池塘与江苏省农业农村厅合作"渔光一体"澳洲淡水龙虾养殖，该品种龙虾可成长至单只 0.5kg，肉质细嫩、滑脆、味道鲜美香甜，具有较高营养价值和经济效益，亩产可达 400kg，亩利润 8 000 元，目前作为科研示范养殖，享受江苏省财政专项科研补助；4 号池塘采用新型池塘内循环养殖系统，该系统将鱼集中到 4 口流水槽养殖，采用集中增氧、集中投喂方式，便于管理，产量能达到每口槽 2 万 kg，亩产 2 000～2 500kg，亩利润 5 000～8 000 元，该系统可养殖草鱼、黄颡鱼、鲴、加州鲈等高效鱼类；项目同时建设陆基推水养殖示范箱，将水产养殖置于陆地养殖箱内，便于养殖管理推向工厂化。

同时，光伏渔业项目通过开展培训教育，提高了周边农户养殖技术水平，增加了养殖收入，有效解决了就业问题，助力美丽新农村建设，实现了良好的经济效益和社会效益。

2.2.3 光伏畜禽养殖业

依托我国丰富的风光资源和农牧资源，多地开发光伏畜禽养殖业模式。光伏畜禽养殖业又叫牧光互补，是将光伏发电与畜禽养殖产业相结合，将传统的畜禽养殖大棚改装成钢架结构的新型养殖棚，并在棚顶安装光伏组件，棚上光伏发电，棚下畜禽养殖。棚顶的光伏组件可在夏季遮挡阳光，有效隔热，降低棚内温度，为畜禽创造舒适的内部环境，光伏发电产生的电能可以作为棚内环境调控的电力来源，且能降低牧场建设的成本。光伏产业与畜禽养殖优势互补，实现资源相互利用，形成绿色低碳发展模式。为打造牧场或畜禽场综合能源系统，光伏还可以结合沼气发电，推动清洁能源发电，加速绿色能源的发展与应用，实现绿电自用。

　　青海省海南藏族自治州共和县光伏塔拉滩光电园是目前全球最大的光伏基地，借助光伏发电产业，建立"牧光互补"新发展模式，大力发展"板"下经济，探索出一条光伏生态园和藏羊养殖产业发展相结合、绿色、低碳、循环发展的新路子（图2-11）。光伏基地年均发电量100亿kW·h，植被覆盖率达80%。原本的"荒漠之地"通过安装光伏变为"生态绿洲"。在光伏组件的遮挡下，园区土壤涵水能力较强，野草生长迅猛，对光伏组件形成了遮挡，从而影响了光伏组件吸收太阳能的效率。在光伏园区放养的牛羊吃掉了生长茂盛的杂草，不仅节省了牧民的饲料成本，而且减少了光伏园除去杂草的人工成本，实现了光伏企业和农牧民双向受益。同时，通过牛羊粪施肥、养膘出栏，更好地保持了园区生态良性循环发展，当地农牧民养殖牛羊的收益也得到了提高。据了解，截至2022年底，海南藏族自治州光伏生态园养殖牛羊2万多只，年牧草产量达11.8万t，年节约养殖成本720万元。

　　光伏与农业高效耦合好处多多，但必须切实保证农业发展。近年来，中国光伏农业应用规模稳居世界首位，其中最重要的就是建立合适的光伏农业生产模式，加强示范应用。

　　2021年，国家能源局、农业农村部、国家乡村振兴局联合印发《加快农村能源转型发展助力乡村振兴的实施意见》，强调积极培育新能源＋产业，在林区、牧区合理布局林光互补、牧光互补等项目，打造发电、牧草、种植养殖一体化生态复合工程。

a.光伏＋养羊　　　　　　　　　　b.光伏＋养牛

图2-11　青海省海南藏族自治州共和县光伏塔拉滩光电园"光伏＋养羊/养牛"

2.3 光伏农业的发展趋势

全球气候危机给农业带来了越来越多的挑战——缺水、极端天气和全球气温上升，迫使农业必须采取新措施保护农作物和土壤免受不利条件的影响。随着全球人口的上升，可用土地的减少，应对气候危机的迫切，利用光伏与农业等业态结合提升土地综合利用率，势必会成为光伏产业未来发展的新趋势。农业光伏行业可能会扩大规模并走向成熟，世界各地的项目将从兆瓦级向千兆瓦级发展。尽管光伏技术的可行性已经得到论证和验证，但现在的挑战是进一步降低成本、制定适当的政策框架以及加强与农业部门的合作。工业光伏和农业技术相互关联，结合可再生能源基础设施、创新技术，共同应对环境挑战，提高农业生产力，从而改变农业产业，使得农业生产更具可持续性。值得关注的是，能够改善农业光伏项目开发的模拟工具将是确保农业光伏可持续扩大规模的关键。此类模拟工具可以通过阴影分析，提供更好的方法来了解光伏系统与农业生产活动之间的关系。

在欧洲，光伏农业已成为热门话题并持续升温。欧盟拥有约1.7亿hm^2农业用地和9 400万hm^2可耕地。900GW的农业光伏项目只需要1%的欧盟可耕地（95万hm^2），而生物质燃料的土地占用了1 000万hm^2——比部署900GW的农业光伏所需的土地多近10倍。推广农业光伏发电已经是欧盟委员会太阳能发展战略的一部分，该战略呼吁成员国鼓励农业光伏发电并实施有利的农业光伏发电政策。14个欧盟成员国正计划通过"共同农业政策战略计划"（common agricultural policy strategic plans）支持在农用地建设太阳能光伏发电站。意大利政府为求达到超过1 000MW的农业光伏建设目标，拿出26亿欧元支持农业光伏发展。除此之外，意大利在其可再生能源法中制定了一个具体的监管框架，其中包括农业光伏发电的项目。奥地利将农业光伏的补贴政策（30%的额外投资补贴）纳入关于扩展可再生能源的联邦法律。德国于2021年制定了第一个技术规范DIN-SPEC 91434，为如何定义某些农业光伏系统建立了明确的规则。德国计划建立一套技术标准，涵盖所有类型的农业光伏发电。法国是欧洲最大的农业光伏市场，尽管没有明确的监管或技术标准，但该市场在创新招标模式的推动下持续增长。法国政府在《2023年可再生能源法案》中制定了一套明确的规则来定义农业光伏系统，以求平衡粮食安全和能源安全。荷兰通过"共同农业政策战略计划"为发展农业光伏项目提供具体支持，除了每公顷光伏组件分配标准外，还规定了光伏不得干扰同一地块农业生产活动的要求。欧洲多国政府均已将光伏农业技术指定为其能源战略的核心支柱，显示了光伏农业在未来农业发展中的大趋势和主流地位。

结合国家碳达峰碳中和战略目标，我国光伏农业发展主要有以下3点趋势。

2.3.1 助力国家碳达峰碳中和战略

在2021年的博鳌亚洲论坛上，习近平总书记发表重要讲话，他指出，现阶段促进中国能源转型与绿色发展尤为重要，光伏发电过程清洁、无污染，必将成为中国未来重要能源来源之一。中国是农业大国，农业在社会稳定与国家发展中扮演着关键角色，而光伏农业是将光伏发电与农业生产两者优势相结合的一种生产新模式，通过利用光伏发电所产生的电能来辅助开展农业生产活动，同时多余的电能并入国家电网获取收益。①光伏发电大大减少了化石能源等不可再生能源的消耗，降低了环境污染；②《中国光伏产业清洁生产研究报告》指出，光伏发电的碳排放量仅为燃烧化石燃料发电的1/20～1/10，极大地减少了碳排放；③光伏发电可以为农业设施和设备提供电力支持，使得农业生产过程更加高效，同时降低了化石能源利用；④在生产清洁能源的光伏组件下进行农业生产，可进一步吸收、固定二氧化碳，两者协同降碳效果显著。

2.3.2 赋能国家乡村振兴战略

2021年12月，国家能源局、农业农村部、乡村振兴局联合印发了《加快农村能源转型发展助力乡村振兴的实施意见》，提出积极培育新能源＋产业，在林区、牧区合理布局林光互补、牧光互补等项目，打造发电、牧草、种植一体化生态复合工程；建设新能源＋农村景观示范等内容。2022年5月，国务院办公厅转发国家发展和改革委员会、国家能源局《关于促进新时代新能源高质量发展的实施方案》：提出统筹农村能源革命与农村集体经济发展，鼓励村集体依法利用存量土地，通过作价入股、收益共享等机制，参与新能源项目开发；鼓励推广应用节地技术和节地模式；研究出台光伏治沙等生态修复类新能源项目设计、施工、运维等标准规范。此外，《"十四五"现代能源体系规划》《"十四五"可再生能源发展规划》提出大力推动光伏发电多场景融合开发，鼓励农（牧）光互补复合开发模式，实现太阳能发电与生态修复、农林牧渔业等协同发展；还提出到2025年，农光互补、渔光互补等光伏发电复合开发规模达到1 000万kW以上。

2.3.3 引领产出高效、资源节约、环境友好的农业现代化道路

国家能源局在关于全国政协第十三届全国委员会第五次会议复函中提到，开发建设农业光伏电站可以有效利用当地丰富的太阳能资源，对发展绿色无污染、高产出的现代农业具有重要意义。农光、草光互补开发是光伏复合开发利用的重要方向，我国积极支持农光互补、草光互补等光伏发电复合开发利用模式。国家能源局会同国家林业和草原局组织专家形成联合调研组评估认为，光伏发电项目建设对加快实现"双碳"目标有积极作用，在退化、沙化及盐碱化土地上科学规范有序开展"草光互补""农光互补"等复合项目能改善生态环境，提高草原质量，增加作物产量，促进生态与经济双赢。同时，该文件还对下一步工作进行了部署：

深入研究光伏设备对农作物品质和产量的影响机理和规律，以及"农光互补"项目的适用范围，在保障粮食和重要农产品生产供给的基础上，实现土地资源的高效、集约化利用。确保在严格保护耕地的前提下，提高低产耕地农业利用价值，促进土地高效复合利用，推动农业光伏健康有序发展。

尽管出台了多项国家级及地方政策推广光伏农业，但是光伏农业发展的政策目标具有复杂性，需要发挥各部门的协同机制，目前各政策之间的协调性还不足，政策的精准性有待加强，政策工具有待丰富。以光伏农业基础研究为例，目前，缺少种植品种和种植体系构建技术等相关研究，光伏农业的总体技术水平较低，种植效益不高，不符合农业绿色发展的要求，因此需要相关政策引导加强基础研究。光伏农业全产业链包括研发、生产、加工、储运、销售、品牌、体验、消费、服务等诸多环节，而目前技术支撑、配套产业、消费引导、机制保障等环节仍显薄弱。光伏农业发展涉及国土、发改、财政、工信、商务、农业、环保、供销、银行等10余个部门，这些部门还没有形成推动光伏农业高质量发展的"拳头效应"。

为保障光伏农业产业高质量可持续发展，我国多位专家学者建议以标准化体系建设为重点，推进政企农在光伏农业高质量发展中的供应链协同；以经营契约化建设为重点，推进政企农在光伏农业高质量发展中的产业链协同；以建设多元化为重点，推进政企农在光伏农业高质量发展中的创新链协同；以产业价值链建设为重点，推进政企农在光伏农业高质量发展中的价值链协同。

3 光伏农业园区规划设计基本方法

3.1 光伏农业园区规划设计的原则

近年来，农业园区发展势头迅猛。光伏农业与休闲农业相结合可以实现经济的双赢，是以科技、高效、安全、环保、多功能为一体的创新型农业。光伏农业园区的规划设计十分重要，应遵循因地制宜、经济性、传承性和生态性四大原则。

3.1.1 因地制宜原则

光伏农业园区的规划应当遵循因地制宜的基本原则，根据当地的经济条件、人文特色及技术应用等方面进行选择性的安排和规划。在项目规划中，应依据当地的特点进行，充分利用现有条件，以确保园区的可持续发展和成功运营。光伏农业的规划容易受到地域条件的限制，因此在引入新品种和新技术时，需要考虑其在当地自然条件下的适应性、环境的差异化以及如何强化产业特色和优质品质。环境差异化是构建农业园区的核心竞争力之一，因此在规划过程中要充分考虑和利用地区的环境特点，以提升园区的吸引力和竞争力。首先，要考虑土地的地形地貌情况，选择适合建设光伏设施的地段。其次，要充分考虑当地的地理气候条件，确定光伏组件板的倾斜角度和朝向，以最大限度地利用太阳能资源。再次，还需要考虑当地农作物的生长习性和季节性特点，合理安排光伏组件的布局，避免对农作物生长造成影响。最后，光伏农业园区规划还应考虑到当地的用电需求和电网接入情况，确保光伏发电系统能够为当地提供稳定可靠的清洁能源。因此，光伏农业园区规划需要综合考虑多方面因素，以实现最佳的经济效益和社会效益。

3.1.1.1 光伏 + 种植 / 养殖业

将光伏应用到种植 / 养殖业中是一项创新性的举措。在高山、林农地、蔬菜大棚等地方建设光伏电站项目，将光伏发电与种植业相结合，实现了资源的双重利用。在光伏组件下种植喜阴作物不仅有效利用了地面空间，还为作物提供了适宜的生长环境，提高了农作物的产量和质量。此外，根据当地情况养殖家禽或家畜，可以为农户提供额外的收入来源，推动当地农业产业的发展。这种模式不仅实现了无污染零排放，还促进了农业的科学种植和产业化发展，为建设绿色农业生态链打下了坚实基础。通过光伏电站与种植 / 养殖业的有机结合，可以为农村地区提供可持续发展的道路，助力农业现代化和生态环境保护双重目标的实现。

3.1.1.2 光伏 + 治沙

因地制宜的沙漠生态治理方案是地表灌木种植结合种草的方式，能有效防治风沙侵袭。在沙漠地区布设光伏电站，不仅可以利用丰富的光照资源发电，还能起到遮挡风沙、减少水分蒸发的作用。这种综合利用太阳能资源的方式不仅可以保护生态环境，还有利于当地植被的生长。沙漠地区气候恶劣，生态环境脆弱，采取这种绿色生态治理措施具有重要意义。

3.1.1.3 光伏 + 渔业

在滩涂或者池塘水面上方架设光伏组件阵列是一种创新的生态友好型做法。这种做法将太阳能光伏发电和水产养殖结合起来，实现了资源的有效利用。光伏组件下方的水域可以用来养殖鱼虾，为农户提供额外的收入来源。这种做法在不破坏水质的情况下能够维持水环境的平衡，光伏组件的遮挡可以减少水的蒸发量，有助于节约水资源。同时，遮挡也可以抑制藻类生长，从而改善水质，有利于水污染的防治。

3.1.1.4 光伏 + 绿色基础设施

结合传统农业园功能区的设置，在民居、民宿住宅的屋顶、阳光房、露台或者廊道上安装与建筑相结合的光伏发电系统，保持建筑风貌的同时又能发电，实现光伏与建筑周围环境的美学融合，还能实现"自发自用，余电上网"。在公厕、垃圾分类站、交通运输、景观公园、景观灯等公众基础设施、服务设施、民生工程中安装光伏发电系统，可以提供绿色、经济的清洁能源，改善生活环境。采用光伏组件所产生的清洁电力治理污水，可实现能源自给、水质提标、物质合理循环，形成建筑和谐、环境互通、社区友好的污水处理理念。

3.1.2 经济性原则

光伏技术在农业园区的应用可以显著提高园区的经济效益。通过利用太阳能发电，农业园区可以降低能源成本，提高经济效益。此外，光伏技术的应用也可以促进农业现代化，提高农产品质量和产量，进而增加农民的农业收入。农业园区作为经济增长的重要实施点，光伏技术的应用不仅可以促进园区的经济发展，还可以带动农业经济的增长，为当地经济带来更多的活力。因此，光伏技术在农业园区的推广应用具有重要的意义，可以为农民带来更多的经济收益，推动农业经济的持续增长。

3.1.3 传承性原则

中国农业发展历史悠久，地方特色突出，人文气息浓厚，农业园区的规划应继承和发扬人文特色和农业产业文化，将传统农业与科技相结合，带动农业发展。新技术在农业产业中的应用对其他产业起到了引导和模范带头作用。对农村特色、农业产业文化、生产科学技术和农民生活特色进行传承，可以促进经济文化的发展。农业产业文化的传承不仅可以提升农业生产效率，还可以促进农村经济的多元化发展，为农村地区带来更多的发展机遇和希望。

3.1.4 生态性原则

光伏农业园区规划的优点在于能够有效体现生态保护的理念。

应用光伏技术，可以减少对传统农业土地的占用，保护土壤和水资源。此外，建设光伏农业园区还可以促进生态平衡的形成，降低对环境的污染，减少化石能源的使用。农业园区应用光伏技术，可以更好地利用自然资源，提高农业生产效率，实现可持续发展。这种新型的农业模式不仅有利于农民增收，也有助于推动当地经济的发展，促进乡村振兴。因此，合理规划光伏农业园区不仅有利于生态保护，还有利于推动农业现代化和可持续发展。规划建设生态性园区，不仅可以满足游客寻求环境优美的"生态乐园"的需求，而且更加符合现代社会的发展形势。采用新兴的现代科学技术建设的设施农业，如光伏生态大棚，具有高效、高产、节能、环保等基本特性。

3.2 光伏农业园区规划设计的要求

3.2.1 规划流程

首先开展现状调研，汇集多个方案再进行方案比选。如编制的初稿通过了意见征求则编制送审稿，通过方案论证后则编制报送稿，报送稿通过了意见征求则出台规划报告。规划编制流程见图3-1。

3.2.2 现状分析

3.2.2.1 园区基本情况分析

农业作为国民经济的基础产业，其可持续发展对于整个国家的经济社会发展具有重要意义。传统的农业生产方式在带来经济效益的同时，也面临着资源消耗大、环境污染等问题。光伏农业

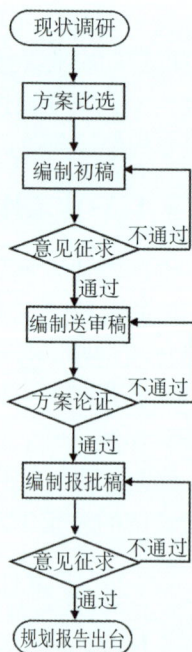

图3-1 规划流程

园区的规划与发展，旨在通过集成光伏发电与农业生产，实现农业资源的合理利用、农业生态系统的平衡以及农业经济的可持续发展。

光伏农业园区的地理位置是规划的首要因素。优越的地理位置有助于减少物流运输成本，提高光伏发电的效率和农产品的市场竞争力。园区应位于交通便利的区域，便于光伏发电设备和农产品的运输。同时，应考虑园区的辐射范围，确保服务区域内的电力需求和农产品供应。

光伏农业园区的建设需要大量的资金投入，包括光伏设备的购置、农业设施的建设、农业技术的研发等。资金的来源可以是政府投入、企业自筹、银行贷款等。在规划过程中，应对资金投入情况进行详细的评估，确保资金的充足性和稳定性，为园区的长期发展提供保障。政府政策支持在光伏农业园区规划中起着至关重要的作用，包括税收优惠、补贴政策、土地租赁优惠等在内的政策，能够极大地减轻园区的经济压力，为园区的发展提供稳定的外部环境。此外，政府的导向性政策还能引导社会资本进入园区，促进园区的快速发展。

在规划时，应对园区所在地的技术水平现状进行评估，包括光伏技术、农业技术等。同时，应考虑如何引进和推广先进的科技，提高园区的生产效率和产品质量。在规划过程中，应对园区所在地的社会环境进行深入分析，包括当地的文化习俗、社会结构、经济发展水平等。此外，应考虑如何适应当地的社会环境，提高园区的社会认同度和公众参与度，为园区的长期发展营造良好的社会环境。

光伏农业园区作为一种绿色、环保的发展模式，将越来越受到社会的关注和认可。随着全球对环境保护和可持续发展的日益重视，光伏农业园区将成为推动农业绿色转型和生态文明建设的重要力量。园区将更加注重环保和可持续发展，推动农业与新能源、生态环保等领域的深度融合。光伏农业园区的建设与发展和乡村振兴战略紧密相连，通过光伏农业园区的建设，可以促进乡村产业升级、就业增收和生态改善，推动乡村全面振兴。未来，光伏农业园区将成为乡村振兴战略的重要抓手和平台，为农村地区的可持续发展注入新的动力。

随着光伏农业园区的建设，园区内的自然条件得到了充分利用。光伏电站的建设不仅未破坏原有自然环境，反而提升了土地的利用效率。规划园区的选择可能是一个经济发展相对滞后的地区，农民主要依赖传统农业为生，经济效益较低。光伏农业园区的建设不仅带动了当地经济的快速增长，还为农民提供了更多就业机会。农民可以通过参与光伏电站的建设和运营、现代农业种植等活动，增加收入。光伏农业园区更加注重技术创新，从而提高光伏电站的发电效率和农业种植的产量。园区的建设将进一步完善产业链，形成集光伏材料生产，光伏电站建设，农业种植，农产品加工、销售于一体的完整产业链。未来，光伏农业园区可能会探索更多的模式创新，如"光伏＋农业＋旅游""光伏＋农业＋教育"等，实现多元化的发展。

3.2.2.2 周边环境和宏观社会经济环境

光伏农业园区通常选址在光照充足、土地资源丰富且靠近电网接入点的地区，有利于光伏电站的高效发电，还能降低电网接入成本。园区周边环境应具备适宜的光照、水源和土壤条件，以满足光伏电站和农业种植的需求。同时，环境应具备一定的生态多样性，以维护园区的生态平衡。良好的交通条件和基础设施是光伏农业园区发展的基础。便捷的交通网络有助于园区的物流、人流和信息流；完善的基础设施如道路、电力、通讯等则能保障园区的正常运营。

光伏技术和农业技术的不断创新是推动光伏农业园区持续发展的关键。技术的进步能够提高光伏电站的发电效率和农业种植的产量，降低运营成本，增强园区的竞争力。清洁能源市场的竞争态势和消费者对清洁能源的认知程度等市场因素也会影响光伏农业园区的发展。

3.2.2.3 优势、劣势、机遇、挑战分析（SWOT 分析）及必要性分析

（1）优势（S）　光伏农业园区将光伏发电和农业种植结合起来，能够同时生产电力和农产品，实现双重经济收益。在有限的土地资源上，光伏农业园区通过垂直整合，实现了土地的立体利用，提高了土地的使用效率。光伏发电作为一种清洁能源，有助于减少碳排放，改善环境质量，符合可持续发展的趋势。许多国家为鼓励清洁能源的发展，还为光伏农业园区提供了财政补贴、税收优惠等政策支持。

（2）劣势（W）　光伏农业园区的建设需要较大的初始投资，包括土地购置、光伏设备、农业设施等。光伏技术和农业技术的整合需要专业的技术支持，对于园区的管理和维护也有一定的技术要求。此外，园区收益易受电力和农产品市场的影响。

（3）机遇（O）　环保意识的提高和清洁能源政策的推动，促使清洁能源市场需求不断增长，为光伏农业园区提供了广阔的市场空间。随着农业技术的不断进步，光伏农业园区可以引入更多先进的农业技术，提高农产品的产量和质量。政府对清洁能源和农业的支持政策将持续推动光伏农业园区的发展。

（4）挑战（T）　政府政策的变化可能对光伏农业园区的发展产生影响，如补贴减少、税收优惠取消等。随着光伏农业园区的不断增加，市场竞争也将加剧，可能导致利润下降。自然风险如气候变化、自然灾害等可能对光伏设备和农业种植产生影响，给园区带来风险。

（5）必要性分析　光伏农业园区的建设和发展不仅符合清洁能源和可持续发展的趋势，还能有效结合农业和能源产业，提高土地利用效率，促进经济增长。同时，光伏农业园区可为当地创造就业机会，提高居民收入，推动当地经济的发展。因此，光伏农业园区的建设和发展是必要的，具有重要的经济、社会和环境意义。

3.2.3 总体要求

3.2.3.1 发展定位与总体发展目标

根据园区产业发展情况，确定园区发展定位，在保证农业生产的前提下，兼顾光伏发电生产目标，提出园区总体发展目标。

光伏农业园区的发展定位应该是以清洁能源为基础，以高效农业为核心，实现农业与光伏的有机结合，形成具有竞争力的清洁能源和绿色农产品双重产业链。在保证农业生产的前提下，园区应该积极发展和优化光伏发电产业，实现两者的协调发展和互利共赢。总体发展目标方面，光伏农业园区应该致力于成为绿色、智能、高效的现代农业示范区和清洁能源生产基地。具体目标如下。

（1）农业发展目标　光伏农业园区是当今农业领域的一项创新举措，旨在通过引入现代农业科技和管理模式，提高农业生产效率和产品质量。这种模式的实施可以有效地减少对传统化肥和农药的使用，从而降低环境污染，保护生态系统。同时，光伏农业园区应注重科技创新，运用物联网、大数据、人工智能等先进技术，实现对植物生长环境、土壤水分、气候变化等数据的实时监测和精准管理，从而提高农作物的产量和品质。这种现代化的农业生产模式也有助于打造绿色、有机、高附加值的农产品品牌，满足市场对优质农产品的需求。通过合理利用光能资源，光伏农业园区不仅能够有效地提高农作物的光合作用效率，还可以减少对化石能源的依赖，实现能源的可持续利用。因此，光伏农业园区不仅是农业现代化发展的重要方向，也是推动农业可持续发展的有效途径之一。

（2）光伏发电目标　光伏农业园区在保障农业生产的同时，通过合理规划光伏发电设施的布局和设计，可以最大限度地提高光伏发电效率和产能，从而为农业生产提供可靠的电力支持。这种双重功能的结合不仅可以降低农业生产中的用电成本，还能增强农产品的市场竞争力。光伏农业园区的建设不仅是对传统农业的一种优化升级，更是对新能源发展的积极响应，促进了农业现代化与可持续发展的有机结合。

（3）技术创新目标 光伏农业园区的发展需要不断加强光伏农业技术的研发和创新，通过持续地投入资源和精力，推动光伏技术与现代农业、智能农业等领域的深度融合，进而实现技术的相互促进和优势互补。这种融合不仅可以提高光伏农业园区整体的技术水平，还能够拓展其创新能力，为农业生产的高效、智能化提供更强有力的支持。

（4）可持续发展目标 光伏农业园区的建设是一个符合可持续发展战略的重要举措，通过结合现代农业技术和清洁能源技术，促进绿色增长。园区应坚持生态优先的原则，通过引入先进的光伏技术，在为农业生产提供绿色能源的同时，减少对环境的负面影响。同时，推动循环农业的实施，使农业废物得以回收利用，转化为资源，进一步提升农业生态系统的自给自足能力。此外，光伏农业园区的发展还需重视经济效益与社会效益的同步提升。光伏项目的实施，可以创造新的就业机会，提高当地居民的收入水平，促进社区的整体经济发展。在确保技术可行性和经济效益的基础上，园区的设计与运营还应注重社区居民的参与和利益共享，确保项目的长远发展与地区和谐相融。综合来看，光伏农业园区应成为展示现代农业与新能源完美结合的典范，实现生态保护、经济增长与社会责任的统一，为未来农业发展提供新的思路和模式。

3.2.3.2 具体规划目标

（1）光伏种植规划目标 光伏露地种植农作物单产目标应不低于同地区平均水平的80%，光伏设施种植农作物单产目标应不低于当地同类作物同时间茬次、同设施类型平均单产水平。为了确保光伏露地种植的农作物单产不低于同地区平均水平的80%，园区可以采取以下措施。

①选择适应性强的农作物品种，能够在光伏设备阴影下正常生长。这些品种应具备在光伏设备阴影下正常生长的能力，这样

才能最大限度地利用土地资源。选择适应性强的品种不仅可以提高农作物的生长效率，还能够降低农业生产中的风险。此外，还需要考虑农作物的生长周期和收获时间，以便与光伏发电的运行周期相匹配，实现农光互补的最佳效果。

②优化种植布局，合理安排光伏设备与农作物的空间分布，减少阴影对农作物生长的影响。科学布局光伏设备的位置，可以最大限度地减少阴影对农作物生长的影响，提高光合作用效率。此外，还可以考虑选择对农作物生长影响较小的光伏设备或者通过调整设备的倾斜角度和高度来减少阴影的投射。采取这些措施可以确保阳光充足地照射到农作物上，促进其正常生长和发育，实现农作物单产的提高。光伏与农业的合理结合不仅可以实现能源的可持续利用，还可以提升农业生产效率，实现经济与生态的双赢。因此，在光伏设备与农作物种植之间找到平衡点，并采取相应的管理措施，对于光伏农业的发展至关重要。

③加强农田管理，提高土壤肥力和水分利用效率，为农作物生长提供良好的环境。首先，可以加强土壤管理，包括定期施肥、轮作与间作，以提高土壤的肥力。其次，应该合理利用水资源，采用节水灌溉技术和滴灌系统，提高水分利用效率，确保农作物在生长过程中获得充足的水分。此外，还需要加强病虫害的防治工作，保证农作物在良好的环境中生长。通过这些措施，可以有效地提高光伏露地种植农作物的产量，实现农业可持续发展的目标。

④引入现代农业科技和管理模式，提高农业生产效率，确保单产目标的实现。引入现代农业科技如智能灌溉系统、无人机监测以及精准施肥技术等，能有效提高农业生产效率，从而增加农作物的产量。管理模式的创新也是必不可少的，例如，推广科学的种植方法、建立有效的农业管理信息系统等，以确保农作物的健康生长和高产。

（2）光伏水产养殖规划目标　光伏池塘养殖水产品单产目标应不低于同地区平均水平的80%，光伏设施渔业养殖水产品单产目标应不低于当地同类渔业同时间批次、同设施类型平均单产水平。

①为了确保规划目标，园区考虑以下措施。

a.选择适应性强的水产品种。选择能够在光伏设备阴影下生长良好且市场需求大的水产品种以保证经济效益。例如，某些深水鱼类和某些种类的虾能够在较少光照的条件下健康成长，并且在市场上具有广泛的消费基础。此外，光伏池塘养殖还应考虑到生态平衡，应选择对生态系统影响较小的养殖方式。

b.优化养殖布局。合理安排光伏设备与池塘的空间布局，以减少阴影对池塘水体的影响。首先，对光伏设备和池塘的空间布局进行科学规划，以最大限度地减少阴影对池塘水体的覆盖面积，如将光伏设备布置在池塘周围，而不是直接覆盖在水面上。其次，可以采用可调节的支架设计，根据太阳轨迹和季节变化，调整光伏组件的角度，以最大限度地减少阴影对水面的影响。此外，还应考虑在池塘边缘种植低矮的植被，以减少阴影对水体的覆盖。

c.加强池塘管理。通过定期监测水质、控制病害、优化饲料投放等方式，提高池塘的生产效率。首先，定期监测水质至关重要，良好的水质直接影响着水产品的生长和健康。其次，控制病害也是必不可少的，通过加强疫病防控和疫苗接种等方法，可以有效减少病害对水产品生产的影响。此外，优化饲料投放也是提高池塘生产效率的关键一环，合理的饲料搭配和投喂方式可以最大限度地促进水产品的生长发育。

d.引入先进养殖技术。应引入如循环水养殖、智能化养殖等技术，以提高单位水体的养殖产量。为了确保光伏池塘养殖水产品的单产不低于同地区平均水平的80%，需要引入一系列先进的技术手段。其中循环水养殖技术是一项重要的选择，通过循环利用水体，最大限度地减少水资源的浪费，提高养殖效率。智能化养殖技术也是一种有效的方法，通过监测和控制养殖环境的关键参数，如水温、溶氧量等，优化养殖条件，提高养殖产量。先进技术的引入不仅可以提高单位水体的养殖产量，还能够降低养殖成本，增加养殖的经济效益。

e.强化与科研机构的合作。加强与科研机构的合作是提高光伏池塘养殖水产品产量和质量的关键步骤之一，通过合作研究，探索光伏池塘养殖的最佳模式和技术。与科研机构的合作不仅可以帮助养殖户应对各种养殖环境的挑战，还能够推动整个养殖行业的发展和升级。通过共享知识和资源，光伏池塘养殖业可以更加科学、高效地运营，实现可持续发展的目标。

②为了确保光伏设施渔业养殖水产品的单产不低于当地同类渔业同时间批次、同设施类型平均单产水平，园区可以考虑以下措施。

a.选择合适的养殖品种。根据光伏设施内部的环境特点，选择耐阴性好、生长速度快的水产品种。要考虑光照、水温、水质等因素，以确保所选品种在光伏设施下能够正常生长并达到预期的产量。光伏设施的特殊环境对于水产品的养殖具有一定的影响，因此品种的选择至关重要。在选择品种时，还应该考虑市场需求、品种适应性及养殖管理难度等因素，以达到经济效益和生态效益的双重目标。

b.优化养殖设施。改进池塘设计，如增加水体交换设备、光照调节设备等，以创造最佳的生长环境。此外，还可以考虑改进饲料管理和养殖密度控制，以最大限度地提高光伏设施渔业的养殖效率。优化养殖设施不仅有助于保证单产水平，还能提升光伏设施渔业的整体竞争力，促进渔业可持续发展。因此，对养殖设施进行优化是一项重要的任务，需要综合考虑各种因素，以实现良好的养殖效益和环境可持续性。

c.精细化管理。实施严格的饲料管理、水质调控和病害防治措施，确保水产品健康快速生长，包括对水质、饲料、光照等因素进行精准监控和调节，以最大限度地提高光伏设施渔业养殖水产品的产量和质量。同时，还需要对养殖过程中可能出现的问题进行预警和处理，以防止产量下降或者质量下降的情况发生。

d.技术创新。通过使用智能系统，自动调节水温的设备和实时水质监测，可以显著提高水产养殖的效率和质量。创新技术应用不仅有助于维持适宜的养殖环境，还能预防可能的环境风险，确保水产品的健康成长。此外，智能化管理系统还能提供数据支持，帮助养殖者分析生长数据，优化养殖策略，从而实现更高的经济效益。

e. 定期评估与调整。定期对光伏设施渔业养殖进行评估，根据评估结果及时调整养殖策略和管理措施。首先，应定期进行产量评估，这不仅可以监控光伏渔业养殖的产出，还可以及时发现问题和不足。其次，根据评估结果，对养殖技术和管理策略进行相应的调整，如改善水质管理、调整光照条件和优化饲料配方等，以确保养殖环境与传统渔业设施相兼容。此外，增强与科研机构的合作，引入先进的生物技术和自动化设备，可以提高养殖效率和产品质量。这些综合措施的实施，不仅可以保证水产品的产量和质量，还可以实现可持续发展，促进经济效益与生态保护的双赢局面。还应加强从业人员的培训，提高他们对现代养殖技术的理解和应用能力，确保光伏渔业项目的长远发展。

(3) 光伏畜禽养殖规划目标 光伏畜禽养殖产品单产目标应不低于同地区平均单产水平。为了确保规划目标，可以采取以下方法。

① 选择适应性强的畜禽品种。选择能在有限光照和光伏设备产生的微气候环境下正常生长和繁殖的畜禽品种，同时应优先选择市场需求大、生长速度快、疾病抵抗力强的品种。选择合适的品种有助于减少疫病的发生，降低养殖成本，从而提高经济回报。适应性强的品种通常更能适应气候变化和环境压力，这对于应对日益复杂的养殖环境至关重要。通过科学的养殖管理和技术创新，光伏畜禽养殖不仅能实现环境的可持续发展，还能为农户带来更稳定的收入来源。

② 优化畜禽舍设计。设计畜禽舍时要充分考虑光伏设备的布局，确保畜禽能够得到适量的自然光照。利用光伏设备产生的电力为畜禽舍提供适宜的环境控制，如温度调节、通风换气等。为了实现光伏畜禽养殖的可持续发展，需要确保畜禽产品的单产目标不低于同地区的平均水平。应优化畜禽舍的设计，改善通风系

统，优化饲料和水源供应，合理规划饲养密度。科学合理的畜禽舍设计，有利于激发光伏畜禽养殖的生产潜力、促进畜禽健康成长，实现更高的单产水平。

③强化饲养管理。制订科学的饲养计划，确保畜禽获得均衡的营养，满足生长和生殖的需要。定期开展健康检查，及时发现并处理畜禽的疾病问题。推广使用自动化饲喂系统和环境监控设备，提高饲养效率。加强饲养管理，可以有效改善畜禽的生长环境、饲料供给和健康状况，从而提高畜禽的生长速度和产量。此外，还应该注重科学的饲养技术和良好的养殖环境，以确保畜禽养殖过程的健康和可持续性。

④引入先进的养殖技术。采用集约化、智能化的养殖模式，提高畜禽养殖的密度和效率。先进的繁殖技术如人工授精、胚胎移植等，可以提高繁殖率和幼畜成活率。优化畜禽饲养环境，合理配置养殖资源，以及采用智能化的监控系统，可以实现养殖环节的高效运作和资源利用。光伏畜禽养殖是一种结合光伏发电和畜禽养殖的创新模式，具有很大的发展潜力。加强科研力量、推动技术创新，将进一步推动行业的可持续发展和提升竞争力。

⑤建立严格的疫病防控体系。这一体系应该包括定期的健康检查、制定疫苗接种计划以及建立应急响应机制。定期为畜禽接种疫苗，防止疫病暴发。加强畜禽舍的卫生管理，定期清理消毒，保持环境的清洁卫生。通过这些措施，可以有效地预防和控制可能影响畜禽生产的疾病，最大限度地提高畜禽产品的产量和质量。

⑥提高饲料利用效率。选择优质饲料，确保饲料的营养成分符合畜禽的生长需要。推广使用饲料添加剂，提高饲料的利用率和畜禽的生长速度。在光伏农业园区中提高畜禽养殖饲料利用效率，关键在于科学管理与技术创新。应优化饲养环境，确保畜禽生活在适宜的温度、湿度条件下，减少因环境不适导致的能量消耗和饲料浪费。改进饲料配方和先进的饲料加工技术，科学调配日均粮食营养水平，添加必要的营养物质，以提高饲料的消化吸收率，保持饲料的适口性。此外，加强饲料贮藏管理，防止饲料

发霉变质，确保饲料品质。

⑦定期监测与评估。建立定期监测机制，对光伏畜禽养殖的各项指标进行跟踪记录。根据监测结果及时调整饲养策略和管理措施，确保畜禽养殖的单产达到或超过同地区平均水平。

3.2.4 园区功能

结合总体规划，园区应具有农业生产、光伏发电、农产品加工、观光休闲、生态保护、技术示范与推广、科普教育等功能。

3.2.4.1 农业生产

将光伏发电设备部署在农业土地上，不仅可以实现太阳能的转化利用，同时也不妨碍农业生产的正常进行。光伏农业不仅提高了土地的利用效率，还实现了清洁能源与农业生产的双赢。在光伏农业园区内，农业种植通常采用"光伏＋农业"的复合模式。根据光伏设施的布局和光照条件，合理规划农作物种植区域。农作物种植既可以利用光伏设施下方的阴影区域，也可以利用光伏设施之间的空隙地。常种植的农作物包括蔬菜、水果、中药材等。光伏农业园区注重农业技术的创新与应用。通过使用现代化的农业技术，如滴灌、喷灌等节水灌溉技术，以及精准施肥、病虫害防控等智能农业技术，可以提高农作物的产量和品质，降低农业生产成本，实现农业的可持续发展。光伏农业园区通过光伏发电和农业生产相结合的方式，实现了双重效益。一方面，光伏发电可以为园区提供清洁能源，减少对传统能源的依赖，降低能源成本；另一方面，农业生产可以为园区带来稳定的农产品收入。同时，光伏农业园区还可以吸引游客参观，发展观光农业，进一步增加收益。

3.2.4.2 光伏发电

光伏农业园区的光伏发电系统安装布局需要考虑光照资源、土地条件、农业生产需求等多方面因素。选址上，光伏农业园区通常选择光照充足、阴影遮挡少的地区。在布局上，光伏组件的安装角度和间距需要根据地理纬度和季节变化进行优化，以最大限度地接收太阳光能。同时，还需考虑农作物的生长需求和农业设施的布局，确保光伏组件的安装不会对农业生产造成干扰。

光伏农业园区的光伏发电系统具有较高的发电效率和经济收益。通过合理的设计和布局，系统可以在日照充足的情况下实现较高的光能利用率，从而降低单位电能的成本。同时，光伏发电作为一种清洁能源，可以减少对传统能源的依赖，降低环境污染，具有良好的环保效益。

3.2.4.3 农产品加工

在光伏农业园区中，农产品加工技术是一个关键环节。加工技术涵盖了从原材料采收、储存、运输到深加工、包装等多个环节。这些技术旨在保持农产品的新鲜度、口感和营养价值，同时提高农产品的附加值和市场竞争力。农产品加工产业的发展也促进了当地经济的绿色转型，为可持续发展提供了有力支撑。此外，光伏农业园区还通过推广生态农业、循环经济等理念，推动了农业生产的绿色化、低碳化，为构建生态文明社会作出了积极贡献。

3.2.4.4 观光休闲

光伏农业园区结合了光伏发电与农业生产，创造出一个独特的生态休闲空间。园区内绿树成荫，光伏组件在阳光下熠熠生辉，形成一幅美丽的田园画卷。光伏农业园区始终坚持生态环保理念，通过光伏发电减少碳排放，推广生态农业和循环经济，努力构建一个低碳、环保、可持续的农业生态系统。游客在这里可以感受到人与自然和谐共生的美好氛围。游客在这里不仅可以欣赏到田园风光，还能了解到光伏技术的最新发展和农业生产的科技创新。园区内设有多种休闲观光活动，如生态观光、农事体验、亲子互动等。游客漫步于绿树之间，呼吸新鲜空气，享受大自然的宁静与美丽。同时，园区还提供了丰富的农副产品和手工艺品供游客选购，增加游玩的趣味性和纪念性。

3.2.4.5 生态保护

在光伏农业园区的规划和建设阶段，需要进行环境影响评估，对园区的建设可能带来的环境影响进行全面分析和预测。通过评估，识别出潜在的环境风险，并制定相应的预防和缓解措施，确保园区的建设不会对周边环境造成不良影响。光伏农业园区通过光伏发电，直接利用太阳能转化为电能，减少了化石能源的使用，从而降低了温室气体的排放。在农业种植方面，光伏农业园区注重生态保护，采用生态农业技术，减少化肥和农药的使用，保持土壤和水源的清洁。同时，园区通过种植多样化的农作物和植被，提高生态系统的稳定性和生物多样性。光伏农业园区在光伏发电设施的设计和建设过程中，应充分考虑水土资源的保护。通过合理规划光伏组件的布局和安装角度，减少对土地资源的占用和破坏。同时，园区还采取了一系列水土保持措施，如建设排水系统、植被恢复等，防止水土流失和土地退化。光伏农业园区在规划和建设过程中，注重保护园区的生物多样性。通过合理规划光伏设施和农业种植区域，为野生动植物提供适宜的栖息地。光伏农业园区还应建立一套完善的废弃物处理方案。对于园区内产生的固体废弃物和废水，进行分类收集和处理。对可回收的废弃物进行回收利用，不可回收的废弃物则进行安全处置，确保不会对环境和人体健康造成危害。光伏农业园区将可持续发展作为核心战略，通过整合光伏发电、农业生产和生态环境保护等多个方面，实现经济、社会和环境的协调发展。园区致力于推动可再生能源的利用、农业科技创新和生态保护理念的普及，为实现可持续发展目标贡献力量。

3.2.4.6 技术示范与推广

园区应针对当地的农民和从业者提供光伏技术和农业技术的培训与指导。通过培训课程和实践操作，帮助他们掌握光伏农业园区的运营管理技术，提高他们的专业素养和技能水平。同时，园区还应建立技术咨询服务体系，为农民和从业者提供持续的技术支持。为了推广光伏农业园区的成功经验和技术成果，园区可以定期举办成果展示活动。通过展示园区的光伏设施、农作物产品以及节能减排效果等，吸引更多的投资者、企业和公众关注光伏农业产业。同时，园区还积极与其他地区开展合作与交流，推广光伏农业技术和管理经验，推动光伏农业产业的快速发展。

3.2.4.7 科普教育

光伏农业园区是农业科技的重要展示平台，汇集了先进的农业技术和管理经验，如节水灌溉、精准施肥、病虫害绿色防控等。通过实地参观和学习，人们可以了解到现代农业的发展趋势和科技创新成果，提升对农业科技的认知和理解。光伏农业园区的建设和发展对于实现可持续发展具有重要意义，它不仅提高了土地资源的利用效率，还促进了新能源产业的发展和农业转型升级。同时，园区通过推广新能源环保理念和生态农业模式，为推动生态文明建设和可持续发展提供有力支撑。因此，加强对光伏农业园区的科普教育宣传和推广，对于提升公众对新能源和可持续发展的认识和支持具有重要意义。

3.2.5 项目分类及设置

光伏园区项目按类别可分为种植项目、养殖项目、加工项目、服务项目4类，按主次可以分为主营项目和配套服务项目等。

3.2.5.1 种植项目

根据当地的气候、土壤条件以及市场需求，选择适合在光伏组件下种植的作物，如某些中草药、蔬菜或耐阴作物。考虑使用现代化的农业技术，如滴灌、水肥一体化等，以提高作物的产量和品质。合理规划作物的种植周期和轮作计划，确保土地资源的充分利用。

3.2.5.2 养殖项目

选择合适的养殖品种，根据市场需求和养殖条件，选择适合在园区内养殖的动物品种，如禽类、畜类等。可考虑采用生态养殖模式，如循环农业、有机养殖等，以提高养殖产品的品质和市场竞争力。为了保证养殖项目功能的正常运行，应建立完善的动物疾病防控体系，确保养殖项目的健康稳定发展。

3.2.5.3 加工项目

利用园区内种植的作物和养殖的动物，开展农产品深加工项目，如制作罐头、干果、肉类制品等。通过研发新产品、改进工艺等方式，提高农产品的附加值和市场竞争力，还应注重品牌建设和市场推广，提升加工产品的知名度和美誉度。

3.2.5.4 服务项目

分析市场需求和潜在机会，确定光伏农业园区的核心竞争力和盈利点，确定园区的长期和短期经营目标，包括产值、市场份额、品牌知名度等。根据经营目标，明确园区的功能定位，如光伏发电、农业生产、休闲观光等，对不同功能区域进行合理规划，确保各功能区的协调发展。

园区内建立光伏科普教育基地，向公众普及光伏知识和技术。结合园区的自然风光和农业特色，开发休闲观光项目，吸引游客前来参观和体验。组织农业体验活动，如农作物采摘、动物养殖体验等，增加游客的互动和参与感。

3.2.6 项目布局和建设内容

应遵循因地制宜的原则，利用现有的地形地貌和社会经济条件，考虑交通、主导风向、经营便利、生活服务设施、光伏项目的检修及运维、与周边环境相协调等多种因素，在有功能分区的情况下，项目布局应反映功能区的特征，允许少数项目在不影响功能区特征的情况下交叉渗透。项目建设内容应包括道路交通、农田水利、农业设施、配用电网、变电站、光伏发电系统等工程。

3.2.6.1 现场勘查与评估

应对所要规划场地进行评估，包括地形地貌、气候、土壤质量、水资源等自然条件。分析现有的社会经济条件，如人口密度、农业产业结构、基础设施状况等。

3.2.6.2 功能分区与布局

规划不同的功能区，如光伏发电区、农业种植区、生活服务区等。考虑交通布局，确保光伏项目与主要道路、交通枢纽连接便捷。应根据主导风向、太阳光照角度，合理安排光伏组件的布局，以提高发电效率。

3.2.6.3 资源利用与生态保护

充分利用当地的太阳能，同时合理利用其他可再生资源如水能、风能等，实现绿色可持续发展，规划和实施生态保护措施，减少对自然环境的负面影响。

3.2.6.4 农业设施与配套工程

根据农业产业结构，规划相应的农业设施，如灌溉系统、温室大棚等。建设配套的道路交通、农田水利等基础设施，提高农业生产的效率和便利性。

3.2.6.5 配用电网与变电站建设

根据光伏发电系统的规模和需求，规划和建设配用电网和变电站。确保电网运行的安全性和稳定性，提高光伏发电的并网率。

3.2.6.6 光伏发电系统的设计与实施

根据现场条件和需求，设计合适的光伏发电系统，包括光伏组件的选型、安装角度、间距等。明确光伏发电系统的建设和安装，确保施工质量和进度。

3.2.6.7 运维与检修

建立完善的运维管理体系，定期对光伏发电系统进行维护和检修。培训专业的运维人员，提高系统的运行效率和稳定性。

3.2.6.8 与周边环境相协调

在规划实施过程中，注重与周边环境的协调性和美观性。采取措施减少对周边环境的影响，如噪音、光污染等。

3.2.7 建设要求与场地选择

应根据园区具体特点和要求，对建设内容进行取舍，其中道路交通、农田水利、农业设施及配用电网、变电站、光伏发电系统等应符合相关规范要求。

3.2.7.1 选址与土地要求

在选择和规划光伏农业园区的场地和布局时，需要考虑太阳辐射条件、地形地貌、土地利用条件、电网接入条件以及环境保护等。通过科学的选址和布局规划，可以提高光伏发电系统的效益和稳定性，促进可持续发展和环境保护。

（1）太阳辐射条件　太阳辐射条件是光伏农业发电的关键因素之一。光伏发电系统的发电效能直接受太阳辐射的影响，因此需要选择辐射强度高、日照时间长的地区作为建设场地。在选择场地时，可以参考太阳辐射图、太阳高度角和方位角等数据，选取辐射资源丰富、遮挡阻挡较少的区域。

（2）地形地貌　地形地貌对光伏农业的布局有一定影响。对于山区、丘陵地形需要考虑地形起伏、坡度等因素。这些因素将直接影响光伏组件的安装角度和朝向，建议选择平坦、无障碍物遮挡的地面、屋顶等区域进行布置。对于山区、丘陵地形，可以考虑采用架空式或斜坡布置方式，既可以减少地面占用又充分利用地形优势。

（3）土地利用条件　在选择场地时，需要考虑土地的合法性和可行性。尽可能选择农用地、荒地或工业用地等未被开发或利用的土地，以确保光伏发电系统在不影响正常农业生产和生态环境的前提下进行建设。同时，也可以考虑与农业或养殖业的综合利用，如农光互补项目、渔光共生项目等，实现土地的多元化利用。

（4）电网接入条件　光伏发电系统的布局需要考虑电网接入条件。选址时需要注意距离电网的远近和配电容量等因素，确保接入电网的便利性和电力输送的稳定性。如果距离电网较远，可能需要考虑新建变电站和输电线路，增加与电网的连接成本，因此，在选址时要综合考虑这些因素，选择距离电网较近的区域。

（5）环境保护　环境保护是光伏发电系统建设的重要因素。在场地选择和布局规划过程中，要遵循环保原则，尽量避免对生态环境和人类生活带来负面影响。可以选择与周边环境和谐相处的区域进行建设，并考虑合理的绿化和防护措施，保障植被和生态系统的完整性。

3.2.7.2 道路交通要求

在光伏农业园区的道路交通规划中，应综合考虑园区整体布局、光伏设施位置、农业生产需求以及交通流量等因素。道路设计应确保通行顺畅、安全，同时要考虑到园区未来扩展的可能性。道路网络应布局合理，满足日常运营和应急管理的需要。在道路交通规划中，应充分考虑光伏设施的布局，光伏组件的安装位置和高度应避免遮挡道路，确保行车视线清晰。同时，光伏设施的安装不应影响道路的结构和稳定性，避免产生安全隐患。光伏农业园区的道路交通安全设施应完善，包括交通标志、交通信号灯、路灯、护栏等。这些设施的设置应符合相关标准，能够有效提醒和引导驾驶员，减少交通事故的发生。道路建设所选用的材料应符合规范要求，具有良好的耐久性、抗滑性和稳定性。施工过程中应严格按照设计要求进行，确保道路质量和使用寿命。同时，施工过程中应采取有效措施减少对周边环境的影响。光伏农业园区应建立完善的道路维护与管理机制，定期对道路进行检查和维护，确保道路畅通和安全。同时，应建立应急管理机制，对突发事件进行快速响应和处理。

3.2.7.3 农田水利要求

光伏农业园区的农田水利至关重要，园区的灌溉系统设计应综合考虑土壤特性、作物需水规律、光伏设施布局等因素。系统应确保均匀、高效地为作物提供水分，同时减少水资源浪费。设计时还应考虑智能化、自动化技术的应用，如滴灌、喷灌等现代灌溉方式，以提高灌溉效率和节水能力。排水系统的规划应与园区的整体布局相协调，确保排水畅通，避免积水对作物和光伏设施造成损害。规划时还应考虑雨水的收集和利用，促进雨水的循环利用，减少对环境的影响。光伏农业园区应确保稳定可靠的水源供应，以满足灌溉和农业生产的需求。水源保障措施包括建立稳定的水源地、建设储水设施、开展水质监测等，确保水资源的充足和安全。为了保持园区的土壤肥力和水土稳定，应采取有效的水土保持措施，包括种植绿肥、实行轮作、修建梯田、设置挡土墙等，以减少水土流失，保护土壤资源。建立健全农业水利管理体系，加强对灌溉、排水等农田水利设施的管理和维护。通过科学的管理和调度，确保农田水利设施的正常运行和高效利用，为农业生产提供有力支持。为确保农田水利系统的长期稳定运行，应建立完善的系统维护与监测机制。定期对灌溉、排水等设施进行检查和维护，及时发现和解决问题。同时，建立监测系统，对水质、水量、土壤墒情等进行实时监测，为科学决策提供数据支持。

3.2.7.4 配用电网要求

在进行配电网规划设计之前，需要对农业园区的用电需求进行深入分析。分析农业生产的用电特点、用电负荷的大小及分布情况以及未来用电需求的增长趋势。通过准确的用电需求分析，为配电网的规划设计提供科学依据。配电网的规划设计是光伏农业园区配用电网建设的核心环节。规划设计应遵循国家相关标准和规范，确保配电网的结构合理、运行可靠、经济高效。在规划设计中，要充分考虑光伏设备的接入容量和分布特点以及未来用电需求的增长趋势，确保配电网能够满足园区的用电需求。光伏农业园区配用电网的安全防护与接地措施是保障电网安全稳定运行的重要保障。应按照国家相关标准和规范，对电网进行必要的安全防护措施，如设置避雷装置、安装过流保护设备等。同时，要确保电网的接地系统完善可靠，避免电气事故的发生。

应保证配电箱无变形、生锈、漏水、积灰等情况，并保证配电箱内电缆和设备具有清晰的标识，且配电箱外的安全警告标志完好无缺，箱体上的防水锁可以灵活打开。配电箱内各个接线端子不能松动、锈蚀；输出母线的正极对地、负极对地的绝缘电阻应大于$2M\Omega$；配电箱的直流断路器动作应灵活，性能应稳定可靠，确保输出母线端配置的防雷器有效。

3.2.7.5 变电站要求

变电站的布局应根据光伏农业园区的实际情况进行优化设计，保证电网结构合理、运行高效。布局优化应考虑光伏电站的接入容量、负荷分布、电能质量等因素，同时结合农业生产的用电特点，实现电力资源的优化配置。在光伏农业园区变电站的建设过程中，应充分考虑农业生产的安全需求，变电站的布局和运行方式应避免对农业生产造成干扰和危害，农业生产和电力设备的安全运行应采取必要的安全措施，确保电力供应的稳定可靠。在设备选型、布局优化、运行管理等方面，应采取有效措施，提高电网的供电可靠性和电能质量。同时，应建立完善的应急预案和故障处理机制，确保在突发情况下能够及时响应和处理。

3.2.7.6 光伏发电系统要求

光伏发电系统的设计与容量决定着光伏发电系统的发电效率和经济效益。应根据园区的用电需求、日照条件、土地面积等因素，合理设计光伏阵列的布局、组件的排布方式和倾角等，确定系统容量和并网电压等级，以满足园区的用电需求并保障电力供应的稳定性。设备选型与采购是光伏发电系统建设中的关键环节，应选择性能稳定、效率高的光伏组件、逆变器等关键设备，并遵循国家和行业的相关标准。同时，要注重设备的兼容性和可扩展性，以适应未来可能的系统升级和扩展。

关于光伏发电系统的一般规定如下：

①大、中型地面光伏发电站的发电系统宜采用多级汇流、分散逆变、集中并网系统；分散逆变后宜就地升压，升压后集电线路回路数及电压等级应经技术经济比较后确定。

②光伏发电系统中，同一个逆变器接入的光伏组件串的电压、方阵朝向、安装倾角宜一致。

③ 光伏发电系统直流侧的设计电压应高于光伏组件串在当地昼间极端气温下的最大开路电压，系统中所采用的设备和材料的最高允许电压应不低于该设计电压。

④光伏发电系统中逆变器的配置容量应与光伏方阵的安装容量相匹配，逆变器允许的最大直流输入功率应不小于其对应的光伏方阵的实际最大直流输出功率。

⑤光伏组件串的最大功率工作电压变化范围应在逆变器的最大功率跟踪电压范围内。

⑥独立光伏发电系统的安装容量应根据负载所需电能和当地

日照条件来确定。

⑦光伏方阵设计应便于光伏组件表面的清洗，当站址所在地的大气环境较差、组件表面污染较严重且又无自洁能力时，应设置清洗系统或配置清洗设备。

3.2.7.7 光伏组件布置要求

光伏农业园区大体分为光伏种植园、光伏水产养殖园、光伏畜禽散养园，相应光伏组件布置要求如下。

（1）种植园光伏组件布置　种植园包括露地种植园和设施种植园。露地种植园中光伏组件支架立柱的行间距（光伏组件前后排桩基中心距离，下同）应不小于8m（采用柔性支架的行间距应不小于3.5m），列间距（光伏组件左右排桩基中心距离，下同）应不小于4m，光伏组件下边缘最低点距离种植土壤的高度应不小于2.5m。光伏设施种植园中光伏组件应与设施的覆盖材料相结合，或下边缘最低点距离设施顶部应不小于0.5m，光伏组件的铺设应不影响前后排设施内农作物种植。

（2）水产养殖园光伏组件布置　水产养殖园包括池塘养殖园和设施养殖园。池塘养殖园中光伏支架立柱的行间距应不小于8m（采用柔性支架的行间距应不小于3.5m）、列间距应不小于4m，光伏组件下边缘最低点距离池塘的常年养殖水位应不小于2m，且距离最高水位（塘埂高度）应不小于0.6m，光伏阵列占用渔业生产通道时，光伏组件下边缘最低点距离生产通道地面应不低于2.5m。光伏设施渔业养殖园中光伏组件应与设施的覆盖材料相结合，或下边缘最低点距离设施顶部不小于0.5m，光伏组件的铺设应不影响前后排设施内水产品养殖。

（3）畜禽养殖园光伏组件布置　畜禽养殖园包括露天散养养殖园和设施圈养养殖园。露天散养园中光伏支架立柱的行间距应不小于8m（采用柔性支架的行间距应不小于3.5m）、列间距应不小于4m，光伏组件下边缘最低点距离养殖地面的高度应不小于2.5m。设施圈养养殖园中光伏组件应与设施的覆盖材料相结合，或下边缘最低点距离设施顶部不小于0.5m。

3.2.8 环境保护

光伏农业园区应该秉持循环经济的理念，即最大限度地利用资源，减少浪费，实现资源的循环利用。园区中，要注重营造生物与环境的和谐关系，尊重和保护园区内的生物多样性。可以通过种植植被、建立生态廊道等方式来增加生物多样性，为各种动植物提供合适的栖息地。此外，为了防止对环境和生态的破坏性干扰，必须制定明确的环保和水土保持措施，包括严格控制园区内的化学物质使用，规范农业活动，确保土壤的健康和水资源的可持续利用。通过这些措施，可以最大限度地减少对环境和生态的负面影响，保护自然资源，实现园区的可持续发展。

3.2.9 运营机制

明确园区建设与运营主体的组织架构、职能职责、运营保障，运营机制应重点考虑运营主体之间的互动规则与责权利分配关系，包括投入机制、监督机制、分配机制等。

（1）投入机制　是光伏农业园区运营的基础，主要包括资金、技术、人力等多方面的投入。光伏农业园区的建设需要大量的资金投入，包括基础设施建设，光伏发电设备的购置、安装和维护，农业生产的投入等。资金来源可以通过政府补贴、企业投资、银行贷款等多种渠道获得。光伏农业园区需要先进的光伏发电技术和农业生产技术支撑。因此，园区需要不断引进和研发新技术，提高光伏发电效率和农业生产效益。园区需要一支高素质的管理团队和技术团队，负责园区的日常管理和技术支持。同时，还需要培训一支懂得光伏和农业知识的劳动力队伍，参与园区的日常运营和生产活动。

（2）分配机制　是光伏农业园区利益分配的基础，主要包括利润分配和收益分配两个方面。在光伏农业园区中，利润主要来自于光伏发电和农业生产两部分。利润分配应该根据各方投入和贡献进行合理分配，确保各方利益得到保障。除了利润分配外，园区还需要考虑如何将收益更好地分配给参与者，包括农民、投资者、政府等。收益分配应该遵循公平、合理、可持续的原则，确保各方都能从园区的发展中获益。

（3）监督机制　是保障光伏农业园区规范运营的重要手段，主要包括政府监管、企业自查和社会监督三个方面。政府部门负责对园区进行定期的检查和评估，确保园区符合相关政策法规和标准要求。同时，政府还通过制定相关政策和标准，引导园区健康发展。园区企业需要建立完善的自查机制，定期对园区的运营情况进行自我检查和评估。发现问题及时整改，确保园区的安全、稳定和高效运营。通过媒体和公众的监督，园区企业可以及时了解社会对园区的评价和期望，从而更好地调整运营策略和方向。同时，社会监督还可以提高园区的透明度和公信力。

3.3 光伏农业园区的总体规划与布局

3.3.1 总体规划

对于光伏农业园区的总体规划，应根据农业园区的现状与环境特征进行规划，将农业园区功能分为办公接待、果蔬种植、生态养生、休闲垂钓、教育培训、温室大棚、光伏养殖等。根据不同功能的运行，合理安排游客休闲娱乐和产品出售，使整个规划具有完整性。

3.3.2 功能分区

光伏农业园区按照农业园区的性质不同，一般可以分为办公接待区、果蔬种植和生态养生区、休闲垂钓区、教育培训区、温室种植区、光伏养殖区6个区域。

（1）办公接待区　应建在出入口附近，分布于干道两侧，办公区建筑应分工合理且方便各自工作的实施。接待区主要负责安排日常事务和游客的休闲娱乐，游客将对农业园区进行详细了解，初步感受到园区功能的多样性。

（2）果蔬种植和生态养生区 占总体比重较大，其中应建设光伏温室大棚，光伏组件放置于每个温室大棚棚顶，光伏组件的发电量主要用于各类蔬菜生产、水果蔬菜采摘等。果蔬种植区瓜果和蔬菜的温室大棚要相交种植，便于采摘。生态养生区规划是在每个温室大棚附近增设休闲建筑，供游客居住度假、体验农耕生活、享受生态养生。游客可以自种自食，保证食用到绿色无污染的食材，亲身参加农耕活动，益于身心健康。园区中设置自然学社、动植物认养、大田耕作等一系列功能区，并且配以经验丰富的专业人员指导耕种，提升游客对园区的体验（图3-2）。

图3-2 果蔬种植和生态养生区效果

（3）休闲垂钓区 充分利用农业园区水体现状进行设计，也可建设人工湖体。该区服务设施齐全，结合湖体周围环境特点，设计出各具特色的景点，形成大型的休闲娱乐区。该功能区应遵循回归大自然，融入保护生态理念及因地制宜、以人为本的规划原则进行综合规划设计。

（4）教育培训区 是规划中重要的部分，其承担着科普教育的职责。建筑顶端放置光伏组件，蓄积的电量用于建筑用电消耗。

主要规划原则是表现人、建筑、自然三者的和谐与统一。

（5）温室种植区　在选择温室种植区时，理想的地点应当是土地宽阔、地形平缓且日照时间长的地区。这样的环境有利于植物的生长和光合作用，同时也为安装光伏组件提供了最佳条件。这些温室不仅能够增强作物的产量，还能提高能源效率。按照功能和结构的不同，温室种植区大致可以分为3类：塑料大棚、日光温室和连栋温室。每种类型的温室都有其特定的设计需求和适用于它们的光伏组件配置。例如：塑料大棚因其成本低、搭建简单而被广泛应用于农业生产中（图3-3）；日光温室更适合于日照充足、气候寒冷的地区；而连栋温室土地利用率高，机械化作业和现代化控制水平更高。

图3-3　山东省潍坊市三禾农业火龙果农业光伏大棚塑料大棚种植区实例

（6）光伏养殖区　用于养殖地能源的供给与循环，在地面或建筑物上放置光伏组件，使养殖和光伏发电互不影响，相辅相成。光伏养殖区大体分为畜禽养殖（图3-4）和水产养殖（图3-5）。畜禽养殖的光伏组件设置需特别考虑畜禽舍的环境特点，如通风、温度、湿度等。水产养殖的光伏组件需要特别考虑防水和耐腐蚀性能，以适应水生环境的特点。材料选择应具备优异的耐水性和耐腐蚀性。

光伏养殖区通过巧妙地利用太阳能资源，既满足了养殖业对能源的依赖，又最大化了光伏发电的效益。这种模式的成功实施，不仅有助于减少对化石燃料的依赖，降低温室气体排放，而且还为养殖业开辟了一个可持续发展的新途径。随着技术的不断进步和市场的逐渐成熟，预计光伏养殖区将在未来展现出更加广阔的应用前景。

图3-4　光伏畜禽养殖

图3-5　光伏水产养殖

4 光伏农业光电系统设计

4.1 光伏组件与发电系统设备容量设计

优化光伏组件采光设计应使光伏发电系统的配置恰到好处，做到既能保证光伏发电系统的长期可靠运行，充分满足负载的用电要求，同时又能使配备的光伏电池方阵和蓄电池的容量最小、节省投资，获得最佳的经济效益。

光伏采光设计的原则是在充分满足用户负载用电需求的前提下，尽量减少光伏电池方阵和蓄电池的容量，以达到可靠性和经济性的最佳结合。

4.1.1 最大采光量的光伏组件布置要求

要获得最大的太阳辐射能量，需要确定光伏电池方阵的安装方位角和安装倾角。光伏电池方阵的安装方位角对电池方阵接受太阳辐射能很重要。最好的方式是跟踪太阳，使电池方阵表面始终与太阳光垂直。对于固定安装的电池方阵，位于北半球的中国，方位角一般按0°设置，即正南方向布置，但在偏东或偏西20°范围之内，方阵的输出功率不会降低太多。为有利于冬季使用，可在偏西20°以内设置。

为了使太阳光垂直照射在光伏电池方阵上，方阵应倾斜安装。光伏电池方阵与水平面的夹角称为倾角，以度计量。对于非跟踪的固定方阵，应对光伏电池方阵倾角进行优化计算，用最佳倾角安装，可提高接受太阳辐射能量和改善各月辐射的均匀性，最充分地利用太阳辐射能。

4.1.2 负载用电量测算

（1）计算用电设备的总功率

$$P_L = P_1 + P_2 + P_3 + \cdots + P_n$$

式中　P_L——用电设备总功率，W；

　　　P_1，P_2，P_3，…，P_n——系统中各用电设备的功率，W。

（2）计算每个设备的用电量

$$Q_i = P_i \times t_i$$

式中　Q_i——系统中每台用电设备的用电量，W·h；

　　　P_i——系统中每台用电设备的功率，W；

　　　t_i——系统中每台用电设备的用电时间，h。

（3）计算所有设备的用电量

$$Q = Q_1 + Q_2 + Q_3 + \cdots + Q_n$$

式中　Q——所有设备的用电量，W·h；

　　　$Q_1, Q_2, Q_3, \cdots, Q_n$——系统中各用电设备的用电量，W·h。

4.1.3 蓄电池容量的确定

一般情况下，蓄电池容量可采用下列简化公式计算：

$$C = 3DQ$$

式中　C——蓄电池容量，W·h；

　　　D——最长无日照用电天数。

然后根据负载功率确定系统的直流电压（即蓄电池电压），直流电压最好不超过300V，以便于选择元器件和充电电源。

4.1.4 光伏电池方阵功率的确定

（1）计算平均每日峰值日照时数

$$T_m = （K_{op} \times G） / （3.6 \times 365）$$

式中　T_m——平均每日峰值日照时数，h；

　　　K_{op}——斜面修正系数；

　　　G——年均太阳总辐射量，MJ/m^2，按照当地气象部门提供的数据计算；

3.6——单位换算系数，3.6kW·h = 1MJ。

（2）计算光伏电池的峰值功率

$$P_\mathrm{m} = 1.5Q/T_\mathrm{m}$$

式中　P_m——组件峰值功率，W。

（3）计算光伏电池组件的串联数

$$N_\mathrm{s} = U_s/12$$

式中　N_s——光伏电池组件串联数；

　　　U_s——系统直流电压（蓄电池电压）。

（4）计算光伏电池组件的并联数

$$N_\mathrm{p} = P/\left(N_\mathrm{s} \times P_\mathrm{m}\right)$$

式中　N_p——光伏电池组件并联数；

　　　P——光伏电池方阵输出功率，W。

4.1.5 逆变器确定

逆变器是把直流电能（电池、蓄电瓶）转变成定频定压或调频调压交流电（一般为220V，50Hz正弦波）的转换器，是将直流电（DC）转化为交流电（AC）的装置。它由逆变桥、控制逻辑和滤波电路组成。其计算公式如下：

$$P_\mathrm{n} = P_\mathrm{r} \times \left(1.2 \sim 1.5\right) + P_\mathrm{l} \times \left(5 \sim 7\right)$$

式中　P_n——逆变器的功率，W；

　　　P_r——阻性负载功率，W；

　　　P_l——感性负载功率，W。

逆变器的维护需要经常检查直流控制装置、逆变器及其他装置之间的连线是否坚固，检查接地线是否坚固，视具体条件采取加固措施；检查直流控制器，逆变器内电路板上的元器件是否有破损，视具体状况进行维修或更换。

逆变器的结构要完好，无锈蚀、积灰等，要有一个散热快的环境，逆变器在工作时不能有太大的震动，也不能有非正常的噪音。逆变器上的警示标识应完整无破损，逆变器中散热风扇运行时不应有较大振动及异常噪音，如有异常情况应断电检查。

4.1.6 控制器确定

（1）计算控制器所能控制的方阵最大电流

$$I_{Fcs} = 1.25N \times I_{sc}$$

式中 I_{Fcs}——控制器所能控制的方阵最大电流，A；

$\quad\quad N$——方阵并联光伏电池组件数；

$\quad\quad I_{sc}$——组件短路电流，A。

（2）计算控制器的最大负载电流

$$I = 1.25P_L / (KV)$$

式中 I——控制器的最大负载电流，A；

$\quad\quad P_L$——用电设备总功率，W；

$\quad\quad K$——同时系数；

$\quad\quad V$——系统直流电压，V。

4.1.7 跟踪型光伏发电系统

4.1.7.1 跟踪型光伏发电系统分类与特点

跟踪系统可分为单轴跟踪系统和双轴跟踪系统。

单轴跟踪型只有一个旋转轴来改变电池板的角度，使太阳光线垂直于电池板面以达到太阳辐射强度的最大化，从而提高光伏转换效率。单轴跟踪根据旋转轴的方位可以分为水平单轴跟踪（图4-1a）与倾斜单轴跟踪（图4-1b）。水平单轴跟踪以水平轴为中心，旋转改变其倾斜角，达到跟踪太阳光的目的，提高其发电效率，比固定型可提高20%～30%的发电量。倾斜单轴跟踪以固定倾斜角为轴心，在固定倾斜角下改变其方位角，达到跟踪太阳光的目的，比固定型可提高25%～35%的发电量。倾斜单轴跟踪系统是水平单轴的升级，主轴南北方向与地面形成10°～20°的固定角度，按照一定的跟踪算法，光伏组件按东西方向自动跟踪太阳运行。

双轴跟踪型具备两个方向的旋转轴，即水平轴和垂直轴，光伏组件可以在太阳的方位角和高度角两个方向同时跟踪太阳，使电池板一直保持垂直于太阳光线（图4-1c），可增加发电量35%~45%。跟踪系统的控制方式可分为主动控制方式、被动控制方式和复合控制方式。

太阳跟踪型光伏发电系统虽然能提高系统效率，但是结构复杂，成本相对较高，且由于有机械转动，寿命相对较短，维护费用相对较高。

与跟踪型光伏发电系统相比，固定型光伏发电系统设计简单，且由于没有机械部件，几乎不需要维护，使用寿命长，但是其光伏发电系统的发电效率相对于太阳跟踪型较低（图4-1d）。

a.三峡集团戈壁滩格尔木光伏工程
水平单轴跟踪型

b.山东枣庄市太阳能加工厂
倾斜单轴跟踪型

c.山西大同市南郊区光伏示范基地
双轴跟踪型

d.香港大屿山小濠湾污水处理厂
固定型

图4-1　光伏发电系统应用实例

4.1.7.2 跟踪型光伏发电系统设计要求

跟踪系统的设计应符合下列要求：①跟踪系统的支架应根据不同地区特点采取相应的防护措施；②跟踪系统宜有通讯端口；③在跟踪系统的运行过程中，光伏方阵组件串的最下端与地面的距离不宜小于300mm。

跟踪系统的选择应符合下列要求：①跟踪系统的选型应结合安装地点的环境情况、气候特征等因素，经技术经济比较后确定；②水平单轴跟踪系统宜安装在低纬度地区，倾斜单轴和斜面垂直单轴跟踪系统宜安装在中、高纬度地区，双轴跟踪系统宜安装在中、高纬度地区；③容易对传感器产生污染的地区不宜选用被动控制方式的跟踪系统；④宜具备在紧急状态下通过远程控制将跟踪系统的角度调整至受风最小位置的功能。

跟踪系统的跟踪精度应符合下列规定：单轴跟踪系统应在±5°之内，双轴跟踪系统应在±2°之内，线聚焦跟踪系统应在±1°之内，点聚焦跟踪系统应在±0.5°之内。

4.1.8 聚光型光伏发电系统

聚光型光伏发电系统（con-centrated photovoltaics，CPV）是利用聚光光学元件将光汇聚到光伏电池上，用聚光光学元件代替光伏电池，可节省半导体材料，大大降低成本，提高转换效率。其汇聚倍率可以达到几十倍到上千倍，通常汇聚倍率大于50倍的聚光系统称为高倍聚光光伏系统（high concentrated photovoltaics，HCPV）。聚光光学元件通常采用镜面或透面：镜面利用光的镜面反射，将入射光反射到光伏电池上，称为反射式聚光；而透面是利用光的折射，将入射光聚集到光伏电池上，称为折射式聚光。

4.1.8.1 反射式聚光

反射式聚光又分槽形平面聚光和抛物面聚光两种方式。槽形平面聚光是将平面镜做成槽形，平行光经反射后集中到底部的光伏电池上（图4-2）。槽形平面聚光的汇聚倍率为1.5～3倍。

抛物面聚光，是将平行光经过抛物面反射后汇聚到焦点上，

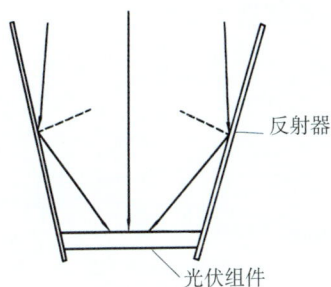

a.槽形平面聚光原理

b.东南大学光伏发电系统

槽形平面2倍聚光型光伏发电系统应用实例

图4-2　槽型平面聚光示意图

在焦点处放置光伏电池，就可以将入射的太阳光汇聚到光伏电池上（图4-3）。虽然制作抛物镜面要比平面镜复杂，但是其聚光效果要好得多，所以在低倍率聚光系统中常采用抛物面聚光器。

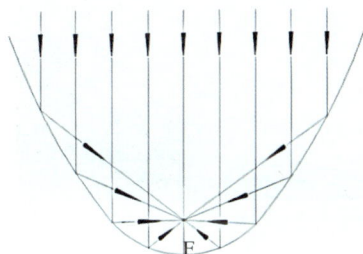

a.抛物面聚光原理

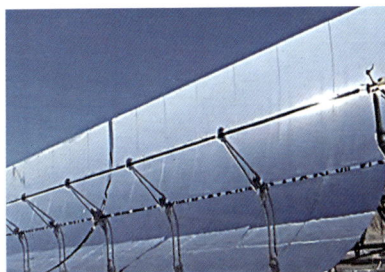

b.巴西大型电力企业

抛物面聚光型光伏发电系统应用实例

图4-3　抛物面聚光示意图

4.1.8.2 折射式聚光

利用凸透镜聚光的特性，将通过凸透镜的光聚焦在发电板上即可实现光伏发电。通常的凸透镜厚度较大（图4-4a），重量大、成本高，而光的折射只在介质面形成，为了减轻凸透镜的重量，一种做法是将透镜掏空（图4-4b），但为了同时减少厚度和重量，可进一步取消空腔，形成如图4-4c所示的菲涅尔透镜，聚光效果与凸透镜完全一样。图4-4d是菲涅尔透镜用于折射式聚光光伏发电系统实例。

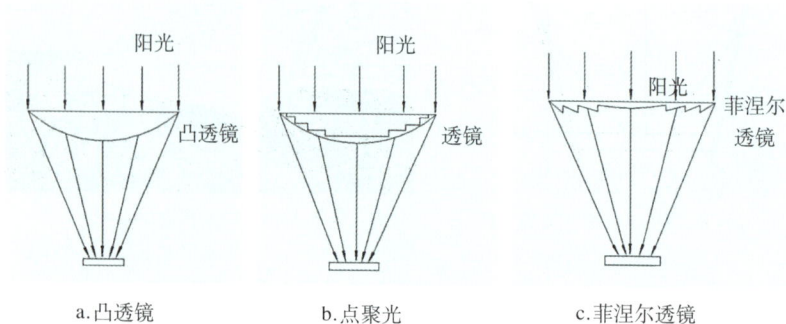

a.凸透镜　　　　　　　　　b.点聚光　　　　　　　　c.菲涅尔透镜

d.菲涅尔透镜用于折射式聚光光伏发电系统实例

图4-4　折射式聚光示意图

4.1.8.3 散热系统

目前，晶硅光伏电池的光转换效率一般在20%左右，即投射到电池表面上的80%左右的太阳能都不能转化成电能，而是转化成热能，导致光伏电池的工作温度升高，转换效率降低。在夏日阳光充足时，晶硅光伏电池温度可达75℃以上。采用聚光方式后电池表面受到的辐射强度大大加强，普通晶硅组件在2倍太阳光强度下会起泡并氧化，效率大大降低，甚至由于受热不均匀，电池片有可能开裂。因此需采用适当的散热措施疏导这些热能，才能在聚光条件下使光伏电池保持较低的工作温度，确保光电转换效率维持在较高水平。

光伏组件散热可采用水冷、强制风冷和加装散热片自然散热等方式。采用水循环冷却效果最好，但是必须增加水管水泵等水循环散热装置，成本较高且需要消耗电能。强制风冷方式需消耗大量电能来转动风扇，且风扇的寿命与可靠性不高。采用铝或铜制的散热片进行自然散热，无需增加能耗，但是散量有限，主要应用于汇聚倍率较低的聚光型光伏发电系统。

光伏电池的发电效率在一定程度上受电池组温度均匀性的影响。光伏组件由一系列光伏电池串联而成，组件的输出电流将受到电池组中输出最小的电池的限制，温度最高且效率最低的光伏电池将会制约整个组件的发电效率，所以需要保持光伏组件温度的均匀性。散热系统的可靠性，将在很大程度上决定光伏电池的使用寿命及效率，设计时应考虑到极端情况，如最高温度限制和系统故障停运等。

4.1.8.4 聚光光伏组件

聚光太阳能（high concentration photo voltaic therma，HCPV），是通过聚光的方式把一定面积上的太阳光经由聚光系统汇聚在一个狭小的区域，用电池板接收能量并加以利用的技术。聚光光伏组件是把若干数量的单体电池以串联和并联方式连接，然后再密封成一个整体，可以把太阳能转换成电能的装置。

HCPV广泛应用于Ⅲ-Ⅴ族光伏电池，在高辐射强度下仍具有很高的光电转换效率。Ⅲ-Ⅴ族光伏电池与晶硅光伏电池相比具有极高的光电转换效率及比硅高很多的耐高温特性。HCPV中使用的Ⅲ-Ⅴ族光伏电池采用多结叠层结构，选择不同材料进行组合，使这些材料组合的吸收光谱和太阳光光谱接近一致，提高光电转换效率，理论转换效率可达68%（产品实际效率为30%～40%，图4-5a）。目前使用最多的是以GaInP（镓铟磷）为顶层结，以GaAs（砷化镓）或GaInAs（砷化铟镓）为中间层结，以Ge为底层结的三层p-n结结构的多叠层光伏电池，其电池结构如图4-5b所示。

这三种不同的半导体材料的晶格常数基本匹配，且每一种半导体材料均具有不同的禁带宽度，分别吸收不同波段的太阳光谱，从而提高了光伏电池的量子效率及光谱响应。GaInP的禁带宽度为1.9eV，吸收太阳辐射的波谱范围为400～650nm；GaInAs的禁带宽度为1.3eV，吸收太阳辐射波谱范围为560～950nm；大于950nm的太阳辐射由底层Ge吸收（图4-5c）。

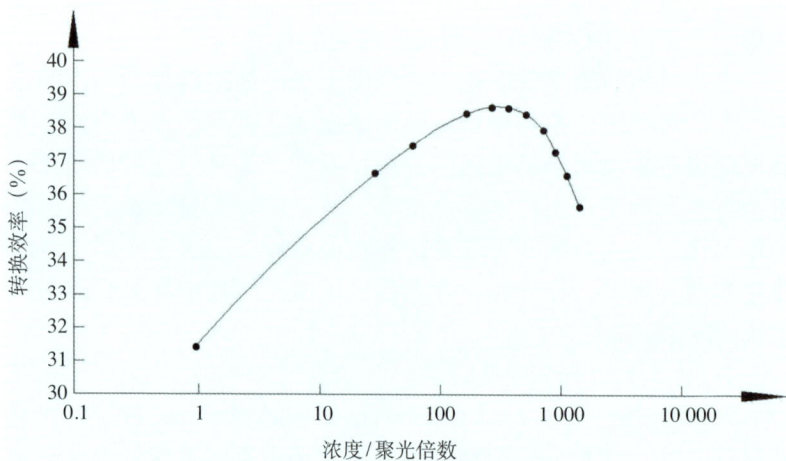

a.转换效率

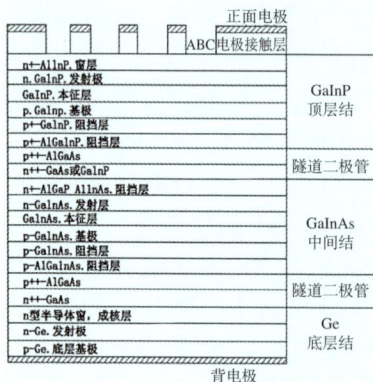

b.三结电池结构

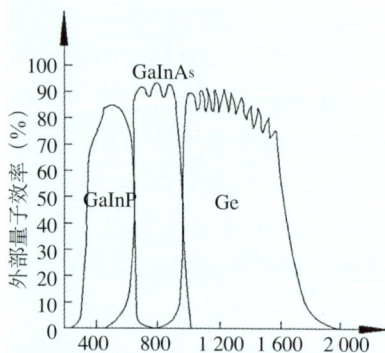

c.量子效率曲线

图4-5　聚光光伏组件分析

4.2 光伏组件与农业设施结合方式

光伏农业设施主要包括光伏种植设施和光伏养殖设施。此外，还应考虑利用光伏组件采光设计形成的附属设施，如光伏冷库、光伏烘房等。"光伏＋冷库"是在冷库屋顶安装光伏组件，形成光伏供电系统，解决冷库运行中的能源消耗，有利于节约和发展。"光伏＋烘房"大大提高了太阳能利用效率、降低了单位太阳能利用面积的制造成本。"光伏＋配套生产设施"将现代农业生产与光伏发电结合起来，具有明显的经济效益和环境效益。这些附属设施都体现了光伏技术在农业园区规划中的广阔前景。

4.2.1 光伏＋种植设施

4.2.1.1 光伏日光温室

日光温室通常需要较好的光照来保证农作物的生长，因此光伏组件的设置应避免遮挡日光，保持温室内光照的均匀性。日光温室一般较为坚固，光伏组件的支撑结构可以与温室结构相结合，提高整体稳定性。由于日光温室的环境控制需求较高，光伏系统的电力输出需要满足温室内部设备如通风、灌溉、加热等的能耗。建议配备智能监控系统，实时监测温室内的光照、温度、湿度等环境参数，并根据需要调整光伏系统的输出。

光伏日光温室中光伏组件铺设的主要模式有支架式与平铺式两种。支架式光伏日光温室光伏组件一般架设在日光温室的后屋面（图4-6），光伏组件对温室中种植农作物基本不产生遮光，通过加大相邻日光温室南北间距，还可进一步减少前栋温室对后栋温室的遮光。平铺式光伏日光温室指在日光温室采光面铺设光伏组件（图4-7），在保证室内植物的光合作用需求的同时，最大限度地增加光伏组件的覆盖面积。此铺设方式对光伏组件透光率有一定的要求。

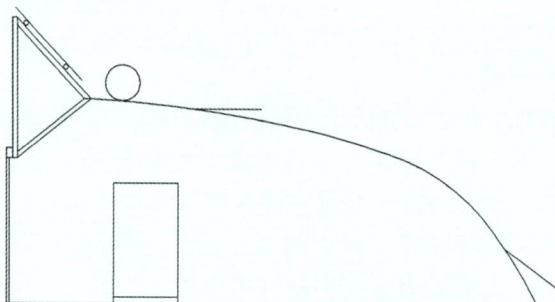

图4-6　支架式日光温室光伏组件布置

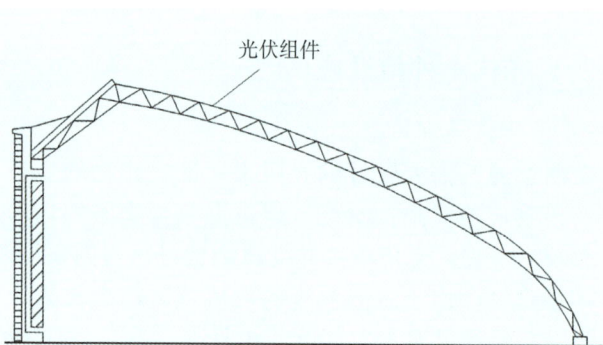

图4-7　平铺式日光温室光伏组件布置

4.2.1.2　光伏塑料大棚

光伏塑料大棚以棚顶为承载面安装光伏组件，不占地面空间，节约土地。光伏塑料大棚要求光伏组件安装在大棚棚顶以上的位置，且多数位于大棚顶部北侧。

光伏组件与塑料大棚的结合方式大体上可以分为两类：一类是光伏组件架设在相邻两栋塑料大棚之间，塑料大棚东西走向布置（图4-8）；另一类是光伏组件架设在塑料大棚屋面，塑料大棚南北走向布置，其中光伏组件在塑料大棚屋面上的布置又分为固定倾斜布置和固定水平布置两种形式（图4-9）。

图4-8　光伏组件搭设在塑料大棚之间

a.水平安装　　　　　　　　　　b.倾斜安装

图4-9　光伏组件搭设在塑料大棚屋面

4.2.1.3 光伏连栋温室

连栋温室面积较大，光伏组件的设置需要整体规划，确保每个温室的光照需求都得到满足。由于连栋温室可能包含多个独立的种植区域，光伏系统需要提供稳定的电力供应，以满足各个区域的用电需求。连栋温室的光伏组件数量较多，需要建立完善的维护与保养体系，确保光伏系统的长期稳定运行。连栋温室的光伏组件安装可能涉及高空作业，需要特别注意安全防护措施，确保安装和维护过程中的安全。

光伏连栋温室较为常见的应用方式是玻璃温室与无边框晶体组件和薄膜组件结合开展光伏发电，对光伏组件透光性有一定要求，将光伏组件正南朝向平铺在玻璃温室顶部，且不采用外遮阳机构（图4-10）。

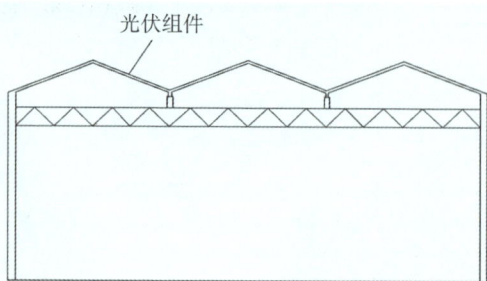

图4-10　光伏玻璃温室布置

4.2.1.4 光伏＋大田种植

光伏＋大田种植就是在露地种植的农田中设置光伏组件，使农业生产与发电同步进行，又称为敞开式光伏设施，较为适合种植低矮或藤生作物，如瓜类、茶树、红薯、油牡丹等。为确保光伏组件下作物能获取充足的太阳辐射，对光伏组件与地面距离有要求，同时，根据所选植物喜光程度的差异，合理地调整光伏组件之间的间距（图4-11）。

图4-11　敞开式光伏设施

敞开式光伏设施的支架一般采用单立柱（桩基础＋固定支架）结构形式（图4-12），光伏系统最低点距离地面高度不小于2.5m，

图4-12　农光互补光伏支架

目前常用的"农光互补"支架基础主体结构有预应力管桩结构及机械成孔微型桩结构两种类型。

4.2.2　光伏+养殖设施

光伏+养殖设施包括畜禽光伏模式和水产光伏模式。畜禽光伏模式即光伏与畜牧养殖相结合，包括封闭式、开放式和半封闭半开放光伏畜牧场。水产光伏模式即在湖泊、河流、池塘、煤矿塌陷区、稻田养鱼区域架设光伏组件，包括封闭式、开放式、漂浮式、跨越式等多种形式。

4.2.2.1　畜禽光伏设施

畜禽光伏设施中光伏组件的设计和布局应避免对舍内环境造成不利影响。畜禽舍的结构设计往往需要考虑动物的活动和粪污的处理，因此光伏组件的安装需要确保足够的承重能力，同时采取安全措施，防止动物触碰或破坏。光伏组件的设置应保证畜禽舍内适当的光照和通风，以满足动物的生长需求。同时，要避免光伏组件对舍内光照和通风造成遮挡。畜禽养殖环境中可能存在较多的尘土和粪污，因此光伏组件的安装位置应便于清洁和维护，以保证其发电效率和寿命（图4-13）。

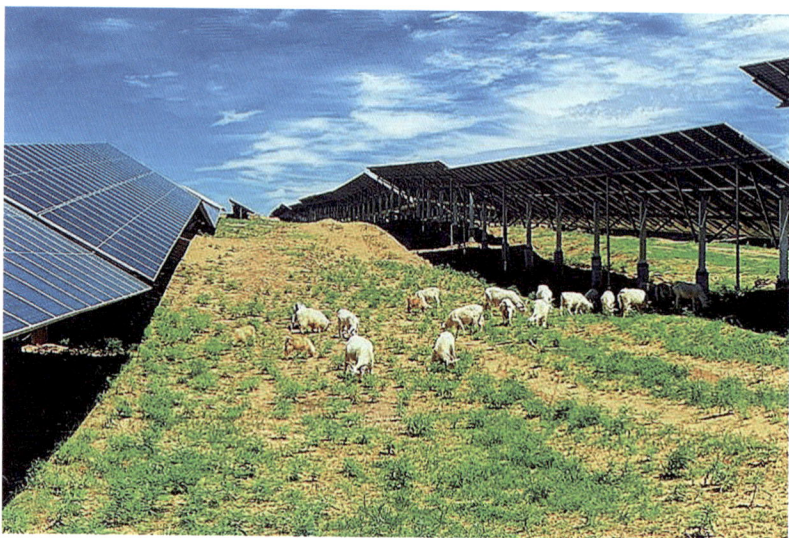

图4-13 畜禽光伏支架实例

畜禽光伏设施主要应用范围包括以下几个方面：①应用于养殖场屋顶（架离层面），可以充分利用闲置空间，为养殖场带来额外的经济效益。同时光伏组件阻挡阳光直射，有利于降低养殖舍的室内温度，提高动物舒适度。②应用于畜舍顶部（紧贴层面），可以降低畜舍温度，减少空调等制冷设备的使用，减少能源消耗。③安装在养殖场附近的空地，可以充分利用太阳能资源，为养殖场提供清洁能源。

4.2.2.2 水产光伏设施

水产光伏设施中光伏组件的布局应避免在水体表面产生阴影，以免对水生物的生长和繁殖造成不利影响。光伏组件的安装结构需要特别设计，以确保在水体中的稳定性和耐久性。同时，要考虑到风浪等自然因素对光伏组件的影响。水产养殖通常需要较多的能源支持，如增氧、水质监测等。光伏系统的电力输出需要满足这些设备的能耗，并建议配备智能监控系统，实时监测养殖环境参数和光伏系统的发电效率（图4-14）。

图4-14 渔光互补光伏支架

水产光伏设施周围都是水，立柱等配件直接长时间与水接触，所以在选择光伏支架时要考虑湿度、长期耐候性以及可靠度。水产光伏支架的组件会受水汽和水汽中的盐分危害，高湿、水面波动频繁也会使光伏组件产生PID效应（电势诱导衰减），导致隐裂问题。另外，水产光伏设施在设计方面要针对支架系统结构强度要求较高这一特点去考虑多种状况，全面有效地保障电站运维安全。

4.2.3 光伏＋冷库

4.2.3.1 光伏冷库的工作原理

光伏组件将太阳能转化为可使用的直流电，通过逆变控制器将光伏电池输出的直流功率转化为稳定的三相交流电驱动变频压缩机。压缩机将制冷剂R22从低温低压的饱和气压缩成高温高压的过热蒸汽，经过冷凝器与空气进行热交换，将高温高压气体转换成中温高压饱和液体流经储液器，液态制冷剂经过膨胀阀节流降压变为低温低压气液两相流，并依次进入空气冷却器和蒸发器，制冷剂在蒸发器中吸热变为低温低压饱和气，然后经气液分离器将制冷剂R22汽化再重新进入压缩机实现制冷循环。

白天日照条件下，光伏系统驱动压缩机实现供冷和冰蓄能。其中，供冷主要由R22在空气冷却器中向冷库内空气吸热；而冰蓄冷则由R22在蒸发器中不断吸收蓄冰槽内水的能量，使水相变成冰实现制冰蓄能，即实现边储能边供冷的过程。无日照时或夜间，冷库可通过温度变化控制循环泵的启停，实现防冻液与蓄冰槽内的冰的热交换，向冷库供冷（图4-15）。

图4-15　光伏冷库

光伏直驱控制部分由光伏阵列、逆变控制器和蒸汽压缩制冷系统组成。太阳辐射的波动性及云层遮挡，可能使光伏冷库系统的运行出现较大的波动，为使负载在波动状况下可自运行，适应光伏最大功率点，同时确保多云工况下冷库供冷的稳定性，选择合理的动态匹配控制方法维持系统的稳定运行十分重要。

冷库按库温设计可分为冷藏库和冷冻库。光伏冷库制冷系统主要由4个子系统构成，分别为制冷循环系统、蓄冷水箱系统、冷库系统及制冷剂流量控制系统。

4.2.3.2　光伏冷库的特点

安装光伏发电既环保又节能，光伏组件可以阻挡阳光直射、雨雪杂物，延长屋顶使用寿命，减少设备损耗；在光伏组件的阴凉环境下，冷库更节能，不仅有效节省了发电空间，还能就地吸收电能。

（1）不占土地空间　冷库有大面积的闲置屋顶，在上面安装光伏组件有得天独厚的空间优势，可以对广阔的冷库基地进行二次开发利用。

（2）降本增效 冷库用电负荷高，24h连续运行，负荷稳定。光伏电站发的电基本可以吸收，符合"自发自用，余电上网"的模式。光伏可以进一步帮助企业降本增效。

（3）投资稳定性 从目前市场对冷库的需求趋势来看，我国冷库容量缺口较大，未来光伏冷库投资将持续升温，具有较好的投资稳定性。

（4）保温隔热 冷库是为储存量大的食品厂、果蔬仓库、药厂、乳品厂保驾护航。冷库加装光伏后，具有恒温隔热功能，可以更好地保鲜储存货物。

4.2.4 光伏＋烘房

4.2.4.1 光伏烘房的工作原理

光伏烘房的运作是采用光伏组件代替传统屋顶，不仅增加发电效率，还能减少屋顶维护成本，光伏组件产生的电量供给空气源热风机，通过风机压缩空气，将产生的热气排放至烘房内，冷空气输入烘房底部的贮藏室内，保证冷热空气的充分利用。空气源热风机排风口与烘房相连接，通道中加置恒温电加热薄膜，通过薄膜将热空气加热至指定温度，同时在烘房两侧和屋顶放置恒温电加热薄膜，保证烘房内温度恒定。实现节能环保目标的同时解决电力来源问题，完成燃煤供热向电供热转化（图4-16）。

图4-16 光伏烘房

4.2.4.2 光伏烘房的优势与特点

①光伏烘房用光伏组件覆盖在屋顶上方，与传统光伏组件利用三脚架安装于房顶比较，光伏烘房既解决了光伏组件安装问题，又节省了安装固件所带来的费用。

②光伏烘房使得燃煤供热向光伏供电转化，同时借助空气源热风加热联合恒温薄膜将电能转化为热能，光伏烘房具有成本低，能源更加清洁、环保、可持续的优势。

③光伏烘房利用光伏发电技术，使用屋顶光伏组件代替传统屋顶，减少屋顶维修保养开支，利用空气源热风机和薄膜电加热辅助方式代替传统烘房热风加热方式，进一步提高干燥效率，保证干燥品质。干燥需要热量，热量需要能源。我国作为耗能大国，干燥能耗占比较大，国内物料干燥的能效仅为40%～50%，因此干燥过程节能前景广阔。

4.3 光伏组件支撑结构设计

光伏系统安装支架结构是光伏电站长期、稳定、安全运行的重要保障。光伏支架素有撑起整个光伏系统的美喻。本节介绍光伏系统中多种典型安装结构，从保证系统发电量、安全性、结构稳定性和可靠性等方面分析，提出光伏系统安装支撑设计或选用中应重点关注的问题，并提出结构力学分析、有限元分析和试验测试分析多种优化核算方法，以确保光伏支架结构达到可靠性和经济性的完美统一。

4.3.1 光伏支架分类与特点

光伏组件支架是固定光伏组件的重要部件。选择合适的光伏支架形式对于控制光伏电站工程造价具有重要意义。光伏支架应结合工程实际选用材料、设计结构方案和构造措施，保证支架结构在运输、安装和使用过程中满足强度、稳定性和刚度要求，并符合抗震、抗风和防腐等要求。目前我国普遍使用的光伏支架系统从材质上分主要有混凝土支架、铝合金支架及钢支架3种。

混凝土支架主要用在大型光伏电站上，其自重大、稳定性高、可以支撑尺寸较大的光伏组件，常用于单轴光伏系统。但其施工慢、工期长、装配程度低，在常见的固定支架光伏电站中应用较少。

铝合金支架一般用在民用建筑屋顶，有耐腐蚀、质量轻、美观耐用等特点，但是承载力低、价格高，在国内的地面光电站中应用也较少。

钢支架性能稳定、制造工艺成熟、承载力高、安装简便，支架广泛采用的冷弯薄壁型钢均为工厂生产，具有规格统一、性能稳定、防腐性能优良、外形美观等特点。钢结构因其强度高、质量轻、稳定性好等优势，广泛应用于民用、工业太阳能光伏和太阳能电站中。

按照光伏支架的不同形式，光伏支架有三角形支架、"人"字形支架和单立柱支架，其中三角形支架和"人"字形还有不同的改良形式。

4.3.1.1 三角形支架

此种支架是早期光伏工程中采用较多的支架形式（图4-17），支架设置前后长短立柱，立柱分别与基础通过螺栓连接，斜撑一端支撑在长柱柱脚，另一端支撑在斜梁中部，纵横檩条支撑在斜梁上，构成光伏组件支架系统。该结构是几何不变体系，无多余约束。

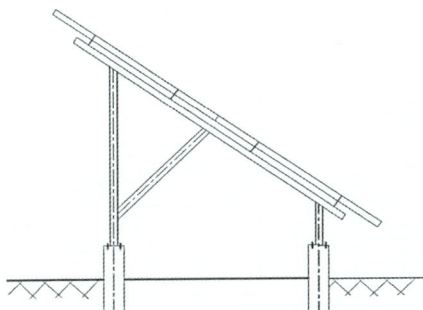

图4-17 三角形支架

此类支架结构常用的光伏支架柱脚与基础的连接见图4-18。此种结构形式如果柱脚按铰接考虑，支架变形较大，用钢量较高，并且由于支架变形引起的无边框电池组件破损率非常高。

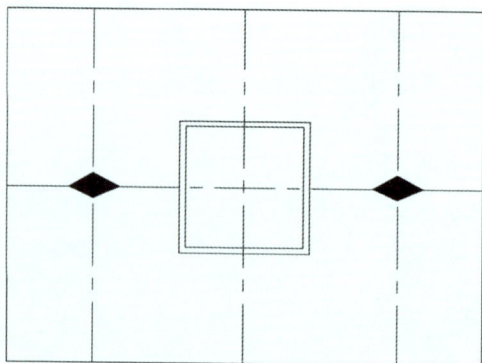

图4-18　柱脚与基础连接

4.3.1.2 改良三角形支架

三角形支架对立柱与基础的连接形式要求较高，为了有效解决这一问题，改良三角架应运而生（图4-19）。该支架在三角形支架的基础上增加了斜支撑，增加了支架的整体稳定性，用钢量稍有增加，支架前后立柱协同变形，变形减小，适用于各种形式的

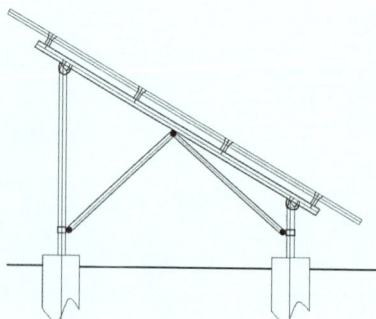

图4-19　改良三角形支架

104

光伏组件支架，尤其是风荷载较大、地形起伏不均匀，对支架整体性和变形要求较高的工程。

4.3.1.3 "人"字形支架

"人"字形支架遵循的是结构力学中的"三刚片规则"，即三个刚片用不在一条直线上的三个单铰两两相联组成的几何不变体系，没有多余约束，也是一个简单的支架形式（图4-20）。由于取消了长短立柱的设置，所以用钢量较小，支架形式更为简单，施工安装更为方便。但此种支架也有一定的局限性，因其无法在高度方向调节支架，此支架仅适用于地势平坦、起伏较小的地形；由于该支架取消了长短立柱，横梁悬挑长度加长，上部荷载增大时，支架易损坏，这对光伏支架系统的稳定性及无边框光伏组件的破损率都会造成隐患，因此"人"字形支架仅用于风荷载较小的工程环境。

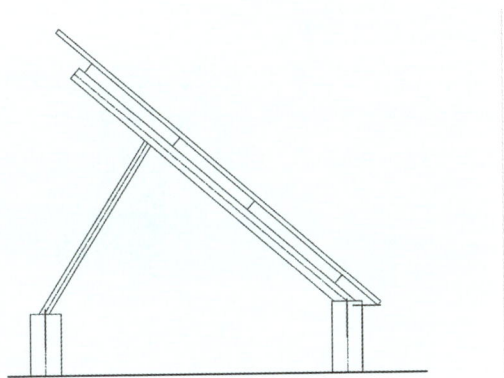

图4-20 "人"字形支架

4.3.1.4 改良"人"字形支架

为了有效解决"人"字形支架斜梁用钢量较大的缺点，按照三角形支架的特点，形成了改良版的"人"字形架（图4-21）。此种支架形式是在"人"字形支架的基础上增加了后支柱，从而减少横梁的悬挑长度，达到加强支架系统稳定性、降低光伏组件破损率的效果。改良"人"字形支架用钢量仅比"人"字形支架略大，但是与两种三角形支架相比，用钢量会有所减少。

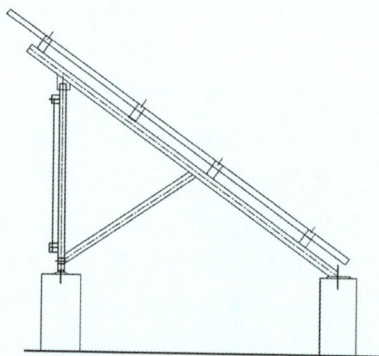

图4-21　改良"人"字形支架

4.3.1.5 单柱光伏支架

单柱光伏支撑结构主要由主梁、次梁、前支撑、后支撑、钢柱、抱箍和单桩基础等关键构件组成（图4-22）。单柱光伏支撑结构采用2个斜支撑，支起主、次梁，从而托起光伏电池板，钢斜撑

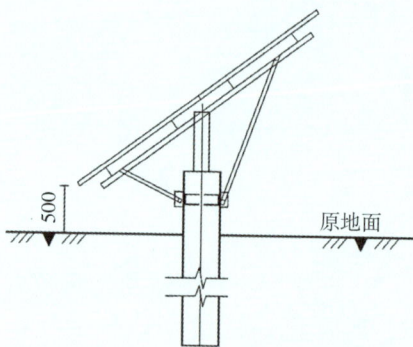

图4-22　单柱光伏支架（单位：mm）

与单柱基础间连接通过抱箍实现，具有简洁、高效的特点。同时单柱光伏支撑结构占用空间较小，可以充分利用前后排光伏组件之间的土地。单柱光伏支撑结构的前、后支撑是双柱光伏支撑结构前、后支撑的拉长版，且单柱光伏支撑结构增加了抱箍、钢柱等构件，所以与双柱光伏支架相比，单柱支撑结构的用钢量明显提高。

4.3.2 光伏支架荷载

分析光伏支架上的荷载旨在规范光伏发电系统的设计、施工和运行，提高其安全性能和稳定性。光伏支架荷载包括两方面的内容，一是光伏支架自身承受的外部风雪荷载，二是光伏支架安装在不同基面上对基面形成的荷载。光伏农业中光伏支架安装的基面包括建筑屋面、地面及水面池底，不同基面上安装的光伏发电系统，其荷载的作用方式和要求各有不同。

建筑物上安装光伏发电系统需要考虑的主要因素是屋顶的承载能力。根据荷载要求，建筑屋顶的承载能力应满足光伏组件、支架和基础结构的重量，并需进行相应的结构安全验算。地面及水面池底上安装光伏发电系统需要考虑土壤或池底的承载能力。

光伏系统无论是安装在什么基面，均需保证支架本身的抗风、雪等性能，为了保证光伏系统25年的使用寿命期内安全、可靠地运行，避免出现阵列倒塌、被掀翻等问题，需对安装结构进行承载能力、刚度、稳定性的校核和验算。

光伏支架作用荷载一般包括永久荷载、风荷载和雪荷载，此外还应考虑地震作用、温度作用以及检修荷载等。

4.3.2.1 永久荷载与风雪荷载

作用在光伏支架上的永久荷载和风雪荷载可分别按下列公式计算：

$$G = G_M + G_{K1} + G_{K2}$$
$$W_K = \beta_Z \cdot \mu_S \cdot \mu_Z \cdot W_O$$
$$S_K = \mu_r \cdot S_O$$

式中　　G——永久荷载，kN；

　　　　G_M——组件质量（包括边框），kN；

　　　　G_{K1}——框架自重，kN；

　　　　G_{K2}——其他，kN；

　　　　W_K——风荷载标准值，kN/m^2；

　　　　β_Z——高度 z 处的风振系数；

　　　　μ_S——风荷载体型系数；

　　　　μ_Z——风压高度变化系数；

　　　　W_O——基本风压，kN/m^2；

　　　　S_K——雪荷载标准值，kN/m^2；

　　　　μ_r——屋面积雪分布系数；

　　　　S_O——基本雪压，kN/m^2。

基本风压和基本雪压应按现行国家标准中25年一遇的荷载数值取值。地面和楼顶支架风荷载的体型系数取1.3。

4.3.2.2 荷载组合

无地震作用效应组合时，荷载效应组合的设计值应按下式计算：

$$S = \gamma_G S_{GK} + \gamma_w \Psi_w S_{wK} + \gamma_s \Psi_s S_{sk} + \gamma_t \Psi_t S_{tK}$$

式中　　S——荷载效应组合的设计值；

　　　　γ_G——永久荷载分项系数；

　　　　S_{GK}——永久荷载效应标准值；

　　　　S_{wK}——风荷载效应标准值；

　　　　S_{sk}——雪荷载效应标准值；

　　　　S_{tK}——温度作用标准值效应；

　　　　γ_w、γ_s、γ_t——风荷载、雪荷载和温度作用的分项系数，取1.4；

　　　　Ψ_w、Ψ_s、Ψ_t——风荷载、雪荷载和温度作用的组合值系数。

无地震作用效应组合时，变形计算采用的各荷载分项系数均应取1.0；强度计算时，无地震作用荷载组合值系数应符合表4-1规定。

表4-1　无地震作用荷载组合值系数

荷载组合	Ψ_w	Ψ_s	Ψ_t
永久荷载、风荷载和温度作用	1.0	—	0.6
永久荷载、雪荷载和温度作用	—	1.0	0.6
永久荷载、温度作用和风荷载	0.6	—	1.0
永久荷载、温度作用和雪荷载	—	0.6	1.0

注：表中"－"号表示组合中不考虑该项荷载或作用效应。

在抗震设防地区，支架应进行抗震验算。

有地震作用效应组合时，荷载效应组合的设计值应按下式计算：

$$S = \gamma_G S_{GK} + \gamma_{Eh} S_{EhK} + \gamma_w \Psi_w S_{wK} + \gamma_t \Psi_t S_{tK}$$

式中　S——荷载效应和地震作用效应组合的设计值；

γ_{Eh}——水平地震作用分项系数；

S_{EhK}——水平地震作用标准值效应；

Ψ_w——风荷载的组合值系数，应取0.6；

Ψ_t——温度作用的组合值系数，应取0.2。

有地震作用效应组合时，变形计算采用的各荷载分项系数均应取1.0；强度计算时，有地震作用组合的荷载分项系数应符合表4-2的规定。

表4-2　有地震作用荷载组合值系数

荷载组合	γ_G	γ_{Eh}	γ_w	γ_t
永久荷载和水平地震作用	1.2	1.3	—	—
永久荷载、水平地震作用、风荷载及温度作用	1.2	1.3	1.4	1.4

注：当永久荷载效应对结构承载力有利时，γ_G应取1.0；表中"－"号表示组合中不考虑该项荷载或作用效应。

4.3.2.3 检修荷载及其组合

支架设计时，应对施工检修荷载进行验算，并应符合下列规定：

（1）施工检修荷载宜取1kN，也可按实际荷载取用，并作用于支架最不利位置。

（2）进行支架构件强度验算时，荷载组合应取永久荷载和施工检修荷载，永久荷载的分项系数取1.2，施工或检修荷载的分项系数取1.4。

（3）进行支架构件变形验算时，荷载组合应取永久荷载和施工检修荷载，分项系数均应取1.0。

在实际设计中，荷载取值需要结合当地的气象条件、建筑物结构、光伏组件规格和材质等因素进行合理确定。同时，荷载取值应该有一定的安全余量，以保证光伏系统的安全可靠运行。

4.3.3 强度与稳定性分析

光伏支架的强度是指支架在最不利荷载组合条件下，构件不应发生塑性变形，是结构承载的极限状态；稳定性是指结构在最不利荷载组合条件下，构件的弹性变形不得超过规定的变形范围，是结构的正常使用极限状态。

按承载能力极限状态设计结构构件时，应采用荷载效应的基本组合或偶然组合。荷载效应组合的设计值应按下式验算：

$$\gamma_0 S \leqslant R$$

式中　　γ_0——重要性系数，光伏支架的设计使用年限宜为25年，安全等级为三级，重要性系数不小于0.95；在抗震设计中，不考虑重要性系数。

　　　　S——荷载效应组合的设计值。

　　　　R——结构构件承载力的设计值，在抗震设计时，应除以承载力抗震调整系数γ_{RE}，γ_{RE}按现行国家标准规定取值。

按正常使用极限状态设计结构构件时，应采用荷载效应的标准组合。荷载效应组合的设计值应按下式验算：

$$S \leqslant C$$

式中　S——荷载效应组合的设计值；

C——结构构件达到正常使用要求所规定的变形限值。

结构的强度和稳定性分析可采用经验法、解析法、有限元分析法以及试验测试法等。

4.3.3.1 经验法

这种方法基于设计师的经验和以往的实际工程案例，通过类似的结构和材料来估计支架的强度。尽管这种方法简单，但不够准确，特别是对于复杂的结构和不同的环境条件。

4.3.3.2 解析法

解析法使用物理原理和数学公式来分析支架的受力情况。通过建立支架的数学模型，推导出支架在不同荷载下的受力分布和变形情况。这种方法适用于简单结构的支架，但对于复杂结构可能会变得复杂和烦琐。

4.3.3.3 有限元软件分析

支架结构分析可以采用结构分析软件PKPM或SAP2000进行优化校核，也可以采用ANSYS、ABQUS等有限元分析软件进行校核。

4.3.3.4 实验测试分析

光伏系统安装后需进行支架承载能力的检测。

目前常用的测试方法：化学成分检测法和膜厚仪测试法，分别用于测试热浸锌钢镀锌层厚度和铝合金阳极氧化膜厚度，确保产品具有足够的抗腐蚀性能；盐雾试验法，对材质的抗腐蚀性能做进一步的测试；抗拉拔力测试法，可以测试安装配件抗正风压的拉拔力，确保安装系统的可靠性；风洞试验法，准确获得安装结构的风荷载体型系数，可以准确地核算出支架的承载能力。

4.3.3.5 计算机模拟法

利用计算机软件进行模拟分析，结合数值方法和数学建模，模拟支架在不同荷载下的受力和变形情况。这种方法结合了解析法和有限元分析法的优势，能够处理复杂结构并提供较准确的结果。

在分析支架自身强度满足要求后尚应分析支架的地基承载能力。作用在支架上的荷载必须能够平稳传递到地基，防止沉降和倾斜。

4.3.4 光伏组件、支架维护

光伏电池板采光面干净与否，将会影响到光伏电站的发电能力，因此，为了避免损坏光伏电池板采光面，必须每个月对光伏电池板采光面进行一次以上的清洗，避免使用有腐蚀性的液体对其进行清洗，或者使用硬物进行清理，以免损坏电池板。此外，在太阳暴晒下，光伏组件玻璃盖板会出现破损，所以要在日照较弱的时候进行清洁。

经常对光伏组件进行检查，若出现光伏组件玻璃破裂，背板烧焦，出现明显的色差，光伏组件接线盒变形、扭曲、开裂、烧毁等，应立即对其进行调节或替换。光伏组件上的带电警告标识不得有失。采用金属框架的光伏组件，其框架与支架必须有很好的连接，并且二者间的接触电阻不超过4Ω。光伏电站支架螺栓螺母、焊缝和支架连接应牢固可靠，防护涂料不得有裂纹、剥落，如有破损，要及时修补。

4.4 电气设计

4.4.1 电气设计的内容

光伏农业园区结合了现代农业与清洁能源技术，其电气设计是确保整个系统高效、稳定运行的关键。电气设计主要分为电气一次系统设计和电气二次系统设计两大部分。

4.4.1.1 电气一次系统设计

电气一次系统设计主要涉及光伏系统的核心组成部分，包括光伏组件和直流设备的选择。这需要对光伏组件的转换效率、耐久性、成本等多方面进行综合考量。同时，根据园区地形、光照条件等因素，制定光伏阵列的排列方案，确保光能的最大化利用。

农业温室大棚的棚顶光伏组件布置，需确保组件的安装不影响温室大棚内的农作物生长，同时保证光伏发电的效率。逆变器的选型同样重要，要考虑到逆变效率、稳定性以及与整体系统的兼容性。逆变器的超配方案设计则能确保在光照不足的情况下，系统仍能保持一定的发电能力。

此外，发电量的估算对于系统的经济性和可行性至关重要。通过精确估算，可以为投资者提供决策依据。同时，对变压器、电缆等设备的选型，以及集电线路电压等级的选择和汇集方案的设计，也是确保电能传输效率和安全性的关键。

在进行电气系统设计之前，需要确定集电线路的具体设置方案，通过设定初始方案，对光伏阵列的选件和变压器进行处理，使逆变器的输出电压处于一个合理的范围内，保证能够将电流汇聚到开关站母线之中。首先要对光伏阵列中的各个分阵进行布置，然后采用头尾串联的方法来实现电线路的并入。为避免某个方阵发生分合，对其他方阵产生不良影响，需在箱变高压侧位置安装高压负荷开关。

电气系统设计需要对开关站的电器进行计算。开关站应放置在地势比较平坦的地方，通过减小外物的遮挡及合理的位置设计，保证对土方量进行有效的控制，从而为后面的线路接入处理提供便利。在选择电气主接线时，要对高压站用电压和低压站用电压进行区分，对两极电压进行合理的选择和处理，在两回级电线路上将电能汇集起来，通过将电能送到开关站的方式，再由单回架空接入到变电站之中。

在采用单母线主接线方法设计时，要一次建成母线，在母线上安装柜体设备，在母线的6个侧面安装各种设备，如变压线出线柜、架空出线柜、电缆出线柜等。在实施电容电流计算过程中，需要对集电线线路电缆总长进行计算，根据集电线路侧电网单相接地电容电流完成相关计算任务。在进行接地站用变容量以及消弧线圈选择时，需要实施消弧线圈容量计算，明确接地站用变电器容量具体数值，根据设计手册内容，采用站用接地变成套装置进行处理。

4.4.1.2 电气二次系统设计

电气二次设备是指在电气一次设备的工作中，对其进行测量、监视、控制、调节和保护的装置。它主要由测量仪表、控制开关、继电器，以及复杂的继电保护装置、控制调节装置以及信号装置等组成。二次设备通过电压互感器和电流互感器与电气一次设备相互联系。电气二次系统也叫电气二次回路，是将电气二次设备按规定互相连接而构成的线路，二次系统表现出继电保护、控制与信号回路和自动装置的电气连接以及它们动作后作用于一次设备的关系。

在进行电气二次系统设计时，必须要完成监控系统的监测与设置，通过对系统的发电运行状况进行实时监督，并将采集到的各种数据用于在线监测，以更好地评估光伏系统的发电情况，准确地判定光伏电站的发电能力，为下一步的调整工作提供一个可靠的基础。

电气二次系统设计重点在于监测系统的设计，必须要设置间隔层和站控层，确保在站控层的作用消失后，间隔层依然可以独立工作，并且要对光伏电池方阵以及逆变器等各种系统进行全面的监测，确保该系统具有报警、监视和保护等各种功能，使其更好地保障电气系统的正常运转。

电气二次系统设计还需要做好安全自动装置以及系统设置，需要完成电缆及电线路保护以及架空送出线路保护处理。保证系统能够高质量完成交流不停电处理，能够为不停电负荷提供充足电力。

电气二次设备应布置在继电器室，继电器室面积应满足设备布置和定期巡视维护的要求，并留有备用屏位，屏、柜的布置宜与配电装置间隔排列次序对应。

电气二次系统设计则更侧重于系统的智能化管理和监控。通过配备发电系统的数据采集装置、监控装置和环境监测等智能化设备，可以实时获取光伏发电站的运行数据，如发电量、系统效率、设备状态等。

这些数据通过光缆传输至站控层监控系统，使操作员能够及时地观测和分析光伏发电场区的各项数据，从而作出相应的调整和优化。这不仅提高了系统的运行效率，也增强了系统的安全性和稳定性。

4.4.2 设计原则

我国的光伏电站建设已经取得了显著的进步，设计工艺和装备技术都达到了很高的成熟度。随着电站规模的不断扩大，对电气设计的要求也日益提高。光伏电站的电气设计不仅关乎电站的运行效率和稳定性，更直接关系到投资效益和长期运营的可持续性。

在电气设计中，首先要确保设计方案的最优化，综合考虑地形、气候、光照资源等多方面因素，选择最适合的光伏组件和电气设备。合理的设备选取和布置，不仅能够最大限度地利用光能，还能有效减少因设备不匹配或布置不当导致的能量损失。此外，具体设计中还应遵循以下原则。

4.4.2.1 安全性

安全性是电气设计的首要考虑因素。在满足国家和行业的安全规范前提下，设计方案需要对电气设备的选型、布置和运行方式等进行全面考量，确保电站在各种运行工况下都能保持安全稳定。

4.4.2.2 技术先进性

技术先进性是保证电站长期竞争力的关键。采用先进的设计理念和技术装备，不仅可以提高电站的发电效率，还能降低运维成本，为投资者带来更高的回报。

4.4.2.3 经济性

经济性是投资者最关心的问题。在电气设计中，要充分考虑投资成本和长期运营成本，通过合理的方案设计和设备选型，实现投资效益的最大化。

4.4.2.4 规范性

规范性是确保电站建设和管理统一性的基础。遵循国家和行业的标准和规范，不仅使电站顺利建设和运行，还能为电站的长期运维和管理提供便利。

4.4.2.5 高效运行

高效运转是电站设计的最终目标。通过优化设计方案，提高设备的运行效率，减少不必要的能量损失，使电站能够在各种环境下都能保持高效稳定的运行状态。

光伏电站的电气设计是一个综合考虑安全性、技术性、经济性和规范性的过程。通过不断优化设计方案，选取合适的设备和材料，布置合理的设备和线路，可以确保电站的高效稳定运行，实现经济效益和社会效益的双赢。

4.4.3 光伏场区光电设备选型

4.4.3.1 光伏组件选型

光伏组件选型主要指对光伏电池的选择。光伏电池（片）按所用材料可分为硅电池、多元化合物薄膜电池、聚合物多层修饰电极型电池、纳米晶电池和有机电池等。

（1）单晶硅电池 技术成熟，转换效率高，最高可达到24.7%。对于需要高效率的场合，如航天、太阳能车等，单晶硅电池是较好的选择。其生产成本高，在大规模并网光伏电站中，出于成本考虑，可能不是最优选择。

（2）多晶硅电池 相对于单晶硅电池，多晶硅电池的成本较低，效率稍逊，但仍然可观。在大规模并网光伏电站中，多晶硅电池因其成本效益而成为首选。此外，对于需要较大面积安装光伏电池的场合，如屋顶光伏系统，多晶硅电池也是一个很好的选择。

（3）多元化合物薄膜电池 这类电池使用各种不同的材料，如铜铟镓硒（CIGS）和碲化镉（CdTe）等，具有不同的效率和成本特点。在某些特定的应用场景中，如高辐射地区或建筑一体化光伏（BIPV）系统中，这些电池可能具有优势。需要根据具体情况评估其适用性和经济性。

（4）聚合物多层修饰电极型电池（染料敏化光伏电池） 这类电池具有较低的成本潜力和一定的效率。对于需要柔性、半透明或美观的光伏应用的场合，如可穿戴设备、建筑窗户等，这类电池是不错的选择。

（5）纳米晶电池 纳米晶材料在光伏电池中展现出潜力，但目前仍处于研究和开发阶段。关注该领域的最新研究进展，尤其是其成本下降和效率提升方面的进展，这类电池将成为未来有竞争力的选项。

（6）有机电池 使用有机材料制造的光伏电池，具有潜在的低成本和可大规模生产的优势。对于需要低成本、轻量化和柔性光伏解决方案的场合，有机电池是一个值得关注的领域。

光伏组件的选择应依据太阳辐射量、气候特征、场地面积等因素，由技术经济比较确定。太阳辐射量较高、直射分量较大的地区宜选用晶体硅光伏组件或聚光光伏组件。太阳辐射量较低、散射分量较大、环境温度较高的地区宜选用薄膜光伏组件。在与建筑相结合的光伏发电系统中，当技术经济合理时，宜选用与建筑结构相协调的光伏组件。建材型的光伏组件，应符合相应建筑材料或构件的技术要求。

4.4.3.2 光伏方阵运行方式选择

光伏方阵可分为固定式和跟踪式两类，选择何种方式应根据安装容量、安装场地面积和特点、负荷的类别和运行管理方式，由技术经济比较确定。

光伏方阵采用固定式布置时，最佳倾角应结合站址当地的多年月平均辐照度、直射分量辐照度、散射分量辐照度、风速、雨水、积雪等气候条件进行设计，并符合下列要求：①对于并网光伏发电系统，倾角宜使光伏方阵的倾斜面上受到的全年辐照量最大；②对于独立光伏发电系统，倾角宜使光伏方阵的最低辐照度月份倾斜面上受到较大的辐照量；③对于有特殊要求或土地成本较高的光伏发电站，可根据实际需要，经技术经济比较后确定光伏方阵的设计倾角和阵列行距。

跟踪式光伏方阵又可分为平单轴跟踪、斜单轴跟踪和双轴跟踪3种，一般来说，当安装容量相同时，固定式、平单轴跟踪、斜单轴跟踪和双轴跟踪发电量依次递增，但其占地面积也同时递增。

平单轴太阳跟踪系统在低纬度地区发电效果好，在高纬度地区效果不如低纬度地区，但可以节省土地。平单轴太阳能跟踪系统是最便宜的跟踪系统，广泛用于大型项目。

斜单轴跟踪式结合了倾角固定式支架和平单轴跟踪式支架的优点，斜单轴跟踪式支架的发电量较高，但占地面积较大，工程造价较高。

双轴跟踪式是根据太阳一天之内、一年之内的入射角变化来调整支架的倾角，从两个方向对太阳进行跟踪，因此其发电量最高，但占地面积和工程造价也是最高的。目前支架基本上均为单柱形式。

光伏方阵应根据站区地形、设备特点和施工条件等因素合理布置。大、中型地面光伏发电站的光伏方阵宜采用单元模块化的布置方式。

地面光伏发电站的光伏方阵布置应满足下列要求：①固定式布置的光伏方阵、光伏组件安装方位角宜采用正南方向；②光伏方阵各排、列的布置间距应保证每天9：00—15：00（当地真太阳时）时段内前、后、左、右互不遮挡；③光伏方阵内光伏组件的最低点距地面的距离不宜低于300mm，并应考虑当地的最大积雪深度、当地的洪水水位、植被高度；④考虑到过电压保护和接地的问题，光伏方阵场地内应设置接地网，接地网除应采用人工接地极外，还应充分利用支架基础的金属构件，光伏方阵接地应连续、可靠，接地电阻应小于4Ω。

4.4.3.3 直流配电设备选型

（1）电缆 在选择直流配电设备时，需要注意电缆的材质与性能。直流侧电缆是光伏电池组件所发电力经由直流侧电缆接入光伏并网逆变器，作为将光伏电池组件产生的电能有效传输至光伏并网逆变器的关键部件，其质量直接影响到整个光伏系统的稳定运行和安全，直流侧电缆推荐选用阻燃、铠装、防水电缆。

（2）直流防雷汇流箱　是直流配电设备一项关键设备，专门用于接收并处理若干组光伏组件阵列所输出的直流电能，是对若干组光伏组件阵列输出的直流电能进行汇总。这一功能使得汇流箱能够对这些复杂的电能流进行精确管理和分配，保证每个光伏组件都能按照预设的负载需求得到合理利用，同时避免不必要的电能损失或短路风险。为了减少光伏阵列到逆变器之间的连接线，光伏组件阵列通过7台或8台直流防雷汇流箱汇集后再接入逆变器集装箱直流配电装置侧，逆变器直流侧提供8路输入接口供直流汇流箱接入，直流输入回路均需配有直流断路器和快速熔断器，汇流箱的最大接入开路电压可达1 000V，直流输出回路配有光伏专用的电压显示仪表和防雷器。直流防雷汇流箱安装在光伏组件阵列，尽量靠近逆变器集装箱侧，维护简易快捷。

汇流箱应依据型式、绝缘水平、电压、温升、防护等级、输入输出回路数、输入输出额定电流等技术条件进行选择，同时应按环境温度、相对湿度、海拔高度、污秽等级、地震烈度等使用环境条件进行性能参数校验。

（3）蓄电池　光伏发电站宜设蓄电池组向继电保护、信号、自动装置等控制负荷和交流不间断电源装置、断路器合闸机构及直流事故照明等动力负荷供电，蓄电池组应以全浮充电方式运行。

4.4.3.4 光伏并网逆变器的选型

逆变器是将光伏组件方阵输出的直流电逆变转换成交流电的电气设备，在光伏发电过程中起到非常重要和关键的作用。逆变过程称为逆变单元，光伏电站的逆变单元包括直流电缆、直流侧防雷汇流箱、并网逆变器、交流侧电缆、智能化通信装置等。

在光伏并网系统中，逆变器的作用是将光伏组件电池转化来的直流电能逆变成符合标准的交流电。要求逆变器在逆变过程中对电压、频率、相位、谐波含量等重要指标能准确地控制，并具备最大功率跟踪功能，该功能是光伏阵列连接到发电系统的重要技术指标。逆变器的最大功率跟踪器是一个电子装置，其任务是保证光伏阵列在工作状态下的最大输出功率，可以对负载阻抗的变化、温度或者阳光直射造成的工作条件的变化进行跟踪。

逆变器应按型式、容量、相数、频率、冷却方式、功率因数、过载能力、温升、效率、输入输出电压、最大功率点跟踪（MPPT）、保护和监测功能、通信接口、防护等级等技术条件进行选择。

市场上有多种逆变器，在选择时要注意如下一些技术要求：

①逆变器直流输入电压。直流输入电压要保证在正常范围内，这样能保持逆变器交流输出电压的稳定性。

②逆变器最大效率。要保证90%以上的转换效率。

③逆变器的最大功率点跟踪。为了保证光伏发电系统运行在最大功率点，输入终端电阻要适应光伏发电系统的现场运行情况。

④逆变器安全可靠性。光伏场区在室外，受到自然环境的较大影响，所以对逆变器的抗干扰性和环境适应性提出了很高的要求，并且在瞬时过载时具有保护功能。

⑤监控和数据采集。具有多种通讯接口，用于数据接收和发送。

常见逆变器的种类主要有集中式逆变器、集散式逆变器、组串式逆变器三类。前两种以大功率逆变器为主，而组串式逆变器以小功率为主。

集中式逆变器产品成熟、可靠，占据了相当大的光伏发电市场份额；同时，组串式逆变器在山区电站、分布式电站中的应用也日益增多；集散式逆变器主要是将逆变器中的MPPT控制软件单元分散布置到下一级汇流箱内，实现了分散跟踪的作用，相当于集中式和组串式的综合体。

4.4.3.5 箱式升压变压器的选择

箱式升压变压器中设有瓦斯保护、高温报警、超温跳闸、过流保护、过负荷保护等，保护动作时，先跳变压器低压侧开关进行保护。升压变压器高低压、室内刀闸位置、开关状态、保护动作、变压器非电量信息、测量信息等送入变压器测控单元，通过

RS485上传至逆变器室数据采集柜，再由数据采集柜通过光缆上传至站控层计算机监控系统。

在选择箱式升压变压器时，必须仔细考虑其内部的安全保护装置。该变压器配置了多种保护机制，以确保运行的安全性和可靠性。首先，瓦斯保护是一个重要的安全特性，它能够检测到变压器内可能产生的瓦斯气体，并在检测到危险时立即切断电源，防止爆炸事故的发生。其次，高温报警系统会在变压器达到预设的温度阈值时发出警报，提醒工作人员进行冷却或更换零件等措施。如果变压器内部温度超过预设限制，超温跳闸功能将自动启动，断开低压侧的开关，以避免过热导致的潜在危险。此外，过流保护与过负荷保护也是必不可少的，它们分别负责监测变压器是否因电流或负载超载而受损。一旦这些保护机制被触发，它们将迅速采取行动，关闭变压器的相关部分，确保安全。

（1）光伏发电站升压站主变压器的选择　应符合下列要求：

①应优先选用自冷式、低损耗电力变压器。

②当无励磁调压电力变压器不能满足电力系统调压要求时，应采用有载调压电力变压器。

③ 主变压器容量可按光伏发电站的最大连续输出容量进行选取，且宜选用标准容量。

（2）光伏方阵内就地升压变压器的选择　应符合下列要求：

①宜选用自冷式、低损耗电力变压器。

②变压器容量可按光伏方阵单元模块最大输出功率选取。

③ 可选用高压（低压）预装式箱式变电站或变压器、高低压电气设备等组成的装配式变电站。对于在沿海或风沙大的光伏发电站，当采用户外布置时，沿海防护等级应达到IP 65，风沙大的光伏发电站防护等级应达到IP 54。

④就地升压变压器可采用双绕组变压器或分裂变压器。

⑤就地升压变压器宜选用无励磁调压变压器。

4.4.3.6 电气主接线设计

电气主接线主要是指在发电厂、变电所、电力系统中，为满足预定的功率传送和运行等要求而设计的、表明高压电气设备之间相互连接关系的传送电能的电路。电气主接线以电源进线和引出线为基本环节，以母线为中间环节构成电能输配电路。

发电单元接线及就地升压变压器的接线，应符合下列要求：①逆变器与就地升压变压器的接线方案应依据光伏发电站的容量、光伏方阵的布局、光伏组件的类别和逆变器的技术参数等条件，经技术经济比较确定。②一台就地升压变压器连接两台不自带隔离变压器的逆变器时，宜选用分裂变压器。

发电母线电压应根据接入电网的要求和光伏发电站的安装容量，经技术经济比较后确定，并应符合下列规定：①光伏发电站安装总容量小于或等于1MW时，宜采用0.4～10kV电压等级；②光伏发电站安装总容量大于1MW，且小于等于30MW时，宜采用10～35kV电压等级；③光伏发电站安装容量大于30MW时，宜采用35kV电压等级。

母线的接线方式应按本期、远景规划的安装容量、安全可靠性、运行灵活性和经济合理性等条件选择，并应符合下列要求：①光伏发电站安装容量小于或等于30MW时，宜采用单母线接线；②光伏发电站安装容量大于30MW时，宜采用单母线或单母线分段接线；③当分段时，应采用分段断路器。

母线上的短路电流超过所选择的开断设备允许值时，可在母线分段回路中安装电抗器。母线分段电抗器的额定电流应按其中一段母线上所联接的最大容量的电流值选择。

光伏发电站内各单元发电模块与光伏发电母线的连接方式，由运行可靠性、灵活性、技术经济合理性和维修方便等条件综合比较确定，可采用辐射式连接方式、T接式连接方式。光伏发电站母线上的电压互感器和避雷器应合用一组隔离开关，并组装在一个柜内。

4.4.3.7 光伏组件布置方案设计

光伏组件串并联方案和温室大棚屋面上组件的排布是布置方案设计的主要内容。

（1）光伏组件串并联方案　光伏组件串是将多个光伏组件以串联方式连接，形成具有所需直流输出电压的最小单元，再将多个光伏组件串并联后接入汇流箱汇集成1路电源。下式是光伏组件串并联的计算过程。

$$N \leqslant \frac{V_{dcmax}}{V_{oc} \times [1 + (t - 25) \times K_v]}$$

$$P_n = \frac{P_{dc}}{P_{oc} \times N}$$

式中　N——光伏组件的串联个数；

　　　K_v——光伏组件的开路电压温度系数；

　　　V_{oc}——光伏组件的开路电压（V）；

　　　V_{dcmax}——逆变器允许的最大直流输入电压（V）；

　　　t——光伏组件工作条件下的极限低温（℃）；

　　　P_n——光伏组件串并联个数；

　　　P_{dc}——逆变系统输出功率（W）；

　　　P_{oc}——光伏组件最大输出功率（W）。

（2）温室大棚屋面光伏组件排布　温室大棚屋面布置光伏组件要考虑屋面面积，组件之间留20mm的间距，以满足安装要求。组件按12串并列横向布置，264块光伏组件组成1组。两栋温室大棚东西向之间留2m的距离。

温室大棚阵列的方位角取0°，屋面光伏阵列倾角为22°，按照正南正北向布置（图4-23）。光伏阵列选用固定式布置，在设计时通常考虑产生阴影最长的时间段时，保证不遮挡光伏阵列。

不被遮挡的间距可由以下公式计算：

$$D = L\cos\beta + L\sin\beta \frac{0.707\tan\psi + 0.4338}{0.707 - 0.4338\tan\psi}$$

式中　D——两排列阵之间的距离，m；

　　　L——列阵倾斜面长度，m；

　　　β——列阵倾角，°；

　　　ψ——当地纬度，°。

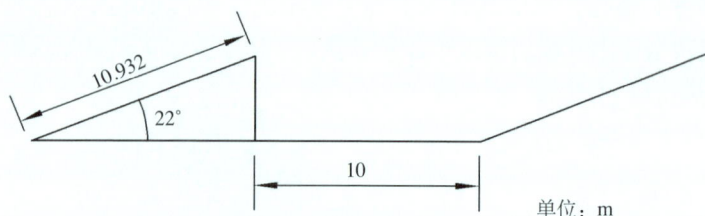

图 4-23　光伏阵列倾角、行距设计示意图

4.4.3.8 光伏系统发电效率

设计光伏组件发电系统时，需要对其发电效率进行估算。光伏系统运行的过程中，影响其发电效率的因素主要集中在以下几点：

①光照利用率。当辐照度过低时，会产生不可利用的低、弱太阳辐射损失。

②温度造成的年平均损失。光伏组件在工作时温度的变化会影响转化效率。当组件温度升高时，光伏组件转化效率随之降低。

③组件匹配损耗。发电系统运行中，存在一定时段光伏组件之间互相遮挡，但这段时间内的太阳辐射总量相对较少。根据电池板出厂的标称偏差，对于严格执行阴影距离控制进行设计、精细施工的系统，约有3%的损失。

④灰尘及积雪影响损耗。

⑤直流损失。直流损失主要考虑直流线损及低压汇流箱效率。

⑥逆变器转换效率。逆变器转换效率由所选逆变器型号决定。

⑦升压变压器损耗。

⑧交流线损。

⑨阴影遮挡影响。由于冬季存在阴影遮挡问题，阴影遮挡造成的发电量损失取1.5%。

综合以上内容，对光伏系统发电效率进行估算。

4.4.3.9 集电线路设计

光伏电站按照电压等级分为小型光伏电站、中型光伏电站和大型光伏电站，并网电压分别为380V、10 ~ 35kV和66kV以上。

线路全年的电能损耗公式：

$$W = 3I^2RT \times 10^{-7}$$

式中　W——线路上全年的电能损耗，万度；

　　　I——线路的计算电流（A）；

　　　R——线路每相电阻（Ω）；

　　　T——年最大负荷损耗小时数（h）。

按照光伏电站的实际情况分别从投资和电能损耗两个方面进行比较，选择集电线路的电压等级。

5 光伏种植园区及案例

5.1 光伏种植园区的概念及原理

5.1.1 概念

光伏种植园区是指在农田内部安装光伏发电设备，利用太阳能为农田提供电力，同时也为农田创造一种可持续的经济效益，这种结合的方式可以提高土地的综合利用率，实现能源与种植业的双赢。

光伏和大田种植相结合主要有以下几点原因：

（1）能源需求增加　随着人口增长和经济发展，各国对能源的需求在不断增加，而光伏发电是一种清洁、可再生的能源，可有效减少对传统能源的依赖。

（2）农田资源丰富　农田作为一种广泛存在的土地资源，可以用于安装光伏发电设备，为农田提供清洁能源，同时也为农民创造经济收益。

（3）土地资源利用率低　传统的大田农业只能在一年内进行1～3次作物种植，而在农田内部安装光伏发电设备可以提高土地的利用率，实现能源与农业的双重收益。

随着全球能源转型，光伏种植业项目正呈现出快速增长的趋势。越来越多的国家和地区开始投资光伏种植业，以减少对传统能源的依赖。全球光伏种植业模式分布广阔，主要投建运营在以中国、美国为代表的政策支持度高、光伏产业发展好的国家。其中主要的建设模式为倾斜式，也包含光谱分离、垂直式等较新颖的应用方式。光伏阵列下方的农业生产也各具特点，主要是结合地方特色产业进行耦合生产，农产品类型包括无花果、牧草、马铃薯与莴笋等。

光伏种植园区涉及的关键技术包括光伏发电技术、现代农业种植技术以及二者的结合应用。

在光伏种植园区中，光伏组件通常安装在农业设施的顶部，不占用地面空间，且能为农业生产提供清洁能源。

现代农业种植技术，包括高效节水灌溉、精准施肥、病虫害绿色防控等先进技术，旨在提高农业生产效率、降低生产成本并保护生态环境。

将光伏发电技术与现代农业种植技术相结合，可实现能源与农业的互利共赢。例如，利用光伏发电为农业设施提供电力支持，同时满足设施内农作物的光照、温度、湿度等生长需求。光伏种植园区可广泛适用于蔬菜、花卉、苗木等种植领域。通过合理规划布局，光伏种植园区可实现土地的高效利用和农业生产的可持续发展。

5.1.2 原理

光伏种植园区将农田用于农业生产和光伏发电，既扩大光伏发电的规模，又保留农田，提高土地利用效率，使得光伏与光合作用从竞争关系达到合作关系。其具有多种应用方式：一是将太阳能发电产生的电能直接用于种植生产，解决了农业生产活动中对电能的需求，如给灭虫灯、灌溉水泵等农业装备供电；二是在光伏组件下开展种植，利用光伏组件下遮阳环境种植喜阴或耐阴植物，还可以利用光伏组件的结构搭建温室，降低温室建造成本。光伏种植园区作为一种融合了光伏发电与现代农业的创新模式，其基本原理在于高效利用土地资源，同时实现清洁能源的生产与农业种植的双重效益。

5.1.2.1 土地利用的高效性

光伏种植园区的核心思想之一是土地的高效利用。在传统农业中，土地主要用于种植作物，其上方的空间往往被忽视。而在光伏种植园区中，在温室大棚或农田的上方安装光伏发电板，使得同一块土地在产出农作物的同时，也能产出电能，从而大大提高了土地的利用率。

5.1.2.2 农业种植与光伏发电的协同作用

光伏种植园区的另一个重要原理是农业种植与光伏发电的协同作用。这种协同作用主要体现在以下几个方面：

（1）调节光照　光伏发电板可以根据农作物的光照需求进行透光率的调节。例如，在光照强烈的季节或时段，可以适当降低光伏组件的透光率，以减少对农作物的过度光照；而在光照不足的季节或时段，则可以增加光伏组件的透光率，以满足农作物的光照需求。这种灵活的光照调节有助于农作物进行光合作用，提高产量和品质。

（2）控制温度　光伏发电板在吸收太阳能的同时，也会起到一定的遮阳作用。在炎热的夏季，这有助于降低温室大棚内的温度，为农作物创造一个更适宜的生长环境。同时，通过合理的通风和温控系统设计，还可以将温室大棚内的温度控制在农作物生长的最佳范围内。

（3）节约水资源　光伏种植园区通常采用滴灌、喷灌等高效节水灌溉方式，结合光伏发电提供的电力支持，可以实现精准灌溉和智能化管理。这不仅可以提高水资源的利用效率，还有助于减少水资源的浪费。

（4）光谱分离技术　为了实现光伏发电和农业种植的双重目标，光伏种植园区采用了独特的光谱分离技术。这种技术利用特殊的薄膜或滤光材料来分离太阳光谱，使得植物能够吸收到其生长所需的光谱，而剩余的光谱则被光伏电池板吸收并转化为电能。

（5）智能化环境监控　光伏种植园区还涉及智能化环境监控技术的应用。通过在园区内布置各种传感器（如温度传感器、湿度传感器、光照传感器等），可以实时监测植物生长环境的各种参数。这些数据被传输到中央控制系统进行分析和处理，从而实现对植物生长环境的精准调控。

（6）能源管理与优化　在光伏种植园区中，能源的管理和优化也是至关重要的。通过合理的能源规划和调度，可以确保光伏发电系统产生的电能得到高效利用。同时，通过储能系统的应用，还可以将多余的电能储存起来供夜间或阴雨天使用。

5.1.2.3 环保与可持续发展

光伏种植园区作为一种清洁、环保的农业模式，其原理还体现在环保与可持续发展的理念上。首先，光伏发电作为一种可再生能源技术，其发电过程中不产生任何有害排放物质；其次，通过合理利用土地资源、水资源和太阳能资源等自然资源，光伏种植园区实现了资源的高效利用和循环利用；最后，光伏种植园区还有助于推动农业向绿色、低碳、可持续发展方向转型，为应对全球气候变化和生态环境保护做出积极贡献。

总体来说，光伏种植产业模式立足于自然资源，根据全国范围内耕地环境的自然特点，通过技术创新、管理创新，发展普遍适用性的光伏种植产业，使其在我国大部分农业发展地区得到应用，同时对农业技术落后地区进行技术升级，使光伏种植产业模式真正落实，达到预期发展规划目标。

综上所述，光伏种植园区通过高效利用土地资源、应用光伏发电技术以及光伏发电与农业种植的协同作用等方式，实现清洁能源生产与农业种植的双重效益。这种创新的农业模式不仅提高了土地的利用率和产出效益，还为农民带来了额外的收入，同时也有助于推动农业的可持续发展和生态环境保护。

5.2 光伏种植园区分类与特点

5.2.1 光伏大田种植

5.2.1.1 阵列结构类型

在土地上创制的光伏大田种植阵列是光伏大田种植园区的主要载体。如图5-1所示，阵列主要由光伏组件与支撑系统等组成，具体包括固定支架（含柔性）以及跟踪式支架等两种阵列类型，其中固定支架的基础类型还分为混凝土管桩、灌注桩及螺旋地桩。上述三种地基桩仅与建设成本相关，对农业生产的影响基本无差别。

a.固定支架阵列（柔性）　　　　　b.跟踪式支架阵列

c.固定支架阵列
——混凝土桩

d.固定支架阵列
——灌注桩

e.固定支架阵列
——螺旋地桩

图5-1　光伏大田阵列结构

　　鉴于施工成本以及设备运行的可靠性，国内现有的光伏大田种植项目会优先选用固定支架的建设方案，但使用光伏跟踪系统可以实现更均匀的阴影条件与更高的发电率。为了实现光伏大田种植项目中光伏发电和农业生产平衡发展，相对于传统地面光伏布局，光伏大田种植项目的设计通常在保证有一定的倾角情况下，还要考虑不同的光伏组件高度和行列间距。

　　截至2023年底，国内已有13个省份对光伏大田种植项目的最低光伏组件铺设高度和最小行列间距做了强制性规定，其中江苏、安徽和山东等华东地区省份规定的最低光伏组件铺设高度为2.5m

（表5-1）。这有助于在保障光伏大田种植项目投资回收期可控的同时，一定程度上保证和优化组件下方光环境以及便于机械化作业。

表5-1　国内各省份光伏大田种植项目阵列结构参数要求

发布时间	省份	政策文件	最低高度/m	行间距/m	列间距/m
2023年9月	江苏省	《关于支持光伏发电产业发展规范用地管理的通知》	2.5	8.0	/
2022年1月	天津省	《关于规范光伏发电产业用地管理的通知》	2.5	6.5	4.0
2020年12月	湖北省	《关于规范光伏发电项目用地管理有关事项的通知》	2.0	4.0	4.0
2020年7月	海南省	《关于进一步保障和规范光伏发电产业项目用地管理的通知》	2.0	2.5	3.5
2020年7月	陕西省	《关于规范光伏复合项目用地管理的通知》	2.5	6.0	6.0
2019年12月	云南省	《关于进一步支持光伏扶贫和规范光伏发电产业用地的通知》	2.5	6.5	4.0
2019年9月	安徽省	《关于规范光伏复合项目用地管理有关事项的通知》	2.5	8.0	4.5
2019年8月	河北省	《关于规范光伏复合项目用地管理有关事项的通知》	2.5	6.5	4.0
2018年7月	广西壮族自治区	《关于规范我区光伏发电站用地管理的通知》	2.5	6.0	4.0
2018年7月	山东省	《关于保障和规范光伏发电产业项目用地管理的通知》	2.5	10.0	4.0
2018年5月	浙江省	《关于进一步促进浙江省地面光伏电站健康发展的通知》	2.0	/	7.0
2018年4月	西藏自治区	《西藏自治区光伏复合项目建设要求和认定标准（暂行）》	2.1	/	/
2018年3月	宁夏回族自治区	《关于规范光伏发电产业发展有关事项的通知》	1.5	/	/

5.2.1.2 优缺点

光伏大田种植的特点在于其结合了光伏发电与农业种植，实现了土地的双重利用，既产生清洁能源又进行农业生产。此模式环保节能，能增加农民收入，提高土地利用效率。同时，光伏组件为农作物提供遮蔽，减少蒸腾，节约水资源。然而，该模式也需合理规划，以确保光伏与农业的和谐共生。

（1）优势

①提高土地利用效率。光伏大田种植能够显著提高土地的利用效率。在传统的农业种植中，土地主要用于农作物的生长，而上方空间往往被忽视。光伏大田种植通过在农田上方安装光伏发电板，实现了土地的垂直利用，使得同一块土地既能进行农业生产，又能产出清洁能源。这种双重利用土地的方式有效缓解了土地资源紧张的问题，特别是对于土地资源稀缺的地区，光伏大田种植提供了一种创新的土地利用模式。

②绿色可持续。光伏发电作为一种清洁能源，不产生任何有害排放物质，对环境友好。将其与农业种植结合，不仅为农业生产提供了电力，还减少了对化石能源的依赖，有助于降低环境污染和温室气体排放。这种种植模式符合可持续发展的理念，推动了农业的绿色发展。

③增加农民收入。光伏大田种植为农民带来了多元化的收入。农民可以通过出租部分土地给光伏发电企业获得稳定的租金收入，同时还可以在光伏组件下继续种植农作物，获得农业收入。这种多元化的收入模式显著提高了农民的经济收益，有助于改善他们的生活水平。

④农业生产与光伏发电的互补。在光伏大田种植中，农业生产与光伏发电形成了良好的互补关系。光伏发电板在一定程度上为农作物提供了遮蔽，减少了蒸腾作用，有助于节约水资源。根据研究，光伏大田种植模式下的农作物蒸腾作用较传统种植模式减少了约20%，从而有效节约了水资源。同时，农作物的种植和管理也有助于维护土地的健康和肥力，为光伏发电提供稳定的土地基础。

⑤提高农业抗风险能力。光伏组件的安装为农田提供了一定的遮蔽和保护，能够减少极端天气对农作物的影响。例如，在干旱季节，光伏组件可以减少土壤水分的蒸发；在暴雨天气中，光伏组件又能起到一定的遮雨作用，防止农作物受涝。这些措施都有助于提高农业的抗风险能力，保障农作物的稳定产出。

（2）不足

①农业初期投资成本高。由于各种原因，现有的大部分农光互补项目农业种植费用前期未列入项目总投资预算，导致种植经费来源难以落实。光伏组件下种植条件受限、水源缺乏，种植何种作物，如何收益，成为农光互补项目广泛存在的问题。目前，由于农光互补项目种植粮食作物收益无法覆盖成本，国内至今无成功盈利种植模式等因素，农业公司及各乡镇经济合作社、村民承接种植工作意愿均不高。

②光温衰减。光伏支架高度、光伏组件间距、光伏组件倾角等因素会影响环境的光照强度和温度。王璞等研究发现，光伏支架南北两侧采光差别较大，支架北侧光照时间短、光照强度弱，土壤温度偏低，不适宜大豆生长。因此，光伏建设单位在建设光伏基地时，要充分考虑种植作物对环境条件的要求，如设置适合的光伏组件间距，避免在板外空地出现过多光照条带，适当增加立柱高度，以利于改善板下光照条件、增加土壤温度、提高机械可通过性，做到光伏发电与作物生长特点相协调。

③作物减产。光伏支架下的光照、气温、土温、湿度等环境因素的变化影响作物生长发育和产量。国内外诸多学者研究发现，光伏组件的大面积铺设会对粮食或经济作物产量产生较大的负面影响。前人研究了光伏组件大面积遮阳对猕猴桃、甘薯、小麦、生菜、丹参及卷心菜等一系列作物生长及产量的影响，结果发现各类作物均有不同程度的减产。以小麦为例，陈凤等在江苏连云港的生态光伏基地的光伏阵列下开展了12个小麦品种的种植试验，结果发现所有品种的小麦产量均有所下降，其中12个品种小麦在光伏阵列中区（正上方无光伏组件）的产量约为露天对照的80%，

在遮阳区域的整体产量为露天对照的30%～60%。

④灌排不畅。受支架打桩和开沟埋管等影响，光伏支架下土层经常出现硬化、断层等问题，加之光伏建设单位不注重光伏阵列间的沟系疏通，连续降雨易导致田间积水，造成作物生长受阻、病害加重，影响光伏农业的良性发展。因此，工人安装光伏设备时，须将施工现场地表土保留在原地，保持土壤和植被完整性，减少地表径流和雨水侵蚀，以促进本地植被和引种作物正常生长。同时，光伏基地建设前，设计人员应提前设计和铺埋灌排管道，及早开挖灌排沟系，雨前及时疏通，做到旱能灌、涝能排。

⑤市场和政策风险。光伏大田种植的发展受到市场和政策等多种因素的影响。一方面，光伏发电的市场价格和补贴政策可能会发生变化，从而影响农民的经济收益；另一方面，农业市场的波动也可能对农民的收入产生影响。因此，农民在选择光伏大田种植模式时需要充分考虑市场和政策风险，并做好相应的风险防范措施。

5.2.2 光伏设施种植

5.2.2.1 光伏设施类型

光伏设施在农业领域的应用主要是通过在农业设施中安装光伏组件，实现农光互补的方式。这种方法可以兼顾农业生产和太阳能发电，提高土地利用率，减少对土地资源的占用，同时为农场提供可再生能源。光伏设施类型主要按光伏组件铺设方式和设施结构类型分类。

（1）按光伏组件铺设方式分类

①全铺式光伏设施。全铺式光伏设施是将温室屋脊两侧屋面全部铺上光伏组件，以最大化发电用光。这种温室内通常靠电照明，因此适合种植弱光性植物或者食用菌等。全铺式设计使得光伏组件能够充分接收阳光，从而提高发电量。然而，由于农业设施内光照不足，这种农业设施主要适用于对光照需求不高的植物或食用菌。

②半铺式光伏设施。半铺式光伏设施是将光伏组件铺在设施的南面，留北面为设施内作物提供光照。这种设施有日光照射，但大部分强光被用于发电，因此设施内的光照相对较弱。这种类型的光伏设施适合种植对光照需求不高的植物，如一些耐阴的蔬菜和花卉。

③间铺式光伏设施。间铺式光伏设施是将光伏组件的间距拉大，或间隔排列铺设的设施。这种设计使得设施内的光照只比全光照稍弱一些，因此可以种植大部分的园艺作物。然而，由于光伏组件的覆盖面积较小，所以发电量相对较少。间铺式设计在提供足够光照的同时，也兼顾了一定的发电效益。

（2）按设施结构类型分类

①光伏塑料大棚。光伏塑料大棚主要是在塑料大棚的侧面或顶部安装光伏组件。这种设计相对简单，光伏组件的安装基本不会影响大棚内的种植活动。塑料大棚具有成本低、搭建方便等优点，适合在广大农村地区推广使用。

②光伏日光温室。光伏日光温室通常分为两种设计：平铺设计和支架设计。平铺设计是在日光温室的前屋面或顶部铺设光伏组件，而支架设计则是在日光温室的北侧安装支架来支撑光伏组件。这两种设计各有优缺点，主要取决于种植作物的类型和发电需求。

③光伏连栋温室。光伏连栋温室是将多个温室连接在一起，形成一个大型的温室群。在连栋温室的屋面或南墙安装光伏组件，可以充分利用大面积的阳光进行发电。这种类型的光伏温室具有土地利用率高、管理方便等优点，适合规模化种植和养殖。

5.2.2.2 优缺点

（1）优势

①提高土地利用率。光伏温室利用温室大棚的顶部空间安装光伏组件，不占用地面面积，从而节约了土地资源。这种空间的多层次利用使得在同一块土地上同时进行光伏发电和农业生产成为可能。

②降低用电成本。光伏温室所发电量可以直接用于温室的灌溉系统、补光设备和温控系统等，从而有效降低农业生产中的电力成本。根据相关数据，使用光伏发电的温室能够显著减少电费支出，提高农业生产的经济效益。

③灵活创造适宜环境。通过在温室大棚上架设不同透光率的光伏组件，可以满足不同作物的采光需求。这种灵活性使得光伏温室能够种植各种高附加值作物，如有机蔬菜、名贵苗木等，并实现反季种植和精品种植。

④增加发电效益。除了满足温室自身的电力需求外，剩余的电还可以并网销售给电网公司，从而为投资者带来额外的收益。这种双重收益模式（农业生产和电力销售）使得光伏温室成为一种具有吸引力的投资项目。

⑤促进农业科技创新。光伏温室作为现代农业的一种新型生产经营模式，有助于推动区域农业科学技术的推广和应用。通过实现农业科技化和农业产业化，光伏温室有望成为区域农业增效和农民增收的支柱型产业。

（2）不足

①影响作物光照。光伏组件的布置会对农作物生长产生一定的遮阳影响。由于光伏发电与植物生长存在一定的争光现象，可能导致作物光照不足，影响其正常生长和产量。因此，在选择光伏组件类型和布局时需要谨慎考虑其对作物光照需求的影响。

②种植品种受限制。由于光伏温室的特殊结构，可能不适合所有类型的农作物种植。一些对光照要求较高的作物可能在光伏温室中生长受限。此外，光伏温室的种植方式可能相对粗放，难以实现精细化、规模化、自动化的农业生产。

③维护成本高。光伏组件的清洗和更换较为困难且成本较高。由于光伏支架离地面较高，传统的清洗方法可能不适用，需要采用智能机械等先进设备进行维护，从而增加了维护成本和技术难度。

④初始投资高。尽管光伏温室在长期运营中能够带来经济效益和环境效益，但其初始投资相对较高，包括光伏系统的安装成

本、温室结构的改造成本以及可能的土地改良成本等。这些高成本可能限制了光伏温室在一些经济欠发达地区的推广和应用。

⑤技术依赖性强。光伏温室的建设和运营需要专业的技术和知识支持。从光伏系统的选型、安装到温室的日常管理都需要专业人员参与。这种技术依赖性可能增加了运营风险和成本。

5.3 光伏种植园区的规划设计方法

随着全球能源结构的转型和可持续发展理念的深入人心，光伏种植园区作为一种结合了新能源与农业生产的创新模式，正逐渐受到广泛关注。该模式不仅可以提高土地利用效率，还能促进农业可持续发展，为农民带来多重经济效益。因此，设计光伏种植园区具有重要的现实意义和广阔的发展前景。规划光伏种植园是要构建一个集光伏发电与农业种植于一体的综合性园区，实现土地资源的高效利用，提高农业生产效益，同时推动光伏种植园区农业与光伏发电的耦合发展。

5.3.1 园区规划

5.3.1.1 园区规划原则

根据园区目标和性质的差异，园区规划应遵循的原则包括但不限于：

（1）农业优先，光伏为辅　光伏种植园区的设计必须坚持"农业为主、光伏为辅"的原则，确保农业生产的正常进行，同时兼顾光伏发电的需求。

（2）生态保持，因地制宜　园区设计应注重节约土地资源，提高土地利用效率，同时实现能源的高效利用，降低能耗。设计过程中应充分考虑生态环境保护，减少对自然环境的破坏，保持生态平衡。

（3）一次规划，多产融合　园区设计应着眼于长远发展，注重可持续性原则，确保园区的长期稳定运行。园区宜具有农业生产、光伏发电、农产品加工、观光休闲、生态保护、技术示范与推广、科普教育、会展服务等功能。

5.3.1.2 园区规划单位

园区规划设计单位应具备以下能力：①具备规划设计或工程咨询等相关资质的企事业单位；②具有相关学科设置和服务能力，且有管理领域、财务及相关技术领域专家的高等院校；③具有相关专业和服务能力，且有管理领域、财务及相关技术领域专家的市级及以上农业研究院（所）。

5.3.1.3 规划报告编制内容

（1）现状分析　园区规划编制应建立在现状分析的基础上，现状分析内容包括：①园区基本情况分析，包括园区建设的背景，园区自然条件和社会经济情况的历史沿革、现状，以及发展趋势；②周边环境和宏观社会经济环境；③优势、劣势、机遇和挑战分析（SWOT分析）或必要性分析。

（2）总体要求

①发展目标。根据园区产业发展情况，确定园区发展定位，在保证农业生产的前提下，兼顾光伏发电生产目标，提出园区总体发展目标。

②农作物产量。光伏大田种植农作物单产目标应不低于同地区的一定水平。以江苏省为例，《光伏农业园区规划编制要求》（DB 32/T 4598—2023）中明确要求光伏大田种植农作物单产目标应不低于同地区平均水平的80%，光伏设施种植农作物单产目标应不低于江苏省同类作物同时间茬次、同设施类型平均单产水平。

（3）园区项目设置与布局　园区项目按类别可分为种植项目、加工项目、服务项目三类，按主次可以分为主营项目和配套服务项目等。

项目设置应以经营目标和功能定位为依据，为目标服务，实现园区的既定功能。应遵循因地制宜的原则，利用现有的地形地貌和社会经济条件，考虑交通、主导风向、经营便利、生活服务设施、光伏项目的检修及运维、与周边环境相协调等多种因素，在有功能分区的情况下，项目布局应反映功能区的特征，允许少数项目在不影响功能区特征的情况下交叉渗透。

（4）设施建设

①建设内容。应包括道路交通、农田水利、农业设施、配用电网、变电站、光伏发电系统等工程。

②建设要求。根据园区具体特点和要求，道路交通、农田水利、农业设施及配用电网应符合《高标准农田建设通则》（GB/T 30600—2022）中第6章的要求，变电站应符合《智能变电站技术》（GB/T 30155—2013）的要求，光伏发电系统应符合《光伏发电工程施工规范》（GB 50794—2012）的要求。

（5）运营机制　明确园区建设与运营主体的组织架构、职能职责、运营保障，运营机制重点考虑运营主体之间的互动规则与责权利分配关系，至少包括投入机制、监督机制、分配机制等。

（6）投资估算与效益分析

①投资估算。投资估算应依据项目区的物价水平和发展趋势，估算方法可采用项目比较法、趋势预测法、模拟分析法及以工作分解结构（WBS）为基础的自上而下和自下而上相结合的方法。

园区建设投资内容至少包括工程建设费用、工程建设其他费用、预备费、流动资金等。

②效益分析。包括经济效益、社会效益和生态效益。

经济效益分析应测算达到设计标准年份的净现金流量，以及收入总额，包括土地生产率、劳动生产率、内部收益率、净现值和动态投资回收期等技术经济指标。

社会效益应分析对乡村振兴能源转型的贡献，包括乡村产业带动情况、农村就业率、农民增收、节能减碳情况等。

生态效益应分析当规划实施后，园区内部生态环境是否会有改善；还应分析园区建设对周边以及更大范围的生态环境的影响。

（7）编制成果

①规划报告。规划报告（亦称规划文本、规划设计说明书等）应全面反映规划设计的内容。规划报告中所有度量单位的名称和

表达形式应符合相关标准的规定。规划成果所有附件的标号和用途，在规划报告中应有交代。

②图件。图件包括区位图、现状分析图、功能分区图、项目布局图、总体规划图、道路规划图、农田水利和给排水规划图、光伏容量配置规划图、用电负荷分布图、配用电规划图、景观设计图、环境保护措施示意图、分区规划图、竖向设计图、鸟瞰图、局部设计图等。图件提交的规格应便于实际使用，一般采用文件交换格式，如CAD、JPG、PDF等，附在规划报告后面，或单独装订成册。

③专题研究报告。专题研究报告是规划报告和规划图件的支撑材料，包括市场趋势研究、关键技术方案选择研究和组织管理方案研究等。专题研究报告可集中作为附件附在规划报告之后，或单独装订成册。专题报告单独装订成册时，在规划报告中应有完整清单。

5.3.2 光伏大田种植园区设计

5.3.2.1 典型光伏大田种植园区设计内容

5.3.2.1.1 选址与规划

选址是光伏大田种植园区的第一步，需要考虑土地条件、气候条件、交通便捷性等因素。优先选择土地平坦、光照充足、排水良好的地块。同时，根据当地气候特点和农作物生长需求，合理规划园区的布局。

（1）选址 光伏种植园区的选址至关重要，它直接影响到光伏发电效率和农业生产的效益。选址时应综合考虑以下因素。

①太阳能资源。选址应优先考虑光照充足的地区，以确保光伏电站的发电效率和经济效益。一般来说，太阳能辐射强度高的地区更适合建设光伏电站。选址时需要收集站址附近的长期太阳能资源资料，并进行实测和分析，以确保数据的准确性。

②土地条件。在国家着眼粮食安全，坚决遏制"非农化"、严格管控"非粮化"的政策背景下，光伏项目开发与耕地保护显然

形成一定冲突，可用于光伏发电的土地越来越少。2022年6月15日，自然资源部办公厅、国家林业和草原局办公室、国家能源局综合司联合印发《关于支持光伏发电产业发展规范用地管理有关工作的通知》，文件提出：要做好光伏发电产业发展规划与国土空间规划的衔接，统筹安排大型光伏基地和光伏发电项目布局，统一纳入国土空间规划"一张图"实施监管。实行光伏复合项目用地差别化管理。光伏复合项目不得占用耕地和林地，在此基础上积极探索"农光互补"的有效途径。因此，光伏大田种植园区需要选择没有农业生产或利用价值较低的土地，以避免与现行法规发生冲突。同时，要尽量保证土地平整，便于光伏组件的安装和维护。

同时，2023年8月起施行的行业标准《光伏发电站工程项目用地控制指标》（TD/T 1075—2023）规定了光伏发电站工程项目用地的总体指标、光伏方阵用地指标、变电站及运行管理中心用地指标、集电线路用地指标及场内道路用地指标，具体如图5-2所示。该标准适用于使用建设用地和未利用地的新建、改建和扩建地面光伏发电站工程项目。

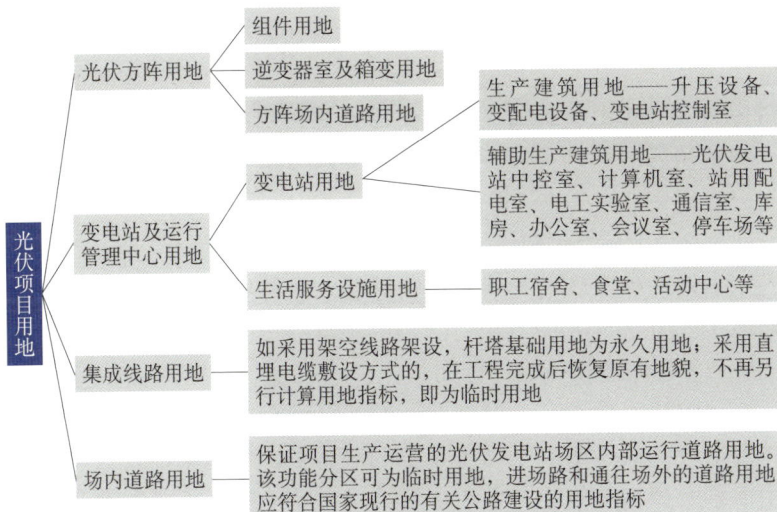

图5-2　光伏发电站工程项目用地控制指标细节内容

141

综上，选址时需要确保所选地区符合国土部门的土地性质、当地的土地利用规划和环保要求，确保用地的合规性，优先选择非可耕地和劣质地进行建设，以减轻对耕地资源的压力。

③水资源与灌溉。水资源是农作物生长的重要保障。农作物生长需要充足的水分，以保持其生命活动的正常进行。不同的农作物对水分的需求有所不同，因此农业生产者需要根据农作物的特性和生长需求来合理安排灌溉，以满足其生长需求。考虑到种植农业灌溉的需求，选址应接近可靠的水源，以确保农作物的正常生长。

④电网接入条件。选址时要考虑电网的接入能力，选择离电网较近且电网容量较大的地区，以降低电网接入的难度和成本。

⑤环境与社会影响。选址应尽量减少对周边环境的影响，避免选择在生态敏感区或人口密集区建设，以降低环保和社会成本。

（2）规划　园区规划策略应注重高效利用土地资源与太阳能资源。首先，光伏组件布局要考虑最大化太阳能吸收，同时避免对大田种植区域造成遮挡。其次，种植区应充分利用光伏组件下的空间，选择耐阴性强的作物进行种植，实现土地资源的双重利用。同时，为了提升园区的教育和示范功能，可以规划观光展示区，向公众展示光伏与农业结合的创新模式。最后，规划时要预留出未来发展区，为园区的可扩展性提供保障。总的来说，光伏大田种植园区的功能区规划要兼顾光伏发电与农业生产的和谐共生，实现资源的高效、循环利用。

5.3.2.1.2 光伏系统设计

光伏种植园区的光伏系统设计是一个综合性的工程，需要考虑多个方面以确保系统的稳定性和高效性。

（1）系统容量与组件选择

①系统容量确定。根据园区的实际面积、可用光照资源以及预期的电力需求来确定光伏系统的总容量。这通常涉及对当地太阳能辐射数据的收集和分析，以确保系统能够在不同季节和天气条件下稳定运行。

②光伏组件选型。选择高效、可靠的光伏组件，如单晶硅或多晶硅组件。考虑到农业种植的需要，光伏组件应具有抗风、抗压、抗腐蚀等特性，以适应露天环境。同时，组件的转换效率也是一个重要指标，高效率的组件可以更有效地利用太阳能资源。

（2）电池串、并联技术

①串联与并联策略。为了提高电站发电功率，可以采用电池串联、并联技术。通过合理的串联和并联组合，可以平衡各电池之间的输出电量，确保系统的稳定性和高效性。

②多级串、并联方式。对于大规模光伏电站，可以采用多级串、并联方式，以最大限度地提高电站发电功率。这种方式需要根据电站的实际情况进行精确计算和优化设计。

（3）逆变系统设计

①逆变器选型。逆变器是将直流电转换为交流电的关键设备。在选型时，应优先考虑技术成熟可靠、口碑较好的品牌。同时，逆变器的选型还需要考虑电站的接入电压、波动范围以及电站的容量等因素。

②效率与可靠性。逆变器应具有高效率和高可靠性，以确保光伏系统的稳定运行和电力输出的质量。此外，逆变器的冷却和散热设计也是需要考虑的重要因素。

（4）安全与防护措施

①防雷接地系统。为了防止雷电对光伏系统造成损害，需要设计完善的防雷接地系统。这包括安装避雷针、接地网等防雷设施，并确保所有设备都正确接地。

②系统安全防护。光伏系统应设置过流、过压、欠压等保护装置，以确保系统在异常情况下能够及时切断电源，防止设备损坏和人员伤亡。

5.3.2.1.3 农业种植设计

（1）农作物选择原则

①耐阴性。光伏组件会遮挡部分阳光，因此选择耐阴性好的农作物是非常重要的。这类农作物能够在较弱的光照条件下正常

143

生长，从而确保农业生产的稳定性。

②市场需求。在选择农作物时，还需要考虑市场需求。选择市场销量好、经济价值高的农作物，可以提高光伏大田种植园区的经济效益。

③与光伏设备的兼容性。农作物与光伏设备之间的空间布局需要合理规划，避免相互干扰。因此，在选择农作物时，需要考虑其生长高度、冠幅等因素，以确保与光伏阵列之间的协调。

（2）适宜在光伏大田种植园区种植的农作物　2021年11月，自然资源部、农业农村部、国家林业和草原局联合下发《自然资源部 农业农村部 国家林业和草原局关于严格耕地用途管制有关问题的通知》（自然资发〔2021〕166号），要求各地开展耕地清查，坚决制止耕地"非农化"、防止耕地"非粮化"，严格耕地用途管制。之后各省份纷纷出台相应实施方案，不仅严格永久基本农田占用与补划，对一般耕地也进行了相应的规范管理，要求：一般耕地主要用于粮食、棉、油、糖、蔬菜等农产品及饲草饲料生产；在不破坏耕地耕作层且不造成耕地地类改变的前提下，可适度种植其他农作物。根据相关资料查询了解，农产品及饲草饲料主要包括以下7类。①粮食：谷物（水稻、小麦、玉米、谷子、高粱等）、豆类（大豆、绿豆、其他杂豆）和薯类（马铃薯、甘薯）；②棉花；③油料：花生、油菜籽、芝麻等其他油料作物，不包括山茶油；④糖类：甘蔗、甜菜；⑤蔬菜：叶菜类、白菜类、甘蓝类、根茎类、瓜菜类、豆类、茄果类、葱蒜类、水生菜类、其他蔬菜；⑥食用菌：香菇、木耳等；⑦瓜果类：西瓜、香瓜（甜瓜）、草莓、其他瓜果等。

据不完全统计，多年来针对农光互补项目出台的政策多达65项，各个部门根据自身管理权限出台较多鼓励或限制性政策，执行过程中存在模糊地带。国土资源部、国务院扶贫办、国家能源局《关于支持光伏扶贫和规范光伏发电产业用地的意见》（国土资规〔2017〕8号）中明确："各地应当依据国家光伏产业发展规划和本地区实际，加快编制本地区光伏发电规划，合理布局光伏发电建设项目"，将用地政策权力下放到省级政府，造成各省政策不尽相同，不同省市光伏方阵架设高度、安装方式、桩基础间距等建设和技术要求也存在差别。同时，光伏复合项目板下用地从大类上来看属于农用地，然而从细类来看有23类之多，与农光互补项目相关的用地也有16类，每种土地类型用地可以种植哪些作物类型，尚未有相应政策研究给予明确界定。结合现有的研究现状，下列作物在光伏大田种植模式下有较好的正向产出。

①中药材类。中药材是光伏农业园区中适宜种植的农作物。中药材对光照条件的要求相对较低，且市场价格较高，因此种植中药材可以为园区带来可观的经济效益。例如，三七、铁皮石斛、灵芝等中药材都是非常适合在光伏农业园区种植的。

②花卉苗木类。光伏农业园区也可以种植一些花卉类植物，如腊梅、麦冬草等。这些植物不仅具有较好的观赏价值，还可以为园区增添绿色氛围。同时，一些花卉类植物还具有较高的经济价值，如兰花等。

③蔬菜类。蔬菜是光伏农业园区中常见的农作物之一。蔬菜的生长周期短，耐阴性较好，且市场需求量大，因此非常适合在光伏农业园区种植。例如，生菜、苦菊、油菜等叶菜类蔬菜，以及生姜等根茎类蔬菜都是不错的选择。

（3）农作物耕种管收技术要点

①合理密植。在光伏农业园区中，由于光伏组件的存在，农作物的生长空间会受到一定的限制。因此，需要合理密植，充分利用有限的土地资源，提高单位面积的产量。

②精准灌溉。光伏组件会遮挡部分阳光，导致地面温度较低，因此需要加强灌溉管理，确保农作物正常生长所需的水分。同时，精准灌溉还可以减少水资源的浪费，提高水资源的利用效率。

③病虫害防治。在光伏农业园区中，病虫害的防治工作尤为重要。由于光伏组件的存在，园区的通风和光照条件可能会受到一定影响，容易滋生病虫害。因此，需要加强病虫害的监测和防治工作，确保农作物的健康生长。

④农业机械化。选用的机械化设备需适应光伏大田种植园区的特殊环境，要考虑到光伏组件的存在对机械操作可能产生的限制。优先选择具有多种功能的机械设备，以提高作业效率，减少设备更换的频率。合理规划机械设备的作业路径，避免与光伏组件发生冲突，确保光伏发电不受影响。

（4）农作物选择与光伏发电的协调　农作物的选择与光伏发电之间存在着密切的联系。为了确保光伏发电的稳定性和农业生产的高效性，需要合理规划农作物的种植布局和光伏设备的安装位置。例如，可以将光伏组件安装在农作物的行间或株间空地上方，以减少对农作物生长的影响。同时，还可以根据农作物的生长习性和光照需求，调整光伏组件的安装角度和高度，确保农作物能够获得足够的光照。

5.3.2.1.4 园区道路设计

在光伏大田种植园区中，内部道路设计是确保园区高效运营和安全生产的关键因素。合理的道路布局、适当的路面材料选择、完善的交通安全设施以及夜间照明系统的配置，都是内部道路设计的重要考虑因素。

（1）道路布局规划　在设计时，应充分考虑园区的整体布局、光伏组件的分布、农作物的种植区域以及人员和车辆的通行需求。主路和支路应明确划分，形成合理的道路网络，以便人员和车辆能够快速、便捷地到达目的地。同时，道路布局还应避免穿越光伏组件阵列，以免对光伏系统造成损坏。在光伏大田种植园区中，光伏组件是核心设施，因此道路设计应尽量避免对其造成干扰。这要求设计师在进行道路布局时，要充分了解光伏组件的布局和安装要求，确保道路与光伏组件之间保持安全距离。场内道路宽度不宜超过4m。场内道路用地指标面积按道路路基宽度乘以道路长度进行计算。

（2）路面材料选择　路面材料的选择对于道路的使用寿命和行车安全至关重要。在光伏大田种植园区中，路面材料应具备耐久、平整、防滑等特性。常见的路面材料包括混凝土、沥青等。

混凝土路面具有较高的承载能力和耐久性，适用于光伏阵列区域主路和支路的建设。同时，混凝土路面易于维护，能够在恶劣的天气条件下保持良好的使用状态。然而，混凝土路面的缺点是施工周期较长，且对地基的要求较高。

沥青路面则具有较好的柔韧性和平整度，能够提供舒适的行车体验。此外，沥青路面施工周期短，适用于需要快速投入使用或生活办公区域的道路。

在选择路面材料时，应综合考虑园区的实际情况、预算和使用需求，选择最适合的路面材料。

（3）交通安全设施配置　在光伏大田种植园区中，应设置清晰、醒目的交通标志和标线，以引导驾驶员正确行驶。同时，在必要的位置应设置安全护栏和防撞设施，以防止车辆冲出路外或发生碰撞事故。

5.3.2.1.5 园区排灌系统设计

在光伏大田种植园区中，排灌系统的设计至关重要，它直接关系到农作物的生长环境和光伏发电设施的安全运行，具体包括灌溉系统和排水系统。在设计排灌系统时，应综合考虑园区的实际情况、预算和使用需求，选择最适合的设计方法。

（1）灌溉系统

①水源选择。根据园区所在地的水资源情况，选择合适的水源，如地下水、河水或蓄水池等。同时，要确保水源的水质符合灌溉要求。

②水泵与管道选择。根据灌溉面积和作物需水量选择合适的水泵和管道。水泵的功率和流量应满足灌溉需求，管道材料应耐腐蚀、耐老化，且易于安装和维护。

③滴灌系统设计。采用滴灌系统可以实现精确灌溉，减少水资源浪费。滴灌管网的布置应根据作物种植密度和地形地貌进行设计，确保每株作物都能获得适量的水分。

④智能化控制。引入智能化控制系统，根据土壤湿度、环境温度等参数自动调节灌溉量和灌溉频率，提高灌溉效率。

（2）排水系统

①排水沟设计。在园区内合理布置排水沟，确保雨水能够及时排出，防止积水对光伏设施和农作物造成损害。排水沟的深度和宽度应根据地形和降雨量进行合理设计。

②地下排水管网。在地下布置排水管网，将排水沟与集水井相连，确保积水能够迅速排出。地下排水管网应采用耐腐蚀、耐老化的材料，并具有良好的密封性能。

③集水井与泵站。设置集水井用于收集排出的雨水，并通过泵站将其抽排至园区外部。集水井的容量应根据降雨量和排水量进行合理设计，泵站应选用高效、节能的水泵。

5.3.2.1.6 管理与维护

光伏大田种植园区的管理与维护是一项系统性、长期性的工作，通过科学的管理和维护措施，可以确保园区的正常运营和长期效益。

（1）园区管理

①人员管理。光伏大田种植园区需要配备专业的管理团队和技术人员。管理人员负责园区的日常运营和决策，技术人员则负责光伏设备和农业种植的技术支持。所有人员都应接受专业培训，以确保他们具备履行职责所需的知识和技能。

②安全管理。安全是光伏大田种植园区的首要任务。园区应建立完善的安全管理制度，包括设备安全检查、应急预案的制定与演练、安全教育培训等。此外，对于光伏设备的操作、维护以及种植活动的安全也应给予足够的重视。

③数据管理。光伏大田种植园区应建立数据管理系统，对光伏发电量、设备运行状态、气象数据、农作物生长情况等关键数据进行实时监测和记录。这些数据不仅有助于评估园区的运营效果，还能为决策提供支持。

（2）光伏设备运维　光伏设备是园区的核心部分，其运行状况直接影响到园区的整体效益。因此，对光伏设备的维护至关重要。维护工作包括但不限于：

①定期检查。检查光伏组件是否有损坏、接线是否松动、储能系统是否正常等。

②清洁光伏组件。定期清洁光伏组件表面的灰尘和污垢，以提高发电效率。

③维护储能系统。检查储能系统的电量和电池状况，必要时进行更换或维修。

④防雷措施。在雷雨天气下，应采取防雷措施以减少雷击对光伏设备的损害。

（3）农业生产运维 除了光伏设备外，农业种植的维护工作也同样重要。这包括：

①土壤管理。保持土壤肥力和水分平衡，为农作物提供良好的生长环境。

②病虫害防治。定期检查农作物，及时发现和处理病虫害问题，防止疫情扩散。

③施肥与灌溉。根据农作物的需求进行合理施肥和灌溉，确保农作物的健康生长。

（4）配套设施运维 光伏大田种植园区的设施和环境也需要得到妥善维护。例如，道路应保持通畅，排水系统应定期检查和维护，防止积水，同时园区的绿化和美化工作也不容忽视。

5.3.2.2 特殊光伏大田种植园区的设计差异

5.3.2.2.1 光伏茶园

（1）茶光耦合规划 光伏茶园建设所在区域应有良好的太阳能资源条件，地质条件应满足光伏支架基础承载要求，并且有适宜的交通运输条件。茶园种植区不宜直埋电缆，电缆桥架设置不应妨碍正常农事操作，并保证人员和电缆的安全。

现有茶园的光伏茶园建设，所在区域种植的茶树应为耐弱光性良好的茶树品种。新建茶园的光伏茶园建设，园地环境应符合《绿色食品产地环境质量》（NY/T 391—2021）中的产地环境通用要求；园地空气质量应符合《环境空气质量标准》（GB 3095—2012）的要求；园地灌溉用水水源应符合《农田灌溉水质标准》

（GB 5084—2021）的要求；园地坡度应小于25°；园地土壤为pH 4.5～6.0的酸性红壤或黄壤，土层厚度80cm以上，土壤有机质含量丰富；园地地下水位在离土层表面150cm以下。新建茶园的光伏茶园建设规划应有利于保护和改善生态环境，维护茶园生态平衡。根据茶园规模、地形和地貌，合理设置主干道、支道、光伏运维通道和地头道等茶园道路。茶行布置方向要与光伏设施的布置相匹配，同时便于茶园灌溉、施肥、耕作和田间采茶机械化作业。

（2）茶树种植规划 新建茶园的光伏茶园建设，茶树苗木应选用适宜当地种植且耐弱光性良好的茶树良种，苗木质量应符合《茶树种苗》（GB 11767—2003）的要求。种植密度按《茶叶生产技术规程》（NY/T 5018—2015）的要求执行。茶树修剪按照当地常规茶园方法进行；茶园土壤管理及有害生物绿色防控按照《生态茶园建设规范》（GH/T 1245—2019）和《茶叶生产技术规程》（NY/T 5018—2015）进行。

5.3.2.2.2 光伏沙漠

（1）沙光耦合规划 沙漠光伏电站主要采用光伏支架微型短桩基础，灌注与螺旋微型短桩基础的施工应遵守当地环境和水土保持的要求，减少对地表植被和表层土的破坏，做到安全可靠、确保质量、保护环境、技术先进、经济合理，减少土石方的挖填，保护地表植被和表层土；应综合考虑上部支架结构的类型与使用功能、荷载特征、工程地质与水文地质条件、施工条件与工期要求等因素，注重地方经验，因地制宜。

同一阵列支架宜采用同类型微型短桩型式。微型短桩基础埋入土层的有效长度，对于密实的砂卵石地基不应小于0.8m，对于砂土层不应小于1.3m。桩基的布置应符合设计要求：非挤土桩的中心距不应小于桩身直径的3倍；螺旋桩中心距应大于叶片直径的2倍。无特殊要求时，微型短桩基础的顶标高宜高出地面不少于100mm。当场地地形起伏较大时，微型短桩桩顶宜采用具有高度调节功能的构造，便于支架立柱安装高度的调节。个别区域微型短桩桩顶或部分阵列会高出自然地面较多，而产生的水平荷载或弯矩较大时，可在桩顶处加设混凝土护墩。

（2）沙漠植被恢复　平缓沙地区域实行局部带状整地，光伏电站基本建设安装完毕，采用搭设草方格沙障、铺设滴灌带等辅助工程措施，迅速恢复植被，控制光伏电站就地起沙。

沙丘密布，地形起伏较大的沙地实行全面场平的方式，光伏电站基本建设安装完毕，采用覆盖20cm厚黏土改良土壤结构或搭设1m×1m草方格沙障、铺设滴灌带等辅助工程措施，改善建设、生产条件。

电站外围构建场区外围的抗风防沙固土绿色生态屏障。根据光热水氧条件和树种生物生态学特性，选择与造林立地条件相适应的树种。选择根系发达、生长快、防护性能好的树种。选择耐干旱贫瘠、抗风沙、寿命长、病虫害少、生长稳定的树种，可选择樟子松、彰武松、河北杨、榆树、新疆杨、紫穗槐、柠条、沙地柏等。

5.3.3　光伏设施种植园区设计

5.3.3.1　设计原则

光伏设施种植是一种将光伏发电与农业设施作物生产相结合的新型农业生产模式，其设计原则需要以保障光伏发电和室内作物生产双效共生为根本目标，在满足作物生长需求的基础上，实现光伏发电效益的最大化。光伏设施的各项建筑参数均是在遵循这一核心原则的基础上，进行设计建造。

光伏设施种植的核心设计主要包括光伏设施的选址与规划、光伏发电系统的设计、农业种植系统的设计、园区道路与给排水设计以及管理与维护设计规划。

5.3.3.2　设计步骤与内容

5.3.3.2.1　选址与规划

（1）选址　光伏设施种植园区的选址至关重要，它不仅直接影响着光伏设施的发电效率和运营成本，同时也关乎着农业设施生产运行效益。在选址时，需要进行充分的前期调研和综合评估，确保选址符合园区建设需求和发展规划。选址时应综合考虑以下因素：

①光伏设施种植园区建设应考虑当地的中、长期土地利用规划。

②光伏设施种植园区建设场地应有满足生产和生活条件的水源、电源，优先选择有地热、工业余热等资源的场地。

③光伏设施种植园区建设应选择在交通方便的地区，充分利用当地已有的交通条件。

④光伏设施种植园区建设应选择在朝阳、背风、地势平缓、工程地质条件较好、地下水位较低的区域，避开洪涝、泥石流、风口等地段和冰雹频发地区。

⑤光伏设施种植区域应离开高大建筑物、树木等遮挡物，保证冬至日地面日照时间不少于6h。

⑥光伏设施种植区域应距离有粉尘等污染物的工厂或设施3km以上。

⑦光伏设施种植园区不得建设在基本农田中。

（2）规划　光伏设施种植园区建设除生产用温室设施、光伏发电系统外，还应包括辅助生产设施、公共配套设施和管理与生活设施。具体如下：

①生产用温室设施除主体结构外，还可包括通风降温系统、加温系统、制冷系统、遮阳系统、保温系统、灌溉系统、施肥系统、人工补光系统、栽培系统、苗床和控制系统。

②光伏发电系统设计应根据建设地的地理位置、气候条件及太阳能资源，确定光伏温室的布局、朝向、间距和群体组合。同时需与农业温室大棚类型结构设计密切配合，共同确定光伏系统各组成部分在农业温室大棚中的位置。

③辅助生产设施可包括监控室、播种车间、催芽室、组培车间、基质处理车间、产后加工包装车间、预冷及冷藏设施、化学药品库、实验室、肥药残液无害化处理设施、固体废弃物处理设施和农机具库、仓库等。

④公共配套设施可包括锅炉房（含堆煤场、堆渣场或地下油

库等）、供配电设施、给排水设施、汽车库、道路、通信设施、消防设施等。

⑤管理与生活设施可包括管理用房、食堂、浴室、员工休息室和活动室等。

5.3.3.2.2 光伏系统设计

光伏设施种植园区内的光伏系统设计主要包括光伏发电系统安装设计的一般要求、光伏组件安装的基本要求、安装特征（几何尺寸、边框材料、支撑位置等）、安装方式及光伏发电系统的维护保养。

（1）光伏发电系统的安装设计　光伏发电系统由光伏组件、逆变器（适用于交流系统）、汇流箱、配电柜、储能系统及其充电控制装置（适用于带有储能装置的系统）等组成，要建立一套合理可靠且经济实用的光伏发电系统，除了使用高质量部件和器材外，进行全面的安装优化设计也是必不可少的。

①光伏组件方阵的安装。

a.安装前的准备工作。进行场地平整，浇注基座和预埋件，并对地基承载力、基座强度和稳定性进行验算；光伏电池组件和框架、支架以及固定用的螺栓、连接电缆及套管、配线盒等配件在安装前都要全部准备完善。

b.现场安装。安装前检查核实各基础及基座已按照设置要求完成，间隔距离正确；测量组件的开路电压、短路电流等技术参数正常；根据结构设计图纸要求，使用螺栓、弹簧垫圈和螺母，将安装支架和所有组件组装完毕；根据电路设计要求，用导线将组件正负极连接，注意极性，方阵输出的正负极及接线用不同颜色的导线电缆连接，以免混淆；将带组件的安装支架用不锈钢螺栓、弹簧垫圈和螺母固定在基础底座上，必要时可焊接，但要避免组件受力扭曲。

c.注意事项。光伏发电系统的安装设计要与温室用电系统相结合，根据温室骨架结构设计和用户需求确定光伏组件的安装功率、类型和规格；光伏组件的串联数和并联数由光伏组件的电性能参数及温度系数、逆变器的性能参数及环境温度确定；相同测试条件下的相同光伏组件串之间的开路电压偏差不应大于2%，且最大偏差不应超过5V，相同测试条件下辐照度不低于700W/m²时，相同光伏组件串之间的电流偏差不应大于5%。

②逆变器的安装。

a.技术条件选择。包括型式、容量、相数、频率、冷却方式、功率因数、过载能力、温升、效率、输入输出电压、最大功率点跟踪、保护和监测功能、通信接口、防护等级等。

b.安装位置。逆变器通常安装在室内，存放处应避开高腐蚀性、高粉尘、高温、高湿环境，特别应避免金属物掉入其中。中小型逆变器可根据要求固定在墙壁或摆放于工作台上，大型逆变器一般与墙壁保持一定距离，直接安放在地面上，但应避免阳光直接照射在逆变器上，且若安装在室外时应做好密封防潮措施。

c.注意事项。逆变器的总额定容量应根据光伏系统总装机容量确定，逆变器数量应根据总额定容量和单机额定容量确定；并网逆变器应具有有功功率和无功功率连续可调功能，用于10kV及以上电压等级的大、中型光伏系统的并网逆变器应具有低电压穿越功能；无变压器型并网逆变器最大转换效率应不低于96%，含变压器型并网逆变器最大转换效率应不低于94%；外壳防护等级室内型应不低于IP20，室外型应不低于IP54。

③直流汇流箱/配电柜。

a.技术条件选择。包括型式、绝缘水平、电压、温升、防护等级、输入输出回路数、输入输出额定电流等。

b.注意事项。输入回路的正极和负极均应设置过流保护装置（如熔断器）。过流保护装置的额定电流应为光伏方阵在标准测试条件下的短路电流的1.25 ~ 2.4倍。对于多级汇流光伏系统，后一级的过流保护装置的额定电流应为前一级光伏子方阵在标准测试条件下的短路电流的1.25 ~ 2.4倍；直流汇流箱输出回路应设置直流断路器，直流配电柜每个输入回路应设置直流断路器；外壳防护等级室内型不低于IP20，室外型不低于IP65；同时需设置电压和电流监测、显示装置、通讯接口及防雷装置。

④储能电池及充电控制系统。

a.安全注意事项。工作人员在储能电池旁工作前，应除去身上的金属饰品，头戴金属硬帽，身着防护服装（包括防酸手套、围裙及保护目镜），储能电池旁应配备流动的清洁水源，酸液溅到皮肤或眼睛上进行及时清洗。

b.储能电池室要求。储能电池室要求干燥、清洁，通风良好，不受阳光直接照射，距离热源不得小于2m，室内温度尽量保持在10～25℃；储能电池与地面之间采取绝缘措施，一般可垫木板或其他绝缘物，以免电池与地面短路而放电，不得倒置，不可受到任何机械冲击或重压。对于中、大型光伏发电系统，储能电池室必须与放置控制器和逆变器等电气设备的配电间隔开。

c.连接线路。按设计要求将储能电池进行串、并联，注意正负极正确连接，极柱连接时必须特别注意防止短路；多只储能电池串联时，为避免误触电和意外短路，一般在串联回路中保持一只接线头与控制器断开连接，待其他接线全部连接完毕，测量电压正常后再与控制器连接。

（2）光伏组件安装设计的基本要求及安装特征

①光伏组件安装的基本要求。

a.准备工作。光伏组件安装前应对光伏支架的安装工作进行质量验收，以满足组件安装需求；光伏组件的型号、规格应符合设计要求，外观及各部件应完好无损，安装人员应经过相关安装知识培训和技术交底且持证上岗。

b.一般要求。光伏组件的安装应按设计要求可靠地固定在光伏支架上，安装所处地块应便于排水、清洁以及光伏组件的拆卸和更换；光伏组件周边的防水连接构造必须严格按设计要求施工，且不得渗漏，组件安装允许偏差应符合设计要求；光伏组件连接线应进行绑扎，保证整齐、美观，不应在光伏组件安装和移动的过程中拉扯导线，且连接线不应承受外力。

c.注意事项。光伏组件在存放、搬运、吊装等过程中不得碰撞受损，光伏组件吊装时，其底部要做好铺衬，背面不得受到任何碰撞和重压，且在安装时表面应铺遮光板，遮挡阳光，防止电击造成危险；连接完成或部分完成的光伏系统，遇有光伏组件破裂的情况应及时设置限制接近的措施，并由专业人员处置。在坡度大于10°的坡屋面上安装施工，应设置专用踏脚板，进行高空作业时应佩戴安全防护用品，并设置醒目、清晰、易懂的安全标识。

②光伏组件安装特征。

a.光伏组件几何尺寸。光伏组件的尺寸应根据温室的尺寸、太阳辐射强度和预期发电量等因素进行选择。一般来说，单个光伏电池片是一个156mm×156mm的正方形，一般不能单独使用，将光伏电池串、并联封装后，就成为光伏组件。传统的光伏组件有两种常见的配置：60片和72片，对应的尺寸分别是1.635m^2（1.65m×0.991m）和1.938m^2（1.956m×0.991m），厚度3～4cm。为了提高光伏组件的发电效率，可以采用多块光伏组件拼接的方式。

b.边框材料。光伏组件常用的边框材料有铝合金、不锈钢等，具有良好的抗老化、抗腐蚀和抗冲击性能。特别是铝合金材料，具有轻质、耐腐蚀、易加工等优点，是光伏组件边框最常用的材料。

c.朝向选择。安装光伏系统的温室宜为南北朝向（屋脊为东西走向），光伏组件应安装在圆拱、双坡和锯齿形温室的南屋面。温室屋脊为南北走向时，光伏组件可安装在温室的东、西屋面，温室屋面的坡度及光伏组件的倾角不宜大于20°，在保证排水的条件下，倾角应尽量小。

d.覆盖方式选择。屋面覆盖材料为塑料薄膜或PC板时，光伏组件宜覆盖在温室原有覆盖材料上，但应保证屋面的防水不被破坏。屋面覆盖材料为玻璃时，宜用光伏组件取代玻璃安装。

（3）光伏组件安装部位

①温室采光面。该安装方式将光伏组件安装在温室的屋面，

与温室的采光面平行（图5-3）。这种安装方式可以充分利用温室的采光资源，提高光伏发电效率。安装时需要注意光伏组件的倾角和朝向，以保证最大光照面积和最佳发电效果。此外，还需要合理设计光伏组件的布局，以减少阴影对发电效率的影响。

图5-3　温室采光面安装光伏组件

②温室墙面。该安装方式将光伏组件安装在温室的墙体上，利用墙面面积进行光伏发电（图5-4）。这种安装方式适用于温室

图5-4　温室墙面安装光伏组件

内部空间有限、太阳辐射较集中的地方。安装时需要确保光伏组件固定牢固可靠，以抵御温室内部的风压和温度变化。

③日光温室后屋面。该安装方式将光伏组件安装在日光温室的后屋面上，利用温室后墙上方空余部位进行光伏发电（图5-5）。这种安装方式可以安全避开温室采光面，不影响室内作物采光而又能提高光伏发电效率。安装时需要确保光伏组件的倾角，避免影响后栋温室的采光，以最大限度地接收太阳能；同时，还需要考虑光伏组件的防水、排水等问题，以保证其稳定性和寿命。

图5-5　日光温室后屋面安装光伏组件

④独立于温室安装。

a.钢筋混凝土立柱。首先,在立柱底部开凿适当大小的孔洞。孔洞的尺寸应根据光伏组件的规格和支架的设计来确定,以确保光伏组件能够顺利安装在立柱上。然后,将光伏组件通过支架或夹具连接到立柱上。支架或夹具应设计合理,能够承受光伏组件的重量和风力等外部因素的作用。连接时,需要确保光伏组件的安装位置与角度符合设计要求,以保证最佳的发电效率。最后,对整个结构进行防水处理。整个安装效果如图5-6所示。

图5-6 混凝土立柱安装光伏组件

b.钢管柱支撑。首先确定立柱的尺寸和位置。根据温室的设计要求,确定需要安装光伏组件的立柱的位置和高度。立柱通常位于温室的顶部或侧面,高度一般在2～3m。其次准备钢管柱,选用直径适当、壁厚足够的钢管制作立柱。根据设计要求,确定立柱的长度和数量。在选定的钢管柱上安装支架,用于固定光伏组件。支架可以采用焊接、螺栓连接等方式进行固定。最后安装光伏组件,将光伏组件通过支架连接到钢管柱上。确保光伏组件的安装牢固可靠,并符合设计要求的角度和方向。整个安装效果如图5-7所示。

图5-7　钢管柱支撑安装光伏组件

c.格构柱支撑。确定立柱的位置，并根据设计图纸进行安装。这是整个结构的基础部分，需要确保立柱的稳定性和垂直度。在前后立柱之间安装斜梁，以增强结构的稳定性。斜梁的安装需要保证其与立柱的连接牢固，并且角度符合设计要求。在斜梁上安装横梁，横梁将作为光伏组件的直接支撑。横梁的安装应保持水平，以确保光伏组件能够平稳安装。在所有支架部件安装完成后，进行整体的调平工作，确保支架结构的水平度和稳定性。这关系到光伏组件的性能和使用寿命。按照设计图纸的型号和规格安装光伏组件。固定螺栓的扭矩值应符合产品或设计文件的规定，以确保光伏组件的稳固性和安全性。

⑤玻璃温室屋面。光伏玻璃温室选择光伏组件时，应考虑其尺寸、功率输出、效率以及与现有温室结构的兼容性。安装前应检查温室屋面的承重能力，确保其能够支撑额外的光伏组件重量，清洁屋面玻璃，确保无尘无油脂，以便光伏组件能更好地附着，测量和标记光伏组件的安装位置。使用专用的玻璃安装条，这些安装条通常有金属或铝合金材质，用于固定光伏组件并与玻璃屋面连接。确保安装条与光伏组件的孔位对齐，使用螺丝或夹具将光伏组件牢固地固定在安装条上。整个安装效果如图5-8所示。

图5-8　玻璃温室屋面安装光伏组件

　　⑥塑料薄膜温室屋面。塑料薄膜温室因其成本较低和施工快速等优点被广泛应用。选择适用于塑料薄膜温室的光伏组件时，应考虑板的轻质特性和柔性，以适应薄膜的弯曲特性，同时确保足够的发电效率。由于塑料薄膜屋面无法承受较重的重量，光伏组件的支撑结构需轻质且稳固。整个安装效果如图5-9所示。

图5-9　塑料薄膜屋面安装光伏组件

常用的支撑结构包括金属桁架或铝合金天沟系统，这些结构既轻又强，易于安装。光伏组件的安装通常采用挂钩或者卡扣的方式固定在支撑结构上。这种方式方便于光伏组件的快速安装和拆卸，并且在必要时可以方便进行调整和维护。为了防止水分和空气渗透，光伏组件与塑料薄膜之间的衔接部位需要进行密封处理。通常会使用耐候性强的密封带或密封胶来处理这些接缝。

（4）光伏发电系统的维护保养　光伏发电系统是光伏设施种植园区建设中非常重要的组成部分，它的质量和维护状况直接影响着整个园区的发电效率和使用寿命。因此，对光伏发电系统的维护保养至关重要，具体内容包括以下几个方面。

①管理人员培训。光伏发电系统交付使用前应对光伏温室管理及操作人员进行培训，培训内容应包含系统工作原理和各设备的功能、系统的设计要点、关键参数、各种设备的操作、常见故障及其排除方法等。培训结束时，管理和操作人员应达到按要求进行光伏温室的日常维护工作，同时具有能判断一般故障的产生原因并能正确解决的能力。

②光伏屋面。

a.在少雨或风沙较大的地区应定期清洗光伏组件。定期清洗是保持光伏组件良好工作状态的关键步骤，清洗时应先用清水冲洗，然后用干净的柔软布料将水迹擦干，或者使用专业光伏组件清洗机对组件进行清洁，防止灰尘和污垢的积累影响光伏组件的光电转换效率，切勿用有腐蚀性的溶剂冲洗或用硬物擦拭，同时光伏组件清洗应避免在太阳辐射较强时进行。

b.定期检查光伏组件间连线是否可靠、牢固，连线是否接地并检查连线是否绝缘。如果发现有松动或断裂的情况，应立即修复或更换连接线。特别是对于大型光伏系统，需要经常检查线路连接点是否有松动或接触不良的情况。

c.检查光伏组件及其他透光覆盖材料表面是否有裂纹、划痕或其他物理损伤如破损或因热斑损坏等。如果存在损坏，应及时更换受损部分，并详细记录其在光伏屋面具体安装分布位置。

③ 控制器及逆变器。

a.定期检查控制器、逆变器与其他设备的连线是否牢固，检查控制器、逆变器的接地连线是否牢固。

b.检查逆变器的运行状态和故障报警信息，及时排除故障并进行维修。逆变器是光伏发电系统的核心设备之一，其正常运行对整个系统的稳定运行至关重要。

c.检查控制器的运行工作参数与设计值是否一致，如不一致应按要求进行调整。检查控制器显示值与实际测量值是否一致，以判断控制器是否正常。

d.检查电池组的连接线和接线端子是否正常工作。如果有问题，应及时修复或更换连接线和接线端子。

④ 防雷接地。

a.检查组件、支架、电缆金属外皮与接地系统的连接是否可靠。

b.检查温室防雷保护器是否失效，按需要进行更换。

c.定期检查各功率调节设备与接地系统是否连接可靠，测量接地装置的接地电阻值是否满足设计要求。

d.在雷雨过后或雷雨季到来之前，检查方阵汇流盒以及各设备内安装的防雷保护器是否失效，并根据需要及时更换。

5.3.3.2.3 农业生产设计

光伏农业温室应配置满足加温、降温、通风换气、增减湿度等农业生产需要的基本设施，以及与之匹配的控制系统。建筑结构为钢结构或其他建材结构的光伏农业温室，隔热保温应满足农业生产要求。光伏农业温室应同时满足光伏发电设备与农业生产的光照要求，在光照满足农业生产的条件下安装光伏发电设备。

（1）农作物选择原则

①按季选择。适宜的优良品种是实现高效栽培的基础。温室栽培除一般选用耐低温、耐弱光照、耐高温和早熟、抗病的品种外，还需根据不同栽培季节的不同要求，选择相应的专用型品种。

a.适合越夏栽培的作物品种，普遍要求具有早熟、生长势强、耐高温、抗病性强等特性。

b.适合秋延后栽培的作物品种，要求具有前期耐高温、后期耐低温，光合能力强，抗病性、丰产性能好等特性。

c.越冬茬、早春茬栽培的作物，要求具有越冬性强，耐低温、弱光照、高湿度且抗病、丰产、优质等特性。

②按需选择。在进行农业生产栽培时，需根据市场需求选择作物品种及计划茬口安排，光伏设施种植的农业产出是一项商品性极强的指标，其效益取决于市场需求，筛选高品质、高价格果蔬作物种植，以及合理安排茬口以提前上市，避开市场活跃期至关重要。

（2）适宜在光伏设施温室种植的农作物　光伏设施温室内部适宜种植的作物主要包括以下几类。

①叶菜类。莴笋、枸杞叶、羽衣甘蓝等低光照需求，市场需求量大的叶菜类作物。

②果菜类。番茄、黄瓜、青椒等单茬产出高、市场需求量大的果菜类作物。

③食用菌。羊肚菌、香菇等市场价格高，投资回报大的食用菌品种。

④种苗及蝴蝶兰、红掌等花卉类惧怕高温高光强的作物。

（3）光伏温室农业生产环控管理技术要点

①温度控制。

a.监测温度。光伏农业温室内部温度将直接影响作物的生长和产量，在进行农业生产时需密切关注温室内部温度的变化，并采取相应的措施。在温室不同区域安装温度传感器，结合设施环控系统进行温度监测，每天多点多次记录温室设施内部温度，特别是外部天气变化较大时更需加强监测。

b.调节温度。当设施内部温度超过或低于作物适宜生长温度区间时，通过开启温室通风口、开启排风机、增加保温材料等措施调节设施温室内的温度。在外界温度过低的情况下，还可通过使用加温块或加温设备来提高温度。

②光照控制。

a.清洁薄膜。温室使用一段时间后，薄膜会积累一定灰尘或污垢，影响光线的透入。应定期清洁温室表面薄膜，以保持其透光性。

b.使用反光材料。在日光温室后墙或土壤地面铺设反光材料，如镀铝膜、反光地膜等，以此增强作物的光照效果。

③湿度控制。

a.通风换气。温室内的湿度对作物的生长也有着重要的作用，控制好温室内的湿度可以促进作物生长并减少病害的发生。适当的通风可在降低温室内湿度的同时起到调节温度的作用。在不影响温度的前提下，可以开启通风口或使用换气扇等设备进行通风换气。

b.控制灌溉量。农业生产过程中要根据作物的需要和土壤的墒情来确定灌溉量。过多的灌溉会导致土壤过湿，从而增加病害的发生率。同时，要采用滴灌、喷灌等节水灌溉方式，以减少灌溉对温室内环境的影响。

④肥料管理。

a.科学施肥。根据作物种类及作物生长阶段的不同需要选择不同种类的肥料进行施肥，同时要掌握好施肥量和施肥时间，以避免对作物生长造成不利影响。

b.使用有机肥料。有机肥料是一种很好的肥料来源，可有效改善种植作物土壤结构。在使用化肥的同时施用一些有机肥料，以增加土壤有机质的含量。

⑤病虫害防治。

a.加强检疫。引进作物种苗或进行种植生产时要加强检疫，以防止外来病虫害的传入，同时对种子、土壤、水源等进行消毒处理，以减少病虫害的传播途径。

b.合理使用农药。选择一些高效、低毒、低残留的农药进行病虫害防治，并按照说明书上的使用方法进行正确使用，以保证防治效果和使用者的安全。注意农药的轮换使用和合理混用，以避免产生抗药性。同时要做好种植计划和茬口安排、合理灌溉和给排水等。

5.3.3.2.4 园区管理与维护

（1）光伏设施种植园区管理

①设计安全管理。在光伏设施种植园区的建设初期，必须进行安全规划与设计。以下为需要重点考虑的安全因素。

a.选址。园区前期选址要选择平坦、干燥、通风良好的土地作为建设地点，避免地质灾害和水源污染。

b.结构设计。园区建设应采用坚固耐用的材料，确保结构的稳定性和安全性。

c.电气设计。合理布置电线线路，避免过载和短路等电气安全问题。

d.施工安全。制订详细的施工方案，配备专业的施工人员和安全防护设施。

②施工现场安全管理。

a.建立安全管理制度。制定安全生产责任制和操作规程，明确责任分工和安全要求。

b.安全培训教育。定期组织施工人员进行安全培训，提高他们的安全意识和技能水平。

c.安全防护设施。设置警示标志、防护栏杆和安全网等设施，保障施工人员的人身安全。

d.监督检查。设立专门的安全监督机构，对施工现场进行定期巡查和检查，及时发现和处理安全隐患。

③运维阶段安全管理。

a.定期巡查。定期对光伏组件和覆盖材料进行检查，发现问题及时处理。

b.维护检修。根据设备的使用寿命和技术要求，制定维护计划并进行检修，确保设备的正常运行。

c.安全用电。加强用电安全管理，严禁私拉乱接电源线，防止电气事故的发生。

d.应急预案。制定应急预案，明确应急处置流程和责任人，以应对突发事件。

（2）维护管理

①定期保养与清洁。为了保证光伏组件和温室生产的正常运行，需要定期进行保养与清洁。具体措施包括：

a.清洁光伏组件表面。定期清除积尘和杂物，保持光伏组件的发电效率。

b.检查连接线路。检查电池组件的连接线路是否松动或损坏，及时紧固或更换。

c.检查支架结构。定期检查支架结构是否牢固可靠，如有损坏应及时修复或更换。

d.检查覆盖材料。定期检查覆盖材料的完整性和密封性，如有破损应及时修补或更换。

②维修与更换设备。当发现光伏组件或覆盖材料有故障或老化时，需要进行维修或更换。具体措施包括：

a.故障诊断。通过专业设备和方法进行故障诊断，确定故障原因。

b.维修方案制定。根据故障情况制定相应的维修方案，包括维修方法、所需材料和时间等。

c.维修实施。按照维修方案进行维修工作，确保修复效果符合要求。

d.更换设备。对于无法修复的设备或已经达到使用寿命的设备，及时进行更换。

③预防措施。

a.避免过度暴晒。光伏组件和覆盖材料都对紫外线敏感，长期暴露在强烈的阳光下会导致材料老化和性能下降。因此，在安装光伏系统时，应选择合适的位置和角度，以最大限度地减少光伏组件和覆盖材料受到的太阳辐射。

b.防止结露。在寒冷的气候条件下，光伏组件上可能会结霜或结露，这会影响光电转换效率。为了防止结露，可以在光伏组件的连接线和接线端子周围加装隔热材料，或者使用防冻液来降低结露的风险。

c.定期校准。光伏系统的输出功率会随着时间和环境的变化而变化，因此需要定期校准系统的性能。校准可以通过使用专业的测试仪器来进行，以确保光伏系统的实际发电量与预期值相符。

d.定期更换电池组件。对于大型光伏系统，电池组件是关键的组成部分之一。电池组件的使用寿命有限，通常为25年左右。因此，需要定期检查电池组件的状态和性能，并根据需要进行更换。

总之，光伏组件与温室的维护管理是一个综合性的工作，需要综合考虑多个因素，如定期清洁、检查损坏情况、维修、采取预防措施、避免过度暴晒、防止结露、定期校准、定期更换电池组以及注意安全等，确保光伏系统的正常运行和延长使用寿命。同时，还需要根据具体的安装和使用环境进行调整和优化，以获得最佳的发电效果和经济性。

（3）记录与数据分析　为了提高光伏温室的管理效能，需要对安全管理和维护情况进行记录和数据分析。具体措施包括：

①建立档案资料。将安全管理和维护的相关文件、记录和照片等资料整理归档。

②数据分析报告。定期编写安全管理和维护的数据分析报告，总结经验教训并提出改进建议。

5.4　应用与案例

5.4.1　非晶硅光伏日光温室

本案例所介绍的非晶硅光伏日光温室位于陕西杨凌高新农业产业示范区，东经108°03′，北纬34°16′，海拔418～540m，年平均降水量637.6mm，年平均蒸发量884mm，年平均温度12.9℃，极端最高气温42℃，最低气温－19.4℃，全年无霜期221d。太阳能资源丰富，年日照时数2 038h，年太阳总辐量为4 457.1MJ/m²，夏季为1 618.1MJ/m²，冬季为681.6MJ/m²，属于太阳能资源丰富地区。

光伏日光温室长度50m，跨度10m，前屋面透明覆盖材料为PC板、非晶硅电池组件、塑料薄膜，PC板和非晶硅电池组件构成的屋面倾斜角度为25°，非晶硅电池组件呈直线形式布置，跨度方向组件铺设长度为5.6m，长度方向组件宽度1.2m（含固定结构），自西向东每三列组件与PC板分别以1∶2、1∶3比例间隔铺设，自距西侧墙25m起，覆盖材料均为PC板，温室墙体结构为370mm厚多孔砖，外侧采用200mm厚聚苯板，外加100mm厚彩钢板覆盖作为保温结构，温室如图5-10所示。

图5-10 光伏日光温室

该温室采用独立式光伏发电系统，满足包括温室的卷帘机、电动开窗系统、照明系统、水肥一体化机、环境监控系统在内的负载用电需求，下面对光伏发电系统的装置及监测软件进行简单的介绍，如图5-11。

（1）光伏组件 该光伏发电系统采用的组件为非晶硅电池组件，单位尺寸为1 400mm×1 100mm，单位功率为85W，数量24块，总功率为2kW。按6列分别固定嵌入在前屋面上，倾角为25°（图5-11a）。

（2）光伏汇流箱 光伏组件的连接方式为2块组件串联为1组，12组并联。光伏汇流箱的作用就是将各路电路汇合为1路（图5-11b）。

（3）逆变控制一体机 控制器是对光伏系统进行管理和控制的设备，逆变器则是将直流电能转换为交流电能供给负载使用的一种转换装置。此温室的逆变控制一体机就是将两者结合到一块（图5-11c）。

（4）储能电池 光伏发电只能在白天有阳光时才能进行，与日光温室中的负载用电规律不符合，因此需要配置储能装置以供夜间或阴雨天使用。此温室使用12V的胶体免维护蓄电池，总共9个（图5-11d）。

a.非晶硅电池组件　　　　　　b.光伏汇流箱

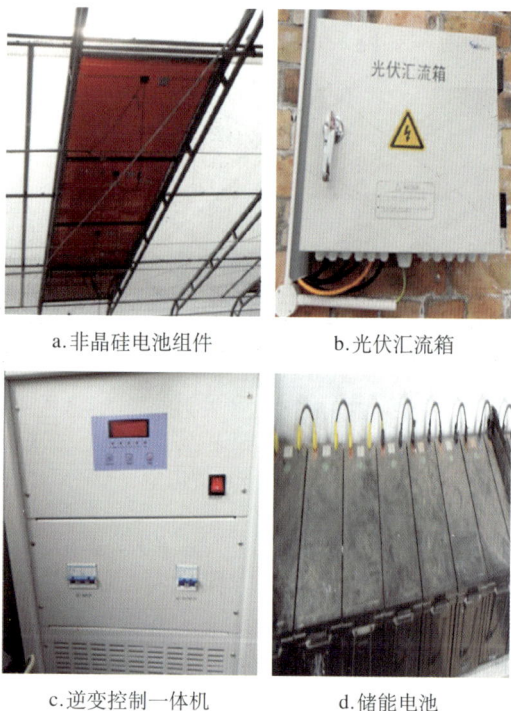

c.逆变控制一体机　　　　　　d.储能电池

图5-11　光伏发电系统构成

（5）光伏发电系统监测软件 监测软件是在PC机上运行的，它的开发采用面向对象的结构化方法，选用WINDOWS操作系统作为开发环境，同时采用C语言编程以及Access数据库管理工具实现开发设计，可提供友好的人机互交界面，同时也具备强大的数据管理功能，可为后续数据分析提供便利（图5-12）。

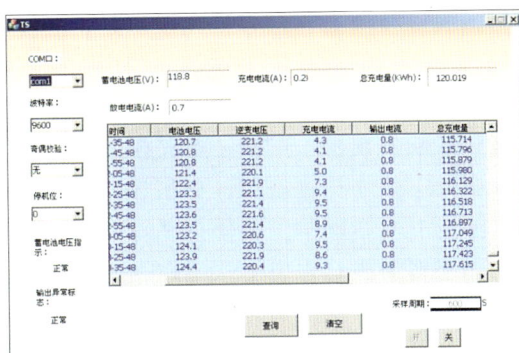

图 5-12 光伏发电系统监测软件

由试验环境测试仪器监测所得，该光伏日光温室1月份平均透光率为33%，其中晴天的最大光照度为26 927 lx，阴天为6 968 lx。晴天PC板的平均透光率为51%，而由非晶硅电池组件与PC板构成的倾斜平面的平均透光率变化范围为34.7%～41.7%；而阴天时倾斜平面的平均透光率变化范围为19.9%～27.8%，与PC板相差较小。非晶硅电池组件与PC板之间的比例会对平面下的太阳辐射产生一定的影响。晴天非晶硅电池组件与PC板以1∶3比例构成的倾斜平面下的太阳总辐射要比以1∶2比例构成的平面下的太阳总辐射大，平均相差50.3W/m²，太阳总辐射的平均透过率大9.1%，而两个平面下的平均光合有效光量子流密度和其平均透过率相差不大；阴天，两个不同比例的平面的平均太阳总辐射和平均光合有效光量子流密度均相差不大，平均光合有效光量子流密度仅为20μmol/m²s，这可能会影响作物的生长。

太阳辐射是影响温室内作物生长和光伏组件发电的关键因素，透过光伏组件的太阳辐射能量和光谱成分会影响日光温室内作物的生长发育。理想情况是室外太阳辐射中的可见光部分可全部透过光伏组件进入日光温室内，而其余近红外部分太阳辐射全部用来发电。在这种条件下，光伏组件既不会影响光伏日光温室内作物生长发育所需要的光合有效光量子流密度，也不会减少温室的发电量。

连续阴雨雪天气状况最能检验日光温室是否能够维持适宜作物生长所需的温度环境，这是因为连续的阴雨雪天气经常会造成温室内的低温寡照现象，室内光照不足，温度偏低，温室内易发生低温冻害及霜霉病等病害。所以，对光伏温室内温度环境在连续阴雨雪天气条件下的变化进行统计分析显得极其重要。测试表明，在连续阴雨雪天气条件下，光伏日光温室的最低温度和平均温度均高于普通塑料薄膜日光温室，说明光伏日光温室抵抗连续阴雨雪天气的能力要优于塑料薄膜日光温室，这与温室本身的墙体结构有很大的关系。温室室内温度受连续阴雨天气天数影响明显，如果继续出现阴天或降温，日光温室内气温会呈现阶梯式下降，因此要保证连续阴雨天日光温室内气温适合作物生长，需要考虑适当的增温措施。

项目涉及的光伏日光温室在实际建造和运行过程中存在一些问题，主要包括以下几个方面。

（1）室内骨架结构　非晶硅薄膜电池组件外层结构是钢化玻璃，相对于普通塑料薄膜日光温室，前屋面铺设一定比例非晶硅薄膜组件的光伏日光温室对钢骨架的要求更高，强度不够的结构不足以承受光伏组件的重量，也会在卷帘机运行过程中对组件形成压迫，造成组件破碎。钢结构也是目前非晶硅薄膜日光温室成本居高不下的主要原因之一，经济安全的室内骨架结构是目前光伏温室亟待解决的技术难题。

（2）卷帘机设计与管理　卷帘机对日光温室保温起着非常重要的作用。在考虑到非晶硅电池组件材质和日光温室前屋面形状等因素之后，光伏日光温室卷帘机选择了侧置摆杆式安装。然而在系统运行过程中，卷帘机出现过卷被轴扭断现象，这是由于光伏日光温室前屋面为倾斜平面，与传统曲线屋面相比，棉被在运行过程中摩擦力较小，从而造成了卷被轴与卷帘机组的转速不同步。因此在卷帘机选型时应适当增加卷帘机的功率和卷被轴的壁厚。另外，卷帘机管理时要特别注意连续雨雪天气，浸湿后的保温被会加重卷帘机荷载，容易造成卷帘机故障。

（3）前屋面不同覆盖材料搭接处密封　日光温室前屋面不同覆盖材料之间的密封技术尚不成熟。雨天时，水滴会通过倾斜平面与塑料薄膜搭接处的缝隙流入温室内，从而给温室管理带来不便。

5.4.2　多业态融合的农光一体基地

南京溧水深能南京能源控股有限公司农光互补基地位于江苏省溧水区深能南京能源控股有限公司农光互补基地（北纬31.62°，东经119.18°）。溧水地区属于北亚热带向中亚热带的过渡区，年平均气温15.5℃，年平均日照时数2 145.8h，年平均降水量1 036.9mm。其园区鸟瞰图见图5-13。

图5-13　深能农光互补基地鸟瞰图

项目园区以高效耦合的新型光伏农业园区模式为切入点，结合光伏＋设施农业（含植物工厂）、光伏＋大田种植以及光伏＋渔业等多业态均衡互补优势，利用互联网、大数据技术，在光伏农业园区内实现"光伏＋农业＋生态"综合智慧能源三网深度融合，打造双碳助力乡村振兴典型样板。项目由深能南京能源控股有限公司投建，由子公司南京日昌太阳能发电有限公司运营，该项目于2016年5月投入建设，总投资约2亿元，其中光伏发电投资约1.6亿元，农业基础设施投资约4 000万元。项目重点打造综合智慧光伏管控平台、20MW光伏并网电站、光伏植物工厂、光伏花卉玻璃温室及智慧路灯、光伏杀虫灯、光伏电子宣传栏等配套智能光伏产品。项目采用"自发自用、余电上网"模式，每年可以产生清洁电力约2 400万kW·h，同时减排二氧化碳约1.98万t，节省标准煤量约0.79万t。在满足园区内所有农业设施用电需求的基础上，还可结余70%以上的电量。

项目占地约700亩，打造了江苏省首个光伏植物工厂以及光伏花卉玻璃温室，其中光伏植物工厂最大限度顺应了植物的生长习性，采用十万级无菌厂房，培育的蔬菜无需水洗可直接食用。另外还包括400多亩光伏与农业大棚叠加的"农光互补"区，大棚里种满花卉、苗木和葡萄等，实现了农业生产与光伏发电两不误。目前本项目已经成为一个集光伏发电、生态农业、观光旅游、科普展览、农光科研与试验于一体的、三次产业融合发展的示范基地，以及南京国家农业高新技术产业示范区乃至江苏省光伏农业高效耦合的新亮点。

5.4.2.1 光伏发电

园区内有光伏大田种植与光伏设施种植两种模式。光伏大田种植主要包含农光互补、林光互补等多种光伏复合生态模式，光伏设施种植主要为光伏玻璃温室与光伏连栋薄膜温室两种模式。

（1）光伏大田种植系统　光伏大田方阵坐北朝南，东西走向；共建设了7个片区，单跨跨度6.8m；光伏阵列的固定支架由檩条、斜梁、前后斜撑、抱箍、立柱等组成，光伏组件安装倾角为24°；光伏组件材料为265W多晶硅，采用4排横向直线形式布置，在光伏方阵长度方向连续铺设；光伏组件下沿距地面高度在2.0～4.0m区间波动，其空间结构形态见图5-14。

（2）光伏连栋玻璃温室　园区建有花卉种植光伏连栋玻璃温室1座（图5-15）。温室屋脊南北走向，长96.8m，宽40.6m，脊高6m，天沟高5m，开间3.69m，中间跨度13.2m，两边跨度8.8m，共8跨。

图5-14　光伏方阵空间结构形态

图5-15　光伏连栋玻璃温室外观

　　投资建设总面积4 000m²，温室顶部采用的是玻璃与光伏组件按照一定比例组合架构的方式，光伏组件的设计透光率为40%。光伏连栋玻璃温室屋顶光伏组件覆盖率50%，温室顶部是由碲化镉薄膜光伏组件和钢化玻璃相间组成，碲化镉薄膜光伏组件的透光率为40%。

　　温室内设有一层保温幕和两层遮阳网，最上层保温幕的遮光率10%，中间一层遮阳网的遮光率为70%，最下面一层遮阳网的遮光率50%。温室分为南北2个半区，温室内装有风机，在南半区的中部南北方向上共有10台风机，在北半区的中部南北方向共有10台风机，风机尺寸为50cm×50cm，风机距离地面垂直高度2.8m。温室内共有84个空调送风口，每排空调送风口呈南北走向，空调垂直高度2.8m，空调额定制冷量130kW，制冷额定功率38.5kW，额定制热量142kW，制热额定功率40.4kW。温室内安装有喷雾系统，在需要时根据温度设置时间间隔打开，为室内花卉生长提供适宜的温度。光伏连栋玻璃温室的光伏发电系统采用的组件为非晶硅电池组件，屋顶光伏玻璃东西向铺设，单位尺寸为1 200mm×600mm，倾斜角度为25°。光伏连栋玻璃温室采用的是碲化镉薄膜组件，年满负荷小时数535h，光伏连栋玻璃温室装机总量为288.96kW，年发电量为16万kW·h，由于组件利用效率为7%，光伏发电系统发电量有效运用到生产为10万kW·h左右，由于光伏连栋玻璃温室生产需要用到空调、风机等设备，光伏连栋玻璃温室年耗电量为150万kW·h左右，电量为农用电，花费在75万元左右，光伏连栋玻璃温室年效益100万元左右。温室内部结构见图5-16。

图5-16 光伏连栋玻璃温室内景

（3）光伏连栋塑料薄膜温室 园区内有光伏连栋薄膜温室1座（图5-17）。其光伏组件连接立柱位于连栋薄膜温室上方，光伏支架结构为平单轴光伏支架，可以自动调整光伏组件的角度，以最大限度地吸收太阳能。转动机构可以使光伏组件在水平面上旋转，以跟踪太阳的水平运动。转动机构通常由电机、减速器和传动装置组成，通过电机的驱动，光伏组件可沿着水平方向自动旋转。减速器可以提供足够的扭矩，以确保光伏组件的平稳运转。传动装置可以将电机的旋转运动转化为光伏组件的旋转运动。

图5-17　光伏连栋塑料薄膜温室外观

　　在平单轴光伏支架中，每个光伏组件都设置在一个独立的支撑结构上，这个支撑结构包含一个水平方向上的轴和一个垂直方向上的支架梁，通常轴向为南北方向，通过控制轴的旋转，相应的调整支架梁的倾斜角度。常见的跟踪角度范围在 $\pm 60°$，也有产品跟踪角度范围在 $\pm 45°$，使光伏组件的朝向始终保持面对太阳，并且在不同时间和季节内自动调整适应太阳高度角度。平单轴光伏支架相比固定式光伏支架，占地是固定式的1.1～1.3倍，发电量提升在10%～20%，造价提升在5%～10%。

　　平单轴跟踪支架采用预应力混凝土管桩法施工，通过现场的控制桩，以及设计图基础桩的点位数据，使用GPS定位装置，进行现场实际放样定位。将压桩机在放样点上进行压桩。压桩时，使预应力管桩中心位置与放样点重合，并使预应力管桩呈垂直状态。压桩的过程中，为了避免由于压桩机的震动、土中石块的阻碍、机械压桩过程机械臂产生的误差对桩位造成的影响，采取辅助人员在横向、纵向观察的方法，以减小上述误差。压桩深度，不小于桩身全长的70%。

5.4.2.2 农业生产

（1）光伏大田种植系统　对于项目的光伏大田农业种植部分，基地内不同区域种植不同的农作物，在北侧支架高度超过2.5m区域搭建菌类大棚，开展木耳种植；在支架高度低于2m区域架设篱架和爬架，进行红心猕猴桃和榨汁葡萄的种植；在光伏组件阴影处套种白茶和有机花菜；在飞翼、悬索、平单轴等区域种植部分大田作物；在环场道路两侧种植一定数量的果树和花卉；同时在上述支架、飞翼、悬索、平单轴等区域，根据需要各开辟部分土地作为农光互补科研试验田。根据作物对阳光的需求情况，开展多层次套种，充分有效利用土地面积，同时带动光伏科技、农光互补科研及生态观光的全面发展。

（2）光伏连栋玻璃温室　温室内主要种植品种是竹芋科的观叶花卉，竹芋喜低光度或半阴环境下生长，在强光下暴晒叶片容易灼伤，十分适合上层发电，下层养花的农光互补光伏发电项目。农光互补既有效解决了发展低碳经济、节能减排和开发绿色清洁能源的问题，同时也实现了一地多用，大大提升了土地利用率。4 000m² 的花卉种植光伏温室年种植量6万余盆，主要销往南京及常州周边的花卉市场，供不应求，年收入可达到60万元以上（图5-18）。

图5-18　光伏玻璃温室花卉种植

　　光伏连栋玻璃温室内种植多种花卉，当室内温度高于28℃时，打开空调使温度降低，打开遮阳网使光照减弱，以及打开喷雾系统，通过水汽蒸发带走热量，打开风机使室内空气变得均匀。光伏连栋玻璃温室内温度低于14℃时，打开空调增温，以及打开温室上方的保温幕保温来增加室内温度。温室内花卉生长的光照强度在3 000 lx以上，叶片在光照强度3 000 lx以上时即开始光合效应，温室内花卉生长的适宜温度为22～28℃，花卉耐受温度为10～35℃，温室内花卉生长适宜的空气相对湿度为70%～85%。

　　2023年，江苏省农业科学院农业设施与装备研究所鲍恩财副研究员团队对光伏连栋玻璃温室内外周年环境因子，以及不同季节典型天气各环境因子进行长期监测并对比分析。通过测定得知，光伏连栋玻璃温室在夏秋冬春的室外平均光照强度为34 579.7、28 372.5、26 708.6、27 302.6 lx；温室内周年光照分布均匀，温室内在室外光照较强时会打开遮阳网，室内夏秋冬春平均光照强度分别为3 787.9、3 745.6、3 185.8、3 623.3 lx。室外在夏秋冬春的空气平均温度为32.0、17.1、1.6、6.1℃；温室内在夏秋冬春的空气平均温度分别为26.2、24.4、20.2、23.5℃。夏秋春3个季节室内温度适宜，而冬季室内温度较低。室外在夏秋冬春4个季节的平均空气相对湿度为74.1%、71.7%、67.6%、73.1%；温室内平均空气相对湿度分别为89.3%、79.4%、59.4%、60.1%，夏季秋季室内空气相对湿度较高，冬季春季室内空气相对湿度略低。

　　基于节能、环保和生态可持续发展的理念，光伏连栋玻璃温室解决了高能耗、高排放和高温室成本的问题，符合中国提出的节能减排主题，具有良好的经济效益和社会效益。这项实践有望改善光伏连栋玻璃温室的光热环境，实现作物的均匀生长，提高作物商品化率，为合理设计光伏连栋玻璃温室提供理论和技术支持，也为光伏连栋玻璃温室的进一步推广和使用奠定基础，为光伏新能源助力设施农业领域早日实现碳中和提供样板。光伏玻璃温室带有环境自动化控制系统，可测量风速，风向，温度，湿度，光强，气压，太阳辐射量，土壤温度、湿度等农业环境要素，根据温室植物生长要求，自动控制开窗、遮阳网、环流风机、空调、加湿喷雾等环境控制设备，自动调控温室内环境，达到适宜植物生长的范围，为植物生长提供最佳环境。

（3）光伏连栋塑料薄膜温室 光伏连栋塑料薄膜温室内种植食用菌，栽培模式是利用工农副产品下脚料栽培食用菌。常用木屑、刨花、废棉、棉籽壳、米糠、麸皮等，经处理后，放在室内的栽培床或瓶、袋等容器内接种培养、管理。

将食用菌种植和光伏发电相结合，食用菌的菇棚顶上安装太阳能光伏电站，阳光通过光伏组件转化电能，为大棚的空调供能，多余电力可用于农村自用电或余电上网；地面进行食用菌种植，既实现了对有限资源的循环利用，同时也解决了附带的环境压力，能够显著提升经济效益。食用菌种植对温度要求极高，在大棚顶部安装光伏组件，既可以为大棚遮阳挡雨，还可以用绿色低廉的电能为智能温控大棚供电，在酷暑天气降低棚内温度，在雨雪天气提高棚内温度，改善香菇生长环境的同时消纳清洁能源。

5.4.2.3 综合智慧光伏管控平台

在园区内，深能南控公司还配置了生产管理系统。南京日昌太阳能发电有限公司（深能南控二级公司）的综合智慧光伏管控平台不仅可以集中监测、管理近700亩光伏农业园区光伏发电情况，以及智能宣传板、智慧路灯等智慧元素运行状况，还可以将企业办公系统、园区旅游管理系统、园区配电系统等智能系统集成在同一管理界面上，实现对能源的总体集成和园区智慧化管理，使整体能效提高15%～20%。该平台还可利用科技化农网，追溯温室大棚、植物工厂等设施农业农作物生长全过程，实现农业生产智能管理。

5.4.3 不同支架形式的光伏大田种植基地

三峡泗洪光伏电站是一个集光伏发电、现代农业、生态环保于一体的综合性项目，位于江苏省宿迁市泗洪县西南岗片区，地理位置优越，太阳能资源丰富，为光伏发电提供了得天独厚的条件。同时，该地区农业基础良好，为农光互补等模式的实施提供了广阔的空间。园区总装机规模达到100万kW，总投资高达75亿元，占地面积约2.9万亩。这一规模使得该园区成为江苏省内乃至全国领先的光伏农业示范项目。通过科学的规划和布局，园区实现了光伏发电与农业生产的完美结合。

5.4.3.1 光伏发电

三峡泗洪光伏电站，占地面积2 300余亩，电站装机容量112.38MW。在光伏发电系统的设计中，光伏组件方阵的安装形式对系统接收到的太阳总辐射量有很大的影响，从而影响到光伏供电系统的发电能力，因此，本项目光伏组件的安装方式设置有固定支架、柔性支架和平单轴追踪等3种模式（即不同支架形式），见图5-19。

a.固定支架　　　　　　b.柔性支架　　　　　　c.平单轴支架

图5-19　三峡泗洪光伏电站不同支架形式

综合考虑单位面积辐射量、组件间距、电缆损耗、阵列前后阴影遮挡等因素，光伏阵列的固定支架由檩条、斜梁、前后斜撑、抱箍、立柱等组成，光伏组件安装倾角为19°，南北向相邻光伏阵列中心间距为8.0m，采用4排横向布置；柔性支架组件布置形式以1×26块竖向单排布置，阵列东西向布置，电池板1行竖排放置，光伏阵列的支撑结构由钢支架和支架基础组成，钢支架采用厂家的预制成品，柔性光伏支架由钢立柱、斜梁、斜撑、预应力拉索、稳定索等组成，每组柔性支架基础需要边锚桩2根，侧边桩1根，中间桩1根；平单轴跟踪支架由钢材制成，整个系统主要包括转动机构和控制系统，其中转动机构是核心部件，包括电机、减速器和传动装置，控制系统由光照传感器和控制器组成，光照传感器感知太阳位置和光照强度，控制器根据反馈信号控制转动机构运动。

项目共安装了255 416块LR4-HBD-440W的P型单晶PERC半片双面双玻光伏组件，系统分成28个发电单元，每个发电单元为3.15MW级，其中固定支架部分25个发电单元，柔性支架部分1个发电单元，平单轴部分2个发电单元。固定支架及柔性支架部分26个发电单元均选用3 125kW＋3 150kVA箱逆变一体机，平单轴支架部分选用36台175kW组串逆变器及2台3 150kVA箱变，全场共安装563台汇流箱。共5回集电线路，采用电缆直埋、局部顶管接入至升压站35kV配电装置，经1台100 000kVA主变升压至220kV，通过220kV峡瑶46T3线路接入220kV瑶沟变。

本项目阵列区升压设备选用双绕组箱式变压器，共32台。其中，3 200kVA箱变30台，该箱变长约5.5m、宽约3.5m、高约3m；2 000kVA箱变2台，该箱变长约3.9m、宽约2.1m、高约2.9m；采用混凝土平台配合PHC管桩基础组合形式，并向就近道路引接。箱变平台与塘堤通过钢桥架连接。箱变基础在农田区域路边设置，采用混凝土结构平台。依据光伏场地水文报告及运维检修需求，箱变基础高出自然地面不小于1.2m，高于50年一遇洪涝水位3.7m标高要求，且方便运维检修。直流电缆经由电缆槽盒敷设，35kV高压交流电缆地面部分敷设采用明挖直埋，铺砂及盖板保护，水面部分经由电缆槽盒敷设，过路段采用镀锌钢管并用混凝土包封。

5.4.3.2 农业生产

项目所在地均为种植农用地，附近村庄及城镇用水均取自周边河湖，施工期供水系统应考虑光伏电站建成后生产和生活用水需要，按照"永临结合"的原则规划建设供水系统。场内生产道路按路面宽3.5m新建或扩建，进场道路按路面宽4m扩建，进站道路按5m路面宽新建。

　　本项目结合地方农业特点，轮作了小麦、花生和大豆等作物（图5-20）。小麦是适应性较强的作物，对光照需求较高，而光伏组件下的光照条件虽然受到一定影响，但足够支持小麦的生长。同时，花生和大豆作为养地作物，具有较强的适应性。它们具有耐旱、耐涝、耐盐碱等特性，能在不同环境下生长，适应光伏组件下的种植环境。另外，花生和大豆是经济价值较高的作物，在光伏组件下种植花生和大豆，可以获得较高的经济效益。通过轮作小麦、花生和大豆，可以形成以下优势：

a.小麦　　　　　　　　　　　　　b.大豆和花生

图5-20　农业生产类型

　　（1）营养循环　小麦消耗土壤中的养分，花生和大豆则通过固氮作用为土壤提供氮素，实现营养的循环利用。

　　（2）土壤改善　豆科作物的根瘤菌有助于改善土壤结构，增加土壤的肥力和通透性。

　　（3）病虫害防治　不同作物对病虫害的抗性不同，轮作可以减少病虫害的发生和传播。

　　（4）提高产量和品质　轮作可以改善土壤环境和减少病虫害，提高作物的产量和品质。

　　这种生态农业种植方式不仅提高了土地的利用效率，还增加了农产品的附加值，为农民带来了更多的收入。

5.4.4 不同覆盖形式的光伏大田种植基地

连云港大唐灌云农光互补光伏发电项目位于江苏省连云港市灌云县杨集镇农业产业园（东经119°30′36″、北纬34°19′12″），地势平坦，场地开阔，建设占地350亩，属于暖温带与亚热带过渡地带，气候类型为季风气候，略有海洋性气候特征，四季分明。近10年气象观测数据显示，该地区常年平均气温14.1℃，历年平均降水883.6mm，常年无霜期220d。主导风向为东南风，多年平均辐射量为4 891.7MJ/m²，年平均日照时数为2 456.2h，日平均辐射量为13.4MJ/（m²·d），属于太阳能资源三类地区，具备利用太阳能发电的客观条件。

5.4.4.1 光伏发电

项目总规划容量为50MW，占地350亩的一期10MW光伏项目于2017年建成投运，年平均上网发电量1 077万kW·h。项目建设的光伏方阵坐北朝南，由大棚钢架及螺旋地桩等结构支撑（图5-21）。光伏阵列所在区域最小单元东西长度7m，南北跨度4m。综合考虑各种因素并结合建设单位的意见，工程选用了规格为330W的单晶硅光伏组件，单块光伏组件规格为200cm×100cm×10cm，组件下沿距离地面3.8m，倾斜角度29°。项目共有4种光伏组件排布方式（即不同覆盖形式），见图5-22。

| a.大棚支架结构 | b.螺旋地桩结构 |

图5-21 农业生产类型

a.T1（光伏组件单列铺设无间隙）   b.T2（单列铺设东西有间隙）

c.T3（双排紧密铺设，东西方向有间隙）   d.T4（双排铺设东西、南北均有间隙）

图5-22　光伏组件排布方式

　　一期工程10MW单元由30 400块光伏组件组成。每组阵列采用20块光伏电池组件，串联功率误差＋5%，电池组件背面装有防水接线盒，接线盒引出线，电缆采用4mm²专用电缆。8个阵列支路设1个组串式逆变器。项目采用的逆变器布置于组件支架上。每个光伏发电子系统方阵旁设19台小型并网逆变器，额定容量为50kW。共配置190台50kW的逆变器。厂区内电缆沟选用砼电缆沟，截面尺寸为800mm×1 000mm。

　　当地的降雪湿度较大，且方阵的倾角角度较大，所以不做专门的防雪措施，利用太阳光照射自然融化滑落。生产道路方面，在站外修建了一条约2km的道路与外围道路相通，路宽7.5m，转弯半径不小于9m，路面等级Ⅳ级；在站内修建了环形和带形道路，路宽分别为4m、12m，路面为沥青路面。

5.4.4.2 农业生产

本项目按高效农业与地方传统种植实际结合的原则，在深入分析当地农业情况、土壤墒情、气候特点的基础上，根据类似项目经验及有关农业专家推荐，采用小麦和瓜蒌轮作的农业生产模式。

瓜蒌（栝楼）是葫芦科多年生草本，果实和根可入药，瓜蒌的功效和作用是宽胸润肺、化痰清热。瓜蒌的果叫全瓜蒌，瓜蒌皮、瓜蒌仁（瓜蒌种子）可分别入药。瓜蒌春夏之间都能栽培，亩用母根20～25kg，亩投入300元。不用搭架，在地面就可生长良好。秋末果实发黄后采收，亩产200kg左右。近几年瓜蒌种植较少，货源紧缺，需求量大，后市价格仍看涨。瓜蒌的根加工晒干入药叫天花粉，也是常规药材，用量很大。亩产350～450kg，目前天花粉价格15～20元/kg，市场行情持续上涨。市场上全瓜蒌价格为16～20元/kg，瓜蒌仁价格为30～35元/kg，南方多作瓜子食用，供不应求。和三峡泗洪光伏电站等众多电站类似，小麦因为其适应性强、销路稳定等特点而成为连云港大唐灌云农光互补光伏电站的常规种植作物。

2023年，江苏省农业科学院农业设施与装备研究所鲍恩财副研究员团队对该电站的小麦产量进行了测产。通过测定得知，大田（CK）种植下的小麦产量为7 389.26kg/hm^2。与CK相比，4种不同覆盖方式下的小麦产量表现一致，均有不同程度的降低。其中，T3（即光伏组件双排铺设，东西方向有间距、南北无间隙）处理下的小麦产量差异性最小，达到了5 981.61kg/hm^2，下降了19.05%；T1（光伏组件单列铺设无间隙）处理下的小麦产量差异性最大，产量4 778.02kg/hm^2，较露天种植减产35.34%；T2（光伏组件单列铺设，东西有间隙）、T4（光伏组件双排铺设，东西、南北均有间隙）处理下的小麦产量分别为5 166.93、5 278.04kg/hm^2，较CK减产28.6%、28.8%。

　　就单列铺设而言，T2处理下的小麦产量较T1处理增加了388.91kg/hm²，增产8.14%；就双排铺设而言，T3处理下的小麦产量较T4处理增加了555.09kg/hm²，增产10.53%。以上结果表明，4种不同覆盖方式对小麦产量均有影响，双排覆盖下的产量均比单列覆盖下的产量要高，光伏组件双排铺设中仅东西有间隙比东西、南北均有间隙处理产量要高。

6 光伏渔场及案例

6.1 光伏渔场的概念及原理

6.1.1 概念

光伏渔场，也称为渔光互补、渔光一体，是一种将光伏技术与水产养殖相结合的创新型农业模式，利用养殖水面上方空间或沿岸、塘埂架设光伏方阵，为养殖对象营造良好生存环境，同时构建光伏电站，为养殖生产提供能源，将养殖生产与光伏发电结合为一体的养殖模式。

全球光伏渔场产业的发展大致可分为3个阶段。第1阶段是2007—2013年，为缓慢增长阶段，7年间的累计装机容量为4.8MW；第2阶段是2014—2016年，为发展提速阶段，在大中型水上光伏设施和新兴市场的带动下，光伏渔场的装机量开始出现明显增长；第3阶段是2017年以后，进入快速发展阶段，全球光伏渔场的累计装机容量呈指数级增长，尤其是2017年和2018年，年新增装机容量分别达到了362MW和771MW，实现了跨越式发展。同时，光伏渔场建设价格呈现下跌趋势。根据世界银行统计的光伏渔场项目信息，2014—2018年，全球水上光伏电站的建设成本在0.92～3.12美元/W，具体的建设成本取决于电站规模、所在位置及其水体环境。2018年印度光伏渔场项目的最低竞拍价格为0.83美元/W，这对进一步降低项目建设成本提出了更高的要求。此外，新加坡太阳能研究所认为，近年来亚洲地区光伏渔场项目的浮体设备成本下降显著。与此同时，规模较大（约50MW）的光伏渔场的度电成本与相同规模的地面电站相差不大。

亚洲地区是光伏渔场产业的主要市场。2007年，日本建立了首个试验性水上光伏项目，其后，法国、意大利、韩国、西班牙、美国等国家也开展了用于研发和示范的小规模项目。自2017年以来，亚洲地区已成为全球水上光伏产业的主要市场。从截至2019年5月的累计装机容量来看，亚洲地区贡献了约96%的装机容量，其中，中国以956MW的累计装机容量位居全球第一，占全球累计装机容量的68%，而日本、韩国、中国台湾分别占18%、6%、3%。

在中国，水上光伏产业起步较晚，但发展尤为迅速。2012年，江苏建湖光伏渔场成功并网，成为中国首个尝试光伏发电与渔业生产相结合的项目。由于支持政策好、商业模式成熟，此后，各地纷纷效仿，光伏渔场逐渐成为一种新型的水产养殖模式，目前我国已成为全球光伏渔场项目总装机容量第一的国家，同时也是大规模光伏渔场的主要建设国。我国光伏渔场主要分布在沿海、沿江城市，其中，江苏、山东、湖北、河北、广东和广西等省份光伏渔场最多。

在发展过程中涌现了众多光伏及渔业相结合的企业，其中通威股份有限公司光伏渔场最具代表性。通威股份有限公司（以下简称通威股份）在2013年通过并购方式控股赛维LDK太阳能高科技（合肥）公司，进入电池和组件领域，为其后续的光伏业务布局奠定了基础。2014年12月，通威股份进一步延伸下游电站投资和运营业务，正式开创了"渔光一体"模式。这一创新模式将渔业、农业和光伏融合发展，充分利用了水域资源，实现了经济收益与环境保护的双重目标。随着"渔光一体"模式的成功实践，通威股份不断进行技术优化和创新。其独有专利技术柔性支架系统，以其大跨度、高净空的特点，解决了水产养殖中的光通、水通、气通问题，为土地复合利用带来了无限可能。此外，通威还积极开展"渔光一体"养殖试验，探索适宜的放养模式，确保水产养殖的成功。

随着技术的不断进步和政策的支持，光伏渔场的发展前景十分广阔。未来，光伏渔场将继续在技术创新、资源整合和环境保护等方面取得更大的突破，为水产养殖业和可再生能源领域的发展做出更大的贡献。

6.1.2 原理

光伏渔场是一种创新的可持续发展模式，巧妙地将光伏发电与水产养殖相结合，实现了土地空间的立体全方位利用，提升了经济效益和社会效益，具有较高的生态效益。这种模式为我国经济的可持续增长和绿色发展提供了一条全新路径。

首先，光伏渔场体现了可持续发展的理念。通过利用太阳能这种可再生能源进行发电，光伏渔场减少了对传统能源的依赖，减少了碳排放，有助于环境保护。同时，在水域进行水产养殖，光伏渔场提高了土地和水面资源的利用效率，增加了经济收益。

其次，光伏渔场还具有多重效益。一方面，光伏组件为水产养殖提供了良好的遮挡，减少了水分的蒸发，抑制了藻类的过度繁殖，保护了水资源，为鱼类提供了良好的生长环境；另一方面，光伏渔场通过优化空间布局和资源配置，实现了发电、环保和养殖的有机结合，提高了单位面积土地的经济价值。

6.2 光伏渔场特点

光伏渔场的养殖模式包括光伏池塘养殖和光伏池塘设施养殖，二者都是结合了光伏发电与水产养殖的创新模式，它们在空间高效利用、生态环保、节能减排等方面具有显著优势，同时，光伏池塘设施养殖还强调设施的现代化和养殖技术的先进性，以实现更高的经济效益和可持续发展。

光伏渔场与传统渔场存在一定的差异。首先，从资源利用的角度来看，光伏渔场实现了土地和水面资源的高效复合利用。通过在水域上方架设光伏组件进行发电，同时在光伏组件下方的水域进行水产养殖，光伏渔场将两种产业融为一体，提高了单位面积土地的经济价值，而传统渔场则主要关注水产养殖本身，对土地和水面资源的利用相对单一。其次，在环境影响方面，光伏渔场具有显著的优势。由于利用太阳能进行发电，光伏渔场减少了对传统能源的依赖，减少了碳排放，有助于保护环境。同时，光伏组件为渔场养殖提供了良好的遮挡，减少了水分的蒸发，抑制了藻类的过度繁殖，保护了水资源；此外，可有效降低高温期水温，有效防止因水温过高对水产养殖造成损失，利于提高鱼类的摄食与生长，而传统渔场在养殖过程中可能会产生一定的水体污染和生态破坏问题。在经济效益方面，光伏渔场通过结合光伏发电和水产养殖两种产业，实现了多元化的收益来源。一方面，通过销售电力获得稳定的收益；另一方面，通过水产养殖获得水产品的销售收入，而传统渔场则主要依赖于水产品的销售收入。

　　光伏池塘中，光伏组件会对池塘光照造成明显影响，而光照是影响池塘水产养殖的重要因素。光照与水体中浮游植物的生长繁殖有密切联系。万蕾等研究了不同遮光方式对藻类生长的抑制作用，结果显示，遮光50%以上试验桶内的叶绿素a含量和藻类密度相对于不遮光减少50%以上；从上午9：00至下午3：00遮光，12d可以使叶绿素a浓度和藻类数量相对于不遮光减少70%以上，这表明遮光可抑制藻类生长繁殖。孙晓庆等在研究光照对浮游植物类群及其优势种生长的影响时发现，小型浮游植物在100%自然光强下生长最快，微型浮游植物在50%自然光强下生长最快。华雪铭等则指出光照可影响微藻的生长以及总脂肪与脂肪酸的含量。同时光照还可以影响养殖动物的生理活动，李大鹏指出光照强度可影响史氏鲟稚鱼对光的趋避性，并且可以改变鱼体颜色；谢从新等发现光照强度可影响乌鳢幼鱼的摄食强度；王迎春等针对黄盖鲽仔鱼研究表明光照对其生长发育和摄食有显著影响。相关研究表明，光照对N-二甲基亚硝胺和N-二乙基亚硝胺降解有显著影响，与水质的改良有关。

　　光伏渔场融入了渔业和光伏两大元素，二者之间既相互促进又相互制约（表6-1和表6-2），同时也可以通过相应措施放大促进作用，减少制约作用。

表6-1　光伏对渔业的影响及解决方案

影响	类别	作用	解决方案
利	设计	按照标准进行设计并改造为标准池塘，留出尾水处理区	
	水体	光伏组件遮挡使池塘蒸发量减少，能有效降低对水资源的需求	
	用电	可以使用光伏电力，生产成本相对减少，有利于增产增收	
	池塘	加强对池塘的修复，引入智能化、设施化建设	
	遮阳	大部分水生动物喜阴，以凶猛性、底栖鱼类、甲壳类最为明显	
	藻类	降低夏季中午光照强度，有利于硅藻、绿藻等有益藻类生长，减少蓝藻、鞭毛藻生长	
	稳水	稳定溶解氧，降低夏季水温，减少气泡病的发生	
弊	光照	阴雨天气，由于光伏的遮挡作用，溶解氧会减少10%～20%	①光伏面积低于水域75%，增加增氧机50%以上 ②创新设计出柔性支架，高出水面2m左右 ③引入设施渔业
	温度	由于阳光的遮挡，春秋季节温差大	①春季放苗时降低水位，可提高池塘中的水温 ②增加增氧机数量50%以上，增加溶解氧 ③引入设施渔业
	捕捞	由于池塘中有桩基，鱼类捕捞的难度加大	①水面留出投饲捕捞区，大水面使用抬网；小水体分区捕捞 ②创新设计出柔性支架，桩基间距可达40m ③引入设施渔业

表6-2　渔业对光伏的影响及解决方案

影响	类别	作用	解决方案
利	安装	水挖机施工不受地形及配套道路影响，提升施工效率	
	清洗	组件清洗可直接取自湖水或池塘水，船上清洗不受地形和配套道路影响	
	土地	有利于分摊电站土地的租金	
弊	面积	光伏面积必须小于75%，光伏收益会下降	综合计算"渔业＋光伏"的成本与收益
	建设	池塘要留出投饲捕捞区，设计和建设难度会增加	提高设计和建设要求
	成本	桩基应大于8m，北方需避免冻胀，单项成本会增加2倍以上	提高设备要求，综合计算"渔业＋光伏"的成本与收益
	运营	湿度增加，对材料和运营要求加大	提高设备要求

6.2.1　光伏池塘养殖

6.2.1.1　光伏组件覆盖面积

池塘水面上方引入光伏，合理规划光伏组件在池塘中的覆盖面积，一方面最大面积利用坑塘水面光伏发电，另一方面保证渔业生产，亩产量不低于普通池塘产量的80%。通威股份2014年研究了光伏遮光面积对水产养殖的影响，研究中将光伏组件覆盖率设为0、25%、50%、75%和100% 5个梯度，结果表明：随着光伏组件遮光面积的增加，水温呈下降趋势；pH也随着遮光面积的增加而下降，但整体波动范围在7.90 ~ 8.12，仍处于鱼类最适pH范围内，不会对鱼类生长造成影响；而溶氧分析显示，25%与50%遮光试验组的全年平均水平最高，75%遮光试验组的溶氧水平也高于未遮光试验组，说明适宜的遮光不会影响池塘的溶氧水平；池塘中氨氮和活性磷在光伏电站面积75%的池塘中表现为最低，在光伏电站面积100%的池塘中表现为最高，而亚硝酸盐的含量正好相反，氨氮和亚硝酸盐是池塘中常见的有害物质，是残饵、鱼类排泄物等有机物的累积造成的，因此有必要采取一定的工程设施和技术手段减少池塘中有机物的积累；75%遮光试验组的藻类生物累积量最多，因此其生产力也最高。光伏覆盖率0的情况下，黄颡鱼的饵料系数最低，光伏覆盖率75%的情况下，黄颡鱼的产量最高。

6.2.1.2 光伏池塘分区

鱼类养殖光伏池塘一般划分为光伏区、投喂捕捞区和捕捞沟区。光伏区实现光伏组件全覆盖，投喂捕捞区和捕捞沟区无光伏组件覆盖。投喂捕捞区和捕捞沟区均为深水区域，一方面为养殖承载投喂捕捞功能，另一方面在高温期为水生动物提供相对低温区，提高养殖成功率。此外，捕捞沟可有效收集池塘各区域养殖用水，利于池塘养殖用水的集中和排放。通威股份于2018年在安徽省马鞍山市和县完成一光伏渔场建设，光伏池塘均建设了投喂捕捞区以及捕捞沟区，通过投喂区抬网和低水位捕捞沟拉网的方式，四大家鱼的起捕率高达95%以上，有效解决了光伏池塘捕捞困难的问题。

养殖甲壳类的光伏池塘一般划分为光伏区和非光伏区。光伏区实现光伏组件光伏全覆盖，非光伏区不覆盖光伏组件，为养殖水体提供适度光照。相对于鱼类养殖的光伏池塘，甲壳类属于喜阴动物，且捕捞方式与鱼类捕捞方式差异较大，无需保留投喂捕捞区，光伏区占比更大。

6.2.1.3 光伏池塘水质

光伏池塘采用复合增氧方式进行增氧。池塘四周排布水车式增氧机，促进水的流动；池塘中部排布叶轮式增氧机，打破池塘分层，充分利用表层水的高溶解氧，增加池塘底部溶解氧；投喂捕捞区排布底增氧设施，有效提高投喂期间摄食区的溶解氧。

光伏池塘尾水处理。设置尾水处理区域，通过引入人工湿地或三池两坝等形式对养殖尾水进行处理，符合国家、行业及地方相关标准后外排或循环利用。

6.2.2 光伏设施水产养殖

光伏可源源不断生产绿色、低廉的能源，而设施水产养殖相较传统水产养殖具有高耗能、高产出的特点。光伏与设施水产养殖的有机结合，一方面可有效解决光伏占地的问题，同时也可降低设施水产养殖运行过程中的能耗成本。光伏设施水产养殖模式可分为光伏流水槽养殖模式、光伏陆基高位池养殖模式、光伏漂浮式圈养池养殖模式，以及光伏工厂化循环水养殖模式等。

6.2.2.1 光伏流水槽养殖模式

"流水槽养殖"是一种生态高效的养殖方式，是建造在池塘或湖泊中的养殖单元。一侧是推水增氧装置，推动水24h循环流动，让鱼苗能在水流推力下"健身跑步"；同时，残饵粪便不断被推送到另一侧的集污区，使"跑道"内水体保持清洁。这种集中养殖、集中吸污、集中处理的模式，可实现养殖尾水零排放，还能提高鱼的品质。流水槽占据池塘面积的2%～5%，其养殖产量达到或超过整个养殖池塘产量。

根据安装形式不同，分为漂浮式流水槽养殖和固定式流水槽养殖。漂浮式流水槽一般建造在水位常年超过3m的大型自然水域，水域底部情况复杂，水域很难干涸，例如湖泊。固定式流水槽一般建造在水深不超过3m的养殖池塘，每年根据生产情况控制池塘水位。

通过引入光伏，形成光伏流水槽养殖（图6-1a）。流水槽承担整个水面的养殖功能，面积占比不超过5%，光伏建设面积不低于95%，与传统光伏池塘相比，光伏装机容量得到极大提升，且养殖产量不变或者提升，水产品品质提升，并有效实现了养殖尾水处理，更加环保。2020年，常德市鼎城区通威100MW渔光一体光伏发电项目建设漂浮式流水槽28条，第一次实现流水槽与柔性支架光伏的有机结合（图6-1b），主要进行黄颡鱼养殖，每条槽平均年产黄颡鱼商品鱼9 000kg。

a.光伏固定支架流水槽养殖模式　　　　b.光伏柔性支架流水槽养殖模式

图6-1　流水槽养鱼

6.2.2.2 陆基高位池养殖模式

陆基高位池养殖模式是一种集约化养殖模式，设有中央集排污设施，通过进排水调控，为水生动物营造良好的生存环境。光伏陆基高位池养殖即光伏与陆基高位池结合，光伏为高位池养殖提供能源，高位池进行渔业生产。此种模式可分为两种：一种为光伏建设在高位池上方，一般为自发自用；另一种为光伏建设在高位池周边（图6-2），例如，蓄水池和尾水处理池等区域，一般为分布式和集中式。

图6-2　陆基高位池养殖模式

6.2.2.3 漂浮式圈养池养殖模式

漂浮式圈养池养殖模式一般建设在水面宽阔、水深不低于3m、风浪较小的水域。漂浮式圈养池养殖模式有如下优势:

(1) 充分利用水体资源 漂浮式圈养池养殖可以在湖泊、水库、河流等水域中进行,充分利用水体空间,提高单位水体的养殖产量。

(2) 便于管理 漂浮式圈养池养殖可以集中管理,便于投喂、观察、捕捞等操作,降低了养殖成本,提高了养殖效率。

(3) 养殖环境可控 通过选择合适的漂浮式圈养池材料和规格,可以控制养殖环境,如水温、水质、光照等,为养殖生物提供适宜的生长条件。

(4) 环保可持续 漂浮式圈养池养殖可以减少对水域环境的污染,降低养殖废弃物的排放,实现环保可持续的养殖模式。

通过与光伏相结合,形成光伏漂浮式圈养池养殖模式(图6-3a)。常德通威渔光一体光伏发电项目建设直径5m、深2m的漂浮式圈养池(图6-3b),主要进行斑点叉尾鮰苗种培育和成鱼养殖,每口池平均年产斑点叉尾鮰商品鱼1 500kg,规格苗种40 000尾。

a.固定支架漂浮式圈养池养殖模式   b.柔性支架漂浮式圈养池养殖模式

图6-3　漂浮式圈养池养殖模式

6.2.2.4 工厂化循环水养殖

工厂化循环水养殖,也称为陆基工厂化养殖或工业化养鱼,是一种现代化的养殖方式。通过控制养殖生物的生活环境，进行科学管理，从而摆脱土地和水等自然资源条件的限制。这种养殖方式具有高密度、高单产、高投入、高效益、生态环保等特点。在工厂化养殖车间顶部或水源等区域安装光伏，可为渔业生产提供能源，形成光伏工厂化循环水养殖模式。此种养殖方式分为两种模式：一种模式是光伏电站与工厂化养殖车间分离，光伏电站为养殖提供绿色能源；另一种为光伏电站建设在工厂化养殖车间屋顶（图6-4a），光伏电站为养殖提供绿色能源。图6-4b为东营通威在东营市垦利区建设的占地4 200余亩的200MW渔光一体项目中一座占地1 000m² 的工厂化循环水养殖车间，车间内主要进行南美白对虾育苗，每年为光伏外塘提供优质虾苗5 000万尾。

a.屋顶光伏工厂化循环水养殖车间   b.工厂化循环水养殖车间

图6-4   光伏工厂化循环水养殖模式

6.3 光伏渔场的设计方法

我国约有300余种具有经济价值的鱼类，其中产量高且具有重要经济价值的种类约60种；重要经济价值的甲壳类主要有小龙虾、南美白对虾、大闸蟹和梭子蟹等。此外，一些水生生物如海参，两栖类如甲鱼和青蛙，在全国适宜区域均有养殖。水生生物均可与光伏进行结合，实现光伏池塘养殖或光伏设施水产养殖。

6.3.1 光伏池塘养殖

6.3.1.1 水源

水源水质清新无污染，水源地周边无工业、农业、医疗及城市生活废弃物和废水等其他对渔业水质构成威胁的污染源；水量充足，满足养殖用水需求。水源水质符合下列国家和行业相关标准，满足养殖品种要求：

——《渔业水质标准》（GB 11607）

——《无公害水产品产地环境要求》（GB/T 18407.4）

——《绿色食品产地环境质量》（NY/T 391）

——《无公害食品 淡水养殖用水》（NY 5051）

——《无公害食品 海水养殖用水》（NY 5052）

6.3.1.2 进排水

光伏池塘进排水设施包括进排水沟渠或管道和提水泵站等。进水沟渠通过闸门与每口池塘连通，其水位标高高于池塘水位标高。排水沟渠通过闸门与每口池塘连通，其底部标高低于池塘底部标高，利于排干养殖用水；排水沟渠末端建设防逃网，有效防止养殖水产品逃逸，同时利于排水沟渠内放养滤食性、植食性和杂食性鱼类，改善养殖尾水水质。通过提水泵站对养殖池塘进行进水或排水沟渠排水。

6.3.1.3 电力

根据池塘所有设备以及养殖相关设施同时运转所需功率的150%配备变压器以及通往各池塘的线路，高压线路采用架空线，低压线路尽量采用地埋电缆，以便于养殖生产。配电箱要符合野外安全要求，具有防水、防潮、防雷击等性能。同时，配备备用电源，根据池塘增氧机总功率的150%配备柴油发电机，应对突发停电现象。

6.3.1.4 风送式投饵

光伏池塘投喂设备使用风送投饵系统，根据养殖品种、规格、密度，灵活掌握饲料品种、规格、投喂量、投喂时间，达到精准投喂，降低劳动成本。

投喂前将鱼料存储于保温箱材料中，保温料箱通过下料器和风机将饲料送到分配器进行分配输送，分配器分配好指定的出口，将鱼料投喂到相应的投喂点或光伏池塘中。通过3～10路多路分配器，可实现多个光伏池塘的投喂。

6.3.1.5 增氧

光伏池塘采用微孔增氧机、水车增氧机、叶轮增氧机、涌浪机等组成复合增氧模式，根据水温、溶氧、光伏池塘载鱼情况安装不同功率、不同数量增氧机，开启不同类型增氧机，保障养殖水体溶氧在5.0mg/L以上，有效促进养殖鱼类生长。一般亩产1t鱼配备0.6～1.0kW增氧机，亩产2t鱼配备1.5～2.0kW增氧机。

6.3.1.6 电化水杀菌

通过设备电场作用于NaCl（3‰～7‰）溶液，细化水团链大分子结构，增强水渗透力、表面张力，同时产生有效氯、臭氧等强氧化性中间体，形成复合型杀菌水，代替传统二氧化氯、漂白粉、强氯精等氯制剂杀菌药，实现无药残、无二次污染，消毒成本减少90%，实现高效杀菌灭藻，去除鱼肉异味，保障和提高水产品质量安全。

6.3.1.7 视频监控

光伏池塘安装视频监控，监控区域为光伏池塘四周、进出口道路以及光伏池塘投喂区域。一方面，保证生产、生物物资安全；另一方面，通过手机端或电脑端可随时查看水生动物的活动情况，指导养殖生产。

6.3.1.8 智慧水产养殖平台

智慧水产养殖平台利用计算机及网络通信技术，建成集中央监控装置、信息采集、控制、通讯、数据收集、数据处理、智能预警、事态评估于一体的数字化养殖系统，实现渔业生产养殖的机械化、电气化、数字化、智能化、物联网化。

智能化养殖模式，配备无线传输技术、传感器技术、软件开发技术，集成一批物联网设备，实现水质监控、环境监控、水质调节、精准化投喂与生物生长状态科学调控和自动化管理，并在此基础上开展智能养殖应用示范，构建水产养殖全过程数字化、标准化、精细化、智能化、环保化的现代水产养殖模式，建设现代水产养殖信息化体系。

"智能水产养殖控制系统"通过和系统关联的手机可直接阅读池塘溶氧、pH、温度等指标，且能远程控制增氧机、投饵机、水泵等设备启停，实现手机养鱼、智能养鱼（图6-5）。

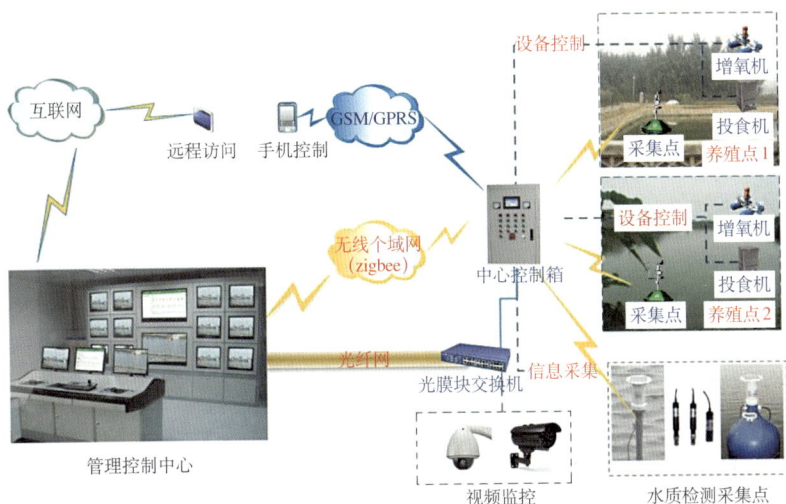

图6-5 智能水产养殖系统拓扑

6.3.1.9 尾水处理

随着国家国标、行标以及地标的出台，养殖尾水达标排放已成为政府重点关注问题。光伏池塘养殖采取底排污和三池两坝模式进行尾水处理。

（1）底排污模式 在养殖光伏池塘底部最低处不同位置，根据光伏池塘面积建1个或多个漏斗形的排污拦鱼口，通过移污管将养殖过程中沉积的鱼体排泄物、残饵、水生生物尸体等在水体的静压力和抽提排污管自溢作用下排出养殖水体，再进行沉淀处理，固体沉积物做农作物有机肥，上清液滴灌湿地或蔬菜，达到渔业水质标准再回流利用，实现鱼菜共生、湿地净化、节水循环，有效防治光伏池塘外源污染和内源污染。

（2）三池两坝模式　三池两坝尾水处理模式，即沉淀池＋过滤坝＋曝气池＋过滤坝＋生态净化池工艺。池塘养殖尾水排放至尾水收集渠，通过尾水收集渠将养殖尾水汇集至沉淀池，养殖尾水在沉淀池中进行沉淀处理，使尾水中的悬浮物沉淀至池底。尾水经沉淀后，通过过滤坝过滤尾水中的颗粒物。过滤后的尾水进入曝气池，曝气池通过曝气增加水体中的溶解氧，加速水中有机物的分解。尾水经曝气处理后通过滤坝过滤进入生态净化池，通过水生植物吸收利用水体中的氮磷物质，并利用滤食性水生动物祛除水中的藻类。经过净化后的水体经检验达标后外排或循环利用（图6-6）。

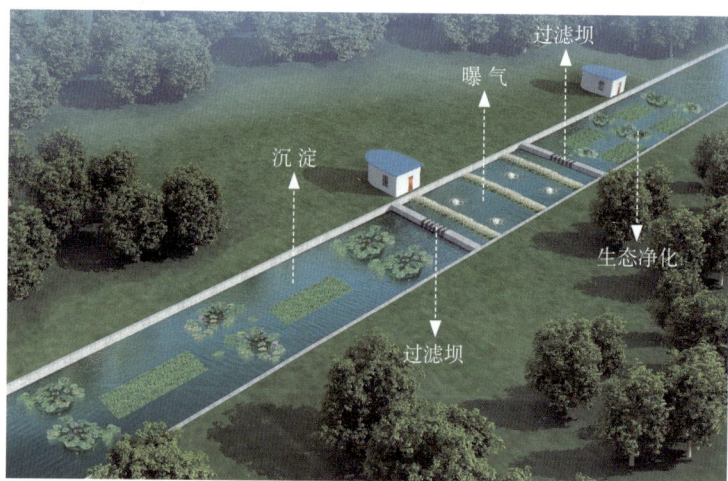

图6-6　三池两坝示意图

6.3.1.10 池塘建设

（1）池塘尺寸与朝向　光伏池塘的建设其形状、面积、深度和塘底主要取决于地形、养殖品种等要求，既要能满足光伏建设及正常运维，又要能够满足光伏池塘水产养殖。长宽比大的池塘水流状态较好，管理操作方便；长宽比小的池塘，池内水流状态较差，存在较大死角和死区，不利于养殖生产。

池塘的朝向应结合场地的地形、水文、风向等因素，尽量使池面充分接受阳光照射，满足水中天然饵料的生长需要。池塘朝向也要考虑是否有利于风力搅动水面，增加溶氧量。同时考虑光伏系统为正南布置，集约化水产养殖等因素。

(2) 池塘边坡　池塘稳定边坡坡度与挖填方、内外坡、土壤类型以及养殖水深相关，具体详见表6-3和表6-4。

表6-3　挖方池塘稳定坡度

土壤类型	水深（m）		
	< 1	1～2	2～3
轻壤土	1.25	1.25	1.50
砂壤土	1.50	1.50	1.75
砂土	1.75	2.00	2.25
风化的岩石	0.10～0.20	0.20	0.25
未风化的岩石	0～0.05	0.05	0.10

表6-4　填方池塘稳定坡度

土壤类型	水深（m）					
	< 1		1～2		2～3	
	内坡	外坡	内坡	外坡	内坡	外坡
黏土、重壤土	1.00	1.00	1.00	1.00	1.25	1.00
中壤土	1.25	1.00	1.25	1.00	1.50	1.25
轻壤土、砂壤土	1.50	1.25	1.50	1.25	1.75	1.50
砂土	1.75	1.50	2.00	1.75	2.25	2.00

(3) 池埂　池埂分为3类：圩堤、场内道路、人行检修道。

圩堤位于场区外围，除隔离池塘外，还起防洪的作用，顶宽5m，上铺泥结碎石路面。

场内道路位于场区内部，主要为池塘捕捞区捕捞、场内变压器设备等运输而设，沿池塘捕捞区设置，顶部高程按满足池塘水深1.5m要求而设，上铺泥结碎石路面。

场内其余池埂均为人行检修道，仅供人行检修通行，顶宽3.0m，上铺泥结碎石路面。池塘埂顶高程误差不应大于0.1m，下部分层铺筑，碾压密实，压实度大于0.94。

池埂两侧坡度不小于1∶1.5（若地质条件不允许，也可适当放缓）。道路最小转弯半径为9m，最大纵坡不超过10%，路面结构采用3cm厚磨耗层＋20cm厚泥结碎石面层。

填方池塘池埂填筑材料应级配良好，不得含腐殖质。

（4）护坡　护坡具有保护池塘池埂的作用。常用的护坡材料有水泥预制板、混凝土、防渗膜等。采用水泥预制板和混凝土护坡的厚度不低于50mm，HDPE防渗膜厚度不低于1.0mm，质量满足《垃圾填埋场用高密度聚乙烯土工膜》（CJ/T 234—2006）要求。

①水泥预制板。是一种常见的池塘护坡方式。护坡水泥预制板的厚度一般为5～15cm，长度根据池塘埂子护坡的长度决定。水泥预制板需在池底下部50cm建一条混凝土圈梁，以固定水泥预制板，顶部要用混凝土砌一条宽40cm、厚20cm左右的护坡压顶（图6-7）。

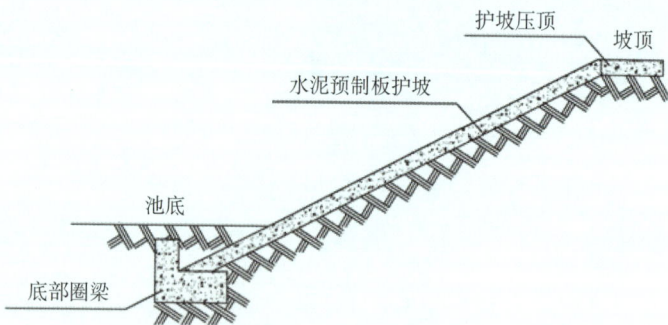

图6-7　水泥预制板护坡示意图

②混凝土护坡。采用混凝土现浇方式进行护坡，具有质量高、防裂性能好的特点。采用混凝土护坡时，需要对池埂坡面基础进行整平、夯实处理。混凝土护坡的坡面厚度一般为5～10cm。混凝土护坡需在一定的距离设置伸缩缝，防止混凝土热胀冷缩产生裂缝。

③防渗膜护坡。采用防渗膜护坡时一般采用高密度聚乙烯（HDPE）塑胶防渗膜。聚乙烯（HDPE）膜具有抗拉伸、抗冲刷、抗撕裂的作用。聚乙烯（HDPE）塑胶防渗膜设置如图6-8所示，可以覆盖整个护坡和埂子，也可以覆盖池塘底部。聚乙烯（HDPE）塑胶防渗膜一般厚1.0～1.5mm，使用年限10～20年。

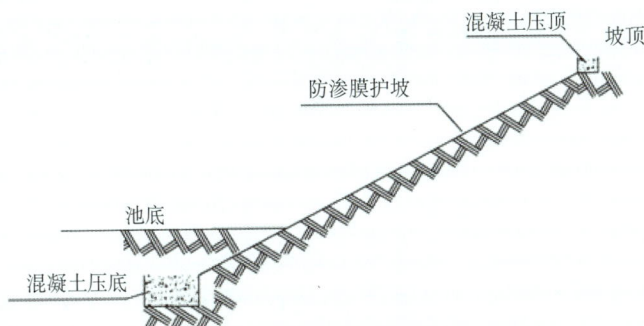

图6-8　塑料防渗膜护坡示意图

聚乙烯（HDPE）塑胶防渗膜铺设整个池塘底部和埂子时，池塘底部坡度需按0.7%～2%的坡度设计，并增设导渗沟，防止防渗膜破损时渗漏跑水。导渗沟的设置呈"树枝"形，由池底最高处指向最低处，用一根管道排出底排污池。

④浆砌砖石板护坡。浆砌砖石或片石护坡具有护坡坚固、耐用的优点，但施工复杂，砌筑用的片石石质要求坚硬。浆砌片石护坡一般用注浆法砌筑，要求放线准确，砌筑曲面做到曲面圆滑，

不能砌成折线面相连。片石间要用水泥勾缝成凹缝状,勾出的缝面要平整光滑、密实,施工中要保证缝条的宽度一致,严格控制勾缝时间,不得在低温下进行,勾缝后加强养护,防止局部脱落(图6-9)。

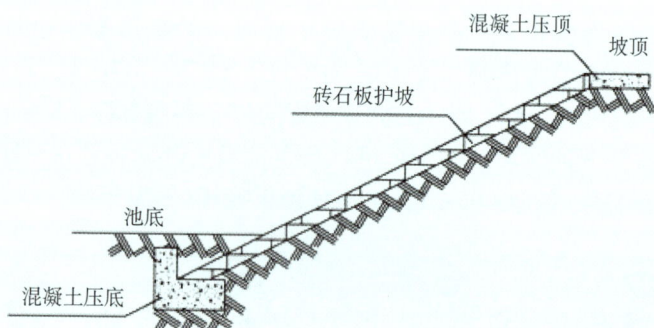

图6-9 砖石板护坡示意图

(5)池塘防渗 池塘最好防渗,其中新建池塘和改造池塘方式略有差异。

①新建池塘防渗。新建池塘防渗技术应基于地质、气候、降雨、补给、池塘建设方式、养殖品种和地下水位等要素确定。基于前述要素,确定池塘防渗等级(表6-5)。

表6-5 池塘防渗等级

防渗等级	允许最大渗漏量 [m³/ (m² · d)]
A	>0.2
B	0.05 ~ 0.2
C	<0.05

地下水位低于池底水位且池底土存在渗透风险时,应对池底做防渗。可采取黏土夯实防渗,黏土夯实干密度不得小于1.5t/m³。

对池埂防渗，应按以下原则选择防渗方案：

——池埂防渗应优先考虑迎水面防渗技术；

——池埂迎水面采取黏土夯实防渗时，黏土夯实干密度不得小于 $1.5t/m^3$，其厚度宜为 5 ～ 10cm（C级防渗）或 10 ～ 15cm（B级防渗）；

——有条件时，池埂迎水面亦可采取灰土、三合土防渗，其中灰土厚度宜为40cm（A级防渗），三合土厚度宜为 10 ～ 20cm（A级防渗）；

——经技术经济条件比选后，池埂迎水面可采取预制混凝土板、现浇混凝土板或沥青混凝土板防渗，混凝土板件分缝宜采用沥青玛蹄脂填充；

——经技术经济条件比选后可采用土工膜防渗；

——渔光一体项目原则上不采用浆砌石衬砌。

②改造池塘防渗。对于改造池塘，存在系统性的渗漏时，可采用如下技术进行防渗：

——黏土心墙或垂直铺塑；

——如池埂过窄或因其他因素限制，无法开槽时，可采用预制混凝土板桩/钢板桩/FRP板桩。

——采用预制混凝土板桩/钢板桩/FRP板桩时，应对板桩搭接部位做有效止水处理，包括但不限于膨胀水泥灌浆、聚氨酯泡沫填充。

6.3.1.11 池塘上光伏支架设置

不同类型支架以及养殖模式的池塘建设也有一定的差异。

（1）固定支架光伏鱼类池塘　池塘划分为3个区域，即光伏组件覆盖区、捕捞环沟、投饲捕捞区（图6-10）。投饲捕捞区不设光伏组件，一般占池塘总面积的10% ～ 15%，集中布置于池塘靠场内道路一侧。捕捞环沟位于池塘除投饲捕捞区的另外三侧，中间则为光伏组件覆盖区。捕捞通过诱捕的方式，捕捞池塘80%的鱼后，再通过降低水位，让池塘内鱼类全部集中到投饲捕捞区与捕捞环沟内进行清塘捕捞。光伏组件覆盖区池底平坦，进水端与排水端底部坡度为1 ∶ （200 ～ 400），有效水深不低于2m，确保干塘后光伏组件覆盖区域无积水。捕捞环沟顶宽5m，较光伏组件安装区池底深1m，有效水深3m，投饲捕捞区与捕捞环沟不布置光伏发电系统，投饲捕捞区较光伏组件安装区池底深1m。

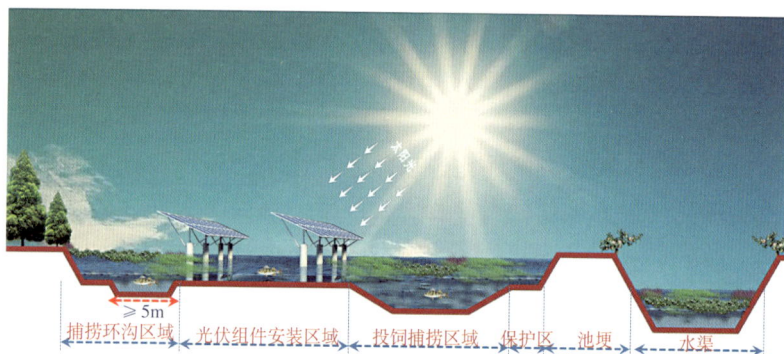

图6-10　光伏池塘示意图

（2）固定支架光伏甲壳类池塘　池塘划分为两个区域，即光伏组件覆盖区、捕捞环沟。捕捞环沟位于池塘四周，中间则为光伏组件覆盖区。捕捞通过地笼的方式，捕捞池塘80%的虾蟹后，再降低水位，让池塘内虾蟹全部集中到捕捞环沟内进行清塘捕捞。光伏组件覆盖区池底平坦，进水端与排水端底部坡度为1 ∶ （200 ～ 400），有效水深不低于1.5m，确保干塘后光伏组件覆盖区域无积水。捕捞环沟顶宽5m，较光伏组件安装区池底深1m，有效水深2.5m。

（3）柔性支架光伏池塘　柔性支架池塘可用于养殖鱼类和甲壳类，池塘全部为光伏覆盖区域，光伏组件下沿高于水面3m，对养殖生产操作无影响。池底平坦，养鱼池有效养殖水深不低于2m，甲壳类养殖池有效水深不低于1.5m，进水端与排水端底部坡度为1 ∶ （200 ～ 400），利于排干池塘积水。

6.3.1.12 辅助生产设施

光伏池塘养殖根据养殖所需的物资建设饲料仓库、药品仓库和工器具仓库，为生产人员建设生活和工作设施，包括宿舍、食堂和养殖看护房等附属设施。

6.3.2 光伏设施水产养殖

6.3.2.1 流水槽

（1）系统建设参数　流水槽建设材质宜选用玻璃钢，厚度4.5～5mm。在环境温度−20～50℃、环境pH为5～9时使用寿命达到8年以上。单个流水槽宽度为5m，长度为26.4m，深2.5m；单槽气提推水区域宽度为5m，长度1.2m，曝气深度1.5m；单槽养殖区域宽度为5m，长度为22m；单槽集排污区域宽度为5m，长度为2m，底部比流水槽底下沉20cm。流水槽主体结构框架为热镀锌钢管。

对于漂浮式流水槽，应建设漂浮设施，搭配泡沫浮体满足漂浮要求。槽体间采用玻璃钢拉挤板材隔断；槽体间隔断宽度为50cm，以此作为走道；单侧泡沫浮体数量不低于25个；单个浮体尺寸为1m×0.5m×0.5m，浮力满足200kg。

单槽总配置功率不超过3kW，包括气提推水设备、辅助增氧设备、集排污设备、投料设备；其中，气提推水设备功率不超过1.2kW；辅助增氧设备功率不超过0.5kW；集排污设备功率不超过0.5kW；投料设备不超过0.8kW；单槽占地总面积为150m²；总建设面积比例占总水体面积的2%～5%。

需配置设备房、饲料库房、生产管理房，实际面积依系统建设规模而定。

（2）技术要求　水源水质符合《渔业水质标准》（GB 11607—89）；流水槽内水质晴天白天槽内溶氧不低于4mg/L；养殖尾水排放水质应满足《淡水池塘养殖水排放要求》（SC/T 9101—2007）；流水槽末端流速控制在2～6cm/s；固体粪便颗粒物收集率20%～60%。

（3）智能养殖设备配置　具备单槽自动化投料功能；单槽投料设备饲料储存量不低于100kg（膨化料）、200kg（颗粒料）；可设置投喂时间段、投喂时长、投喂速度。

水质在线监测设备满足溶氧、温度、pH三种水质指标的实时在线监测；满足检测水质指标警戒值预警；满足本地及远程查看和操控。

智能养殖控制管理系统满足水质数据统计功能；满足设备运行状态查看及操控功能；设备运行时间统计，维护保养提示功能；满足根据水质数据反馈自动切换设备运行状态；满足水质预警和设备故障预警功能；满足本地及远程查看和操控功能。

（4）应用范围　池塘面积不低于30亩，水深不低于2m；漂浮式流水槽建设区域要求水深不低于3m；漂浮式流水槽前端进水区距离外塘池埂长度不低于20m；漂浮式流水槽后端出水区距离外塘池埂长度不低于30m。

设施水产养殖的场地、道路是饲料和货物进出的交通通道，建设时要考虑较大型车辆的进出，尽量做到货物车辆可以到达设施水产养殖区，以满足池塘养殖生产的需要。养殖园区主干道一般净宽3m以上；次干道一般宽2.5m以上；生产区应留有一定面积的场地，以满足生产物资堆放和生产作业需要；生产、办公用房尽可能设在设施水产养殖区附近。

电力应满足380V电力接入要求，24h连续供电，至少2路电源；在电力基础条件不好的地区，养殖园区需要配备满足应急需要的发电设备，以应对电力短缺时的生产生活应急需要。

6.3.2.2 漂浮式圈养池

池体一般选择圆形，圆形池建设材质可选用PP板（厚度4～6mm）或帆布。在环境温度为-10～40℃、环境pH为5～9时使用寿命达到6年以上。

单个圆形池直径可选用4、5、6、8m等多种尺寸；侧壁深度1.5～2m；锥底高度在20～50cm。

主体结构框架为热镀锌钢管，同时搭配泡沫浮体满足漂浮状态，池体间采用玻璃钢格栅板材作为过道，宽度不低于50cm；单个浮体尺寸为1m×0.5m×0.5m，浮力满足200kg；单池总配置功率不超过1.5kW，包括循环水泵设备、增氧设备、集排污设备、投料设备；其中循环水泵设备功率不超过0.8kW，增氧设备功率不超过0.5kW，投料设备功率不超过0.2kW；100m³养殖水体配1 000m³生态净化水体。

6.3.2.3 陆基高位池

池体一般选择圆形，池体建设材质可选用PP板（厚度8～10mm）或镀锌板与帆布的组合。

单个圆形池直径可选用4、5、6、8、10、12m等多种尺寸；侧壁深度1～2.5m；锥底高度在20～50cm。

单池总配置功率不超过2.5kW，包括循环水泵设备、增氧设备、集排污设备、投料设备；其中，循环水泵设备功率不超过1.5kW，增氧设备功率不超过0.5kW，投料设备功率不超过0.2kW。

6.3.2.4 工厂化循环水养殖车间

工厂化养殖车间一般采用温室、钢构以及海容模块等建设，以有效控制室内环境，例如温度、湿度等。根据光伏铺设容量，设计车间主体承重。根据养殖品种不同，池体形状不同，鱼类一般采用圆形，虾、贝和海参等采用方形或八角形；池体材料一般为混凝土、玻璃钢、PP和PE等。根据功能划分，工厂化养殖车间分为繁殖、培苗和养成车间，目前车间用于繁殖和培苗较多。

池体的尺寸规格根据功能不同而差异较大，以圆形池为例，繁育池体直径一般为2～4m，水深1～1.5m；苗种培育池体直径一般为2～6m，水深1.2～3m；成鱼养殖池体直径一般为6～12m，水深1.5～3m。

设施设备包括循环水泵设备、增氧设备、集排污设备、水处理设备、杀菌设备、投料设备。养殖密度与养殖品种、养殖规格、水处理方式等密切相关，一般鱼类养殖密度不超过50kg/m³。

6.4 应用与案例

6.4.1 三产融合光伏池塘基地

通威东营200MW光伏池塘项目于2020年并网，占地4 200余亩（图6-11），此项目按照通威"渔光一体"高标准、严要求建设，项目以最大化利用土地资源为目的，以"现代渔业-光伏一体化，综合立体利用开发"为指导，结合通威专有的池塘现代渔业环保养殖工程，养殖管理智能化、信息化等专利技术，采取室内育苗和室外养殖相结合的方式，确保渔光一体水面持续产出清洁太阳能，水下生产质量安全水产品，同步发展生态休闲旅游，实现生态环境与"渔光一体"相融合，实现"渔、电、旅游、环保、税收"五丰收。

图6-11　通威东营光伏池塘项目

本项目实际安装容量200MW，采用高效单晶硅光伏组件，固定倾角20°，方位角为0°，固定支架型。采用多支路上网的"积木式"技术方案，分块发电，集中并网。每28块单晶硅光伏组件串联后作为1串，共18串接入1台"18进1出"的智能防雷直流汇流箱，系统电压1 500V。整个光伏区主要由光伏电池阵列、逆变器及箱变式变压器构成，全站共52个发电单元，共6回线路接至升压站。

依托东营得天独厚的自然资源条件及良好的海参产业，借助一流的"渔光一体"项目技术和经验，促进海参养殖转型升级，带动周边农民增收致富，逐步覆盖环黄、渤海湾海产养殖区，项目将成为中国海洋生态、高效养殖的示范窗口。

通威渔光一体生态园是通威着力打造的三产融合渔光一体园区，是集一产智慧渔业、二产光伏发电、三产休闲旅游于一体的综合产业园区。基于在现代农业开发建设中的积累和摸索，渔光物联探索出了绿色光伏结合水产养殖、植物种植的长效发展模式。在农业生产的规划阶段，充分考虑后期的精细化养殖、科学化运营管理、无害化排放以及多元化增收，采用先进的物联网及大数据技术，配套智能化设施设备，依托通威深耕农牧板块多年的经验和多项研究成果，规划建设现代化农业园区。"渔光一体"项目利用智能化运维及养殖管理综合信息平台，形成"上可发电、下可养鱼""一种资源、两个产业"的集约发展模式，实现鱼、电、旅游、环保、税收五大领域的丰收。

在高附加值水产养殖与绿色能源制造的建设目标下，通威继续发展现代农业休闲观光，致力于水上垂钓、休闲观光、研学旅行等功能，建设休闲渔岛、综合展示中心、观光塔等，穿插钓位、科普打卡、栈道等休闲基础设施，打造渔光一体产业园区。

根据"渔光一体"特征及海参生物学习性，此项目养殖模式与普通池塘养殖模式相比有如下几点优势。

（1）稳定水温 张凡等研究表明，"渔光一体"夏季池塘光伏区水温比非光伏区的水温低2～3℃，春秋季节池塘光伏区水温比非光伏区的水温高1℃左右，光伏组件有助于水体温度保持稳定性，能有效缓解高、低温差对海参成活率和生长速度的影响。

（2）清洁环保 清洁无污染，运行发电时没有"三废"及噪声的排放，对养殖区及当地生态环境不会造成破坏，无资源枯竭

213

危险，可实现经济与环境的协调发展。

（3）降本增效　海参繁育、工厂化车间等使用本项目光伏发电清洁能源，不仅安全、环保、高效，还可减少配套投资和运输损耗，起到降本增效的作用。光伏区的桩基可为海参度夏御寒提供休眠场所，降低建礁费用。桩基也可作为海参聚集区域，便于海参投喂和捕捞。光伏组件能有效降低风浪对池埂的冲击，减少池塘维护费用。低廉、清洁的能源应用于海参繁育，降低海参苗种成本费用，利于提升海参良种养殖面积，对海参产业的良性发展起到巨大的推动作用。

此项目的实施，极大地促进了一二三产业的有机融合，带动了区域经济社会发展，为东营海参养殖转型升级打下了坚实基础，为实现乡村振兴探索出新路径，为实现碳中和的宏伟目标迈出坚实的一步，具有较大的经济、社会、环境效益。

6.4.2　柔性支架下光伏设施水产养殖基地

通威常德光伏池塘项目位于湖南省常德市鼎城区韩公渡镇，装机容量100MW，占地面积约1 900亩（图6-12），项目设施养殖区采用柔性支架，具有高净空、大跨度的特点，极大降低了光伏对渔业的影响。

本项目共安装了165 635块P型单晶硅光伏组件，系统分成26个发电单元，其中固定支架部分22个发电单元，柔性支架部分4个发电单元。共5回集电线路，采用电缆直埋接入至升压站35kV配电装置。

图6-12　通威常德光伏池塘项目

本项目建设直径5m、深2m的漂浮式圈养池，主要进行斑点叉尾鮰苗种培育和成鱼养殖，每口池平均年产斑点叉尾鮰商品鱼1 500kg，规格苗种40 000尾，固定式流水槽28条，年产斑点叉尾鮰280余t。

6.4.3 固定支架下设施水产养殖基地

在四川省西昌市西溪乡兴国寺水库，通威打造了四川首个"渔光一体"光伏发电项目，项目占地620余亩，本项目为设施水产养殖和光伏相结合的典型案例。基地集光伏发电、工厂化水产养殖、有机种植、旅游观光等于一体，采取智能化养殖模式。通威将西昌兴国寺水库620余亩水面及周边地区打造为集"新能源、新农村、新农业、新旅游、新生活"为一体的"渔光一体"特色示范园区。

本项目实际装机容量为21.146MW，分为8个方阵，采用270W和275W多晶硅双玻组件，合计安装77 684块；固定倾角安装，支架与水平倾斜角度为24°，方位角为0°。

项目建设4口漂浮式流水槽、6口漂浮式圆形池、3口固定式帆布池、15口固定式流水槽、12个箱式养殖系统等设施水产养殖设备，每年产优质水产品500t。

6.4.4 固定支架下设施与池塘相结合的多元化养殖基地

通威和县40MW光伏池塘项目位于马鞍山市和县善厚境内，总占地面积约1 200亩，是光伏池塘与设施水产养殖相结合的多元化光伏水产养殖的代表项目（图6-13）。

本项目实际装机容量为44.186MW，分为16个方阵，采用270W、275W和330W多晶硅双玻组件，合计安装142 848块；固定倾角安装，支架与水平倾斜角度为24°及15°，方位角为0°。采用1 000V组串式逆变器、1 000V集中式逆变器和1 500V集中式逆变器3种方案；本项目共有7种支架方式；光伏区方阵与池塘塘埂预留10m间隔。

图6-13　通威和县光伏池塘项目

本项目有8口光伏池塘、2栋工厂化养殖车间、4口漂浮式圈养池、2条固定式流水槽，主养鲈、螃蟹、鳜、江团和黄颡鱼等名特优新品种，年产优质水产品2 400余t。2021年被评为国家级健康养殖示范场。

6.4.5　柔性支架光伏池塘水产养殖基地

华能宜兴市新建镇100MW渔光互补发电项目（图6-14），通过完善蟹塘整治，灌排设施配套、电力设施、交通体系等工程，结合光伏发电技术，建设科技化、生态化、规范化渔光互补生态养殖示范基地。建设地点位于宜兴市新建镇，以开展光伏电站建设为契机，对光伏基地内老旧池塘进行设施工程化改造，优化区域布局，新建道路、渠系等基础设施，引进了适合光伏农业环境特点的新型技术模式；同时以"渔光一体"特色种养殖为契机，以光＋渔＋生态发展为导向，开发了名特优养殖品种；同步发展绿色休闲旅游，带动第三产业的发展，增加产业附加值，提高综合效益，达到了社会、经济、生态效益的同步提高；一三产业融合发展，带动了宜兴市新建镇技术升级和产业提升，实现现代农业、渔业和光伏产业的和谐统一发展。

图6-14　柔性支架光伏池塘

项目直流侧总装机容量为105.454MW，建有若干个光伏分区，占地约1936亩。本电站采用190008块555Wn型单晶硅高效双面双玻组件，每26块一串，共7308串；设置406台组串式逆变器196kW（交流侧80MW），共26个发电方阵单元（25台3.15MVA箱变及1台1.25MVA箱变），每个方阵单元接入16/6台逆变器；项目整体容配比为1.33。光伏场区就地升压至35kV，汇流后送至升压站35kV母线，再经过1台80MVA主变压器升压至110kV，以1回110kV线路T接110kV外网线，新建线路长约5km。

项目建成标准化河蟹养殖示范基地1860亩，其中分为成蟹养殖区、生态净化区和基础设施配套。成蟹养殖区包括蟹塘整治1750亩，钙塑防逃板43900m，塘坝护坡221256m²，2.2kW增氧机175套，4kW罗茨风机42套，水草栽种1050亩；生态净化区包括净化塘整治110亩，2.2kW增氧机11套，水草栽种30亩，生态浮床11处，水质监测设备11套，曝气推水设备11套；基础设施配套包括新建泵站6座，输水干道购置安装4970m，5m跨桥2座，节制闸11座，进水口97座，排水口97座，5m宽机耕路1530m，3m宽机耕路10530m，绿化栽植3180株。

7 光伏畜禽场及案例

7.1 光伏畜禽场的概念及原理

7.1.1 光伏畜禽场的概念

畜牧业是指利用畜禽等已被人类驯化的动物，通过人工饲养、繁殖，使其将牧草和饲料等植物能转变为动物能，从而获得肉、蛋、奶、毛、皮等动物性产品的过程。现代畜牧业已经发展成为一个高度专业化和规模化的产业，涉及的动物种类繁多，包括猪、牛、羊、马、骡、驴、骆驼、鸡、鸭、鹅、兔、蚕、蜂等各种畜禽。

畜牧业对于人类社会的意义重大。首先，它提供了丰富的动物性食品，如肉、蛋、奶等，这些都是人类蛋白质等营养的重要来源。其次，畜牧业还提供了纺织原料，如羊毛、丝绸等，满足了人们对衣物的需求。此外，畜牧业还提供了劳动力和运输工具，为农业生产和交通运输提供支持。

畜禽养殖业是畜牧业中的一个重要分支，它特指以家畜家禽为主要对象的饲养业，如牛、羊、猪、鸡、鸭等。畜禽养殖业的目的是获取肉类、蛋类、奶类等畜产品，满足人们的生活需求。

光伏畜禽场是一种新型的农业生产模式，它将光伏发电技术与畜禽养殖相结合（图7-1），旨在提高土地利用率，增加农民的收入，并推动农业绿色发展。在这种模式中，畜禽养殖场所使用的建筑物顶部安装了光伏组件，这些光伏组件可以吸收太阳能量，转化为电能进行发电，从而实现绿色发电与畜禽养殖的双重效益。

a.露天光伏鸡场　　　　　b.露天光伏羊场　　　　　c.光伏牛棚

图7-1　光伏畜禽场

　　这种模式不仅能够满足养殖场的日常用电需求，而且可以通过并网发电获得额外的经济收益，同时也促进了新能源的应用和环境保护。在中国，已经有不少企业和地区开始尝试并推广光伏畜禽场。例如，山东三兴禽业有限公司在其蛋鸡养殖棚顶安装了光伏组件，既不影响鸡的生长，又能额外发电增收，实现了光伏发电与畜禽养殖的一举两得。此外，新疆也启动了光伏牧业精准扶贫示范项目，该项目利用昆仑山下的荒地，建设了总面积16 170m² 的肉羊育肥中心，并在羊舍屋顶安装了光伏组件，年均发电量达到了223万 kW·h。

7.1.2　光伏畜禽场的原理

　　光伏畜禽场的技术原理是在畜禽场区域安装光伏发电系统，该系统主要由光伏组件、电力电子变换器、负载或电网组成，利用光伏组件下面的空间进行养殖活动。同时，由于安装在畜禽场内的光伏发电系统一般附着于建筑物上，故统称为建筑光伏。在长期的建筑光伏发展过程中，根据光伏组件和建筑物的结合形式，将建筑光伏主要分成两类。一类称为安装型太阳能光伏建筑，是附着在建筑物上的光伏发电系统（BAPV，图7-2），一般在现有建筑物上安装光伏发电系统时采用这种形式，BAPV的主要作用是发电，不会与建筑物功能发生冲突，不会削弱和破坏原有建筑的作用。另一类称为建筑一体化太阳能光伏建筑（BIPV，图7-3），该类光伏建筑的光伏发电系统和建筑物同时设计、施工和安装，并与建筑物完美相结合，作为建筑物外部结构的一部分，BIPV不仅具有发电功能，还具有建筑材料的功能，甚至可以提升建筑物的美观度，与建筑物形成完美的统一体。

图7-2　BAPV屋顶

图7-3　BIPV屋顶

　　在光伏畜禽场建设过程中，BIPV不仅可以利用建筑本身作为光伏发电系统的支撑结构，同时光伏组件代替畜禽场建筑物的外围护结构，减少了建筑材料和人工费用，降低了成本。使用光伏组件作为新型建筑围护材料，增加了建筑物的美观度，更受市场欢迎，在设计光伏畜禽场时，优先考虑这种建筑光伏。

7.2 光伏畜禽场的分类及特点

7.2.1 光伏露天散养

光伏露天散养在畜禽场养殖中的应用是一种创新的养殖方式，将光伏发电系统与畜禽养殖相结合，以实现资源的高效利用、环境保护和养殖效益的提升。

光伏露天散养利用地面安装光伏组件，将阳光转化为电能。这些光伏组件可以安装在畜禽场的一部分土地上，与畜禽养殖场地相结合。光伏露天散养旨在充分利用可再生的太阳能资源，同时不影响畜禽的正常生活和养殖活动。

光伏露天散养相对于规模化舍内饲养是完全不同的饲养方式，可分为圈养（将养殖场地用网、篱笆等进行圈围）和放养（将畜牧群散放在养殖场地，场地周边不进行任何圈围，让畜牧群在任意范围内活动）两种形式。

7.2.1.1 圈养形式的光伏露天散养

圈养是指在光伏电站下方设置围栏或其他限制措施，将动物圈养在特定区域内（图7-4）。这种方式能够更好地控制动物的活动范围，减少其对光伏电站设备的干扰。圈养的优势在于能够保

图7-4　圈养形式下的光伏露天散养

护光伏设备不受动物侵扰，同时也便于管理和监控动物的生长状况。在圈养形式下，通常会为动物提供固定的饲料和水源，确保它们的生长和发育。

具体的圈养方式可以根据动物种类、地域特点和光伏电站的布局情况进行调整和优化。

圈养方式具有以下特点和优势：

（1）空间利用效率高　圈养形式的光伏露天散养将光伏设施和畜禽圈舍融合在同一片土地上，充分利用了土地资源，实现了空间的高效利用。

（2）畜禽生长环境受控　圈养形式下，畜禽被限制在圈舍内活动，畜禽的生长环境和饲养条件可以得到有效控制，有利于畜禽的健康生长。

（3）光伏设施维护便捷　圈养形式下，光伏设施和畜禽圈舍紧密相连，便于维护人员对光伏设施进行定期检修和维护，保证光伏发电系统的正常运行。

7.2.1.2 放养形式的光伏露天散养

在放养形式下，光伏发电系统和畜禽共享同一片土地，但畜禽并不受到圈舍的限制，可以在整个露天场地内自由活动（图7-5）。

图7-5　放养形式下的光伏露天散养

放养形式的光伏露天散养具有以下特点和优势：

（1）畜禽自由活动，生态环境优美　放养形式下，畜禽可以在整个露天场地内自由活动，充分利用自然资源，享受自然环境，有利于畜禽的生理健康和心理健康。

（2）光伏发电系统布置灵活　放养形式下，光伏设施可以根据畜禽的活动范围和习性进行灵活布置，最大限度地利用阳光资源，提高光伏发电效率。

（3）生态效益显著　放养形式下，光伏发电系统和畜禽共享同一片土地，有利于提高土地的生态效益，促进土地的生态恢复和保护。

7.2.1.3 圈养与放养形式的比较

圈养形式和放养形式各有其优点和特点，在实际应用中需要根据具体情况进行选择。圈养形式适用于需要严格控制畜禽生长环境的场合，便于光伏设施的维护和管理；而放养形式适用于注重畜禽生态环境和自然养殖的场合，有利于提高土地的生态效益和保护。

7.2.1.4 光伏露天散养的作用

（1）清洁能源供应　光伏露天散养系统通过吸收太阳能并将其转化为电能，为畜禽场提供清洁、可再生的能源。这种方式不仅降低了对传统化石能源的依赖，减少了碳排放，还有助于推动畜禽养殖行业向可持续发展的方向转变。

（2）能源成本节约　利用光伏发电系统产生的电能，畜禽场可以减少能源成本支出。尤其是在长期运行中，光伏系统的投资成本会逐渐得到回收，畜禽场将从中获得更为显著的经济效益。

（3）土地资源双重利用　光伏露天散养系统将光伏发电板安装在畜禽场一部分土地上，实现了土地资源的双重利用。光伏组件可以为畜禽遮阳，光伏组件下的土地可用于畜禽养殖或者种植饲料作物，最大限度地发挥土地的价值。

（4）环境保护与可持续发展　通过采用光伏露天散养系统，畜禽场可以减少对传统能源的消耗，减少温室气体的排放，有利于环境保护和生态平衡的维护。这种可持续发展模式有助于提升畜禽养殖业的整体形象，符合现代社会对环保和可持续发展的追求。

（5）技术升级与形象提升　引入光伏露天散养系统不仅仅是一种新的养殖方式，也代表着畜禽场对技术的升级和创新。这种先进的生产方式不仅可以提升畜禽场的形象，还有助于吸引更多的投资和客户，提高市场竞争力。

7.2.2　光伏设施养殖

光伏设施养殖是将光伏发电系统与畜牧养殖设施相结合的一种新型农业模式。在这种模式下，光伏组件被安装在畜舍养殖场所的上方，通过利用太阳能进行发电，同时在其下方进行养殖作业。这种结合方式不仅可以提高土地的综合利用效率，还能为农业生产提供清洁能源，减少对传统能源的依赖，具有节能减排的优势。

光伏畜禽场中光伏设施主要按照不同支架形式和不同布置位置分类。根据支架形式的不同，可以分为固定支架和柔性支架；根据布置位置的不同，可以分为地面接触式和地面非接触式。

7.2.2.1　按支架形式分类

（1）固定支架　是一种常见的支架形式，通常由钢材或铝合金制成，具有稳定性强、安装简便的特点。固定支架通过地基或混凝土基础固定在地面上，支撑光伏组件的安装和运行。固定支架适用于平整的土地和光照条件稳定的地区，是露天光伏散养场常用的支架形式之一。

当光伏组件以固定倾角安装时，根据组件距地高度不同，选用的支架形式也不同。当组件距地高度较低时，支架一般采用双立柱形式，相应地支架基础采用前后双排的布置方式；当组件距地高度较高时，支架一般采用单立柱形式，相应的支架基础则采用单排的布置方式。

固定可调支架、单轴跟踪光伏支架、双轴跟踪光伏支架，一般采用单立柱形式，相应的支架基础亦采用单排的独立布置方式。

固定支架具有以下特点：

①稳定性强。固定支架通常由钢材或铝合金制成，结构稳定，能够承受一定的风载荷和地面荷载，保证光伏组件的安全稳定运行。

②安装简便。固定支架的安装相对简便快捷，通常通过混凝土基础固定在地基中，不需要复杂的调整和安装过程，节省人力和时间成本。

③适用范围广。固定支架适用于平整的土地和光照条件稳定的地区，能够满足大部分露天光伏散养场的布置需求，是一种常用的支架形式。

④维护成本低。固定支架的维护成本相对较低，通常只需要定期清洁和检查，保证支架结构的完整性和稳定性，不需要频繁调整和维修。

⑤适用性强。固定支架适用于各种光伏组件类型和规格，能够灵活应对不同场地和项目的需求，具有较强的适用性和通用性。

目前固定式光伏支架的安装技术较为成熟、成本相对较低、应用较为广泛，而且此类光伏支架的生产制造工艺简单、快捷，安装也极为方便，可大幅缩短施工工期，给光伏发电项目带来了很好的经济效益。

（2）柔性支架 是一种相对灵活的支架形式，通常由特殊材料制成，具有弯曲和伸缩的特性。柔性支架可以根据地形的不规则变化调整支架的形状和高度，适应不同地形和地貌条件下的光伏组件布置需求。柔性支架适用于地形复杂、土地起伏较大的地区，能够最大限度地利用土地资源，提高光伏发电效率。

光伏支架作为光伏发电系统中支撑固定光伏发电板的重要组成部分，其环境适应性决定了光伏发电系统的可应用范围。柔性光伏支架为一种新型光伏支架，主要由钢立柱、斜拉索、柔性索（即钢丝绳或钢绞线）等组成，光伏发电板固定于柔性索上，具有跨度大且灵活可调、占地少且耗材少的特点，经济性与实用性兼顾，可广泛应用于滩涂、池塘、山地等复杂地形条件下。

柔性光伏支架的提出极大地克服了复杂地形的制约，可适应山地、荒坡、水池、池塘以及林地等复杂地形条件，其占地面积小、场地适应性强，可作为光伏产业与农业联系的桥梁，是提高单位面积太阳能利用率、推动多产业融合的有效途径，极具经济价值。

常规支架与可调支架为刚性结构，跨度小，架设所需基础较多，传统的固定支架施工难度较大，经济成本较高，并不适用。柔性光伏支架的提出恰恰弥补了上述不足，其环境适应性强，在各类复杂地形中均能使用，对于地形复杂的河道或者深沟，可通过合理设置立柱位置跨越沟河，进而充分利用各类复杂环境下的土地资源。

相较于传统固定支架，柔性光伏支架虽优势明显，但仍有制约其发展的因素，主要表现为以下几点：

①耐久性差。柔性索的耐久性成为制约柔性光伏支架发展的关键因素，柔性索长期处于环境恶劣区域，再加上长期连续的永久荷载及风、雪荷载的作用，对柔性索抗锈蚀、抗疲劳能力要求较高，很难满足光伏发电站25年的设计使用年限。

②安装和检修难度大。柔性光伏支架设计跨度较大，并且为达到多产业融合效果，离地较高，柔性索的预张拉程序是施工质量的保障，其技术复杂，因而光伏发电板的安装难度较地面固定支架安装难度大得多，存在更多不稳定因素，对施工人员有更高的要求，需专业团队把关，检修难度也较大。

7.2.2.2 按布置位置分类

（1）地面接触式 地面接触式光伏设施是指光伏组件直接铺设在地面或其他基面上，与地面接触。这种布置方式通常适用于平整的土地和地面条件良好的地区，光伏组件与地面之间没有明显的间隙，能够最大限度地接收阳光，提高光伏发电效率。将光伏设施应用于畜禽场，例如，在畜禽场上方安装大型的光伏电池组件，不仅能够发电，还具有遮阳和保护的作用。

地面接触式光伏设施具有如下特点：

①稳固性高。地面接触式光伏设施直接铺设在地面或其他基面上，与地面接触紧密，支撑结构稳固，能够承受地面风荷载，保证光伏组件的安全稳定运行。

②安装简便。地面接触式光伏设施的安装相对简便快捷，通常直接铺设在地面或其他基面上，不需要复杂的支架搭建和调整，节省人力和时间成本。

③适用范围广。地面接触式光伏设施适用于平整的土地和地面条件良好的地区，能够满足大部分露天光伏散养场的布置需求。

④维护成本低。地面接触式光伏设施的维护成本相对较低，通常只需要定期清洁和检查，保证光伏组件的表面清洁和支撑结构的完整性，不需要频繁调整和维修。

⑤易于监控管理。地面接触式光伏设施直接铺设在地面上，易于监控和管理。可以通过定期巡检和远程监控系统实时监测光伏设施的运行状态，及时处理异常情况，保证光伏发电系统的正常运行。

（2）地面非接触式　地面非接触式光伏设施是指光伏组件通过支架悬挂或搭建在地面以上，与地面不直接接触。这种布置方式通常适用于地形复杂、土地起伏较大的地区，能够避免地面起伏对光伏组件的影响，保证光伏发电系统的稳定运行。

地面非接触式光伏设施具有以下特点：

①地形适应性强。地面非接触式光伏设施通过支架悬挂或搭建在地面以上，与地面不直接接触，因此能够适应复杂的地形和地貌条件。不受地面起伏的限制，能够在地势不平或土地起伏较大的地区进行布置。

②土地利用效率高。地面非接触式光伏设施可以悬挂或搭建在地面以上，不占用地面空间，能够最大限度地利用土地资源，提高土地利用效率。特别是在土地资源有限的情况下，能够有效节约土地资源，实现土地的多功能利用。

③避免地面影响。地面非接触式光伏设施与地面不直接接触，能够避免地面起伏对光伏组件的影响，保证光伏发电系统的稳定

运行。同时，也能够减少地面开挖和平整工作，降低工程成本和施工难度。

④灵活性和可调性强。地面非接触式光伏设施支架结构相对灵活，可以根据地形的不规则变化调整支架的形状和高度，适应不同地形和地貌条件下的光伏组件布置需求。支架的高度和角度可以进行调整，以最大限度地接收阳光，提高光伏发电效率。

⑤维护便捷。地面非接触式光伏设施支架结构简单，维护成本相对较低。定期清洁光伏组件表面，保持支架结构的稳定性，能够保证光伏设施的正常运行。

综上所述，畜禽场的光伏设施可以根据支架形式和布置位置的不同进行分类。不同的支架形式和布置位置适用于不同的地形和地貌条件，能够满足不同地区和场地的光伏发电需求，推动光伏发电在农业领域的广泛应用。

7.3 光伏畜禽场的设计方法

7.3.1 场址选择

（1）地势、地形选择 地势是指场地的高低起伏状况。总体上，畜禽场的场地应选在地势较高、干燥平坦及排水良好的地方，要避开低洼潮湿的场地。地势要向阳背风，减少冬春季风雪的侵袭。畜禽场应地势高燥，至少高出当地历史洪水线以上。其地下水位应在2m以下。这样的地势，可以避免雨季洪水的威胁和减少因土壤毛细管水上升而造成的地面潮湿。低洼潮湿的场地，不利于畜禽的体热调节和肢蹄健康，利于病原微生物和寄生虫的生存，并严重影响建筑物的使用寿命。畜禽场地面要平坦而稍有坡度，以便排水，防止积水和泥泞。地面坡度以1%～3%较为理想，最大不得超过25%。坡度过大，建筑施工不便，也会因雨水长年冲刷而使场区坎坷不平。地势要向阳避风，以保持场区小气候温热状况的相对稳定，减少风雪的侵袭，特别是避开西北方向的山口和长形谷地。平原地区一般场地比较平坦、开阔，场址应注意选择在较周围地段稍高的地方，以利于排水防涝。靠近河流、湖泊的地区，场地要选择在较高的地方，应比当地水文资料中的最高水位高1～2m，以防涨水时被水淹没。山区建场应选在稍平缓坡上，坡面向阳，建筑区坡度应在8%以内。坡度过大，不但在施工中需要大量填挖土方，增加工程投资，而且在建成投产后也会给场内运输和管理工作造成不便。山区建场还要注意地质构造情况，避开断层、滑坡、塌方的地段，也要避开坡底和谷地以及风口，以免受山洪和暴风雪的袭击。有些山区的谷地或山坳里，常由于地形地势的条件限制，形成局部空气涡流现象，造成场区出现污浊空气长时间滞留、潮湿、阴冷或闷热等现象，选址时应注意避免。

地形是指场地的形状、范围以及地物（山岭、河流、道路、草地、树林、居民点等）的相对平面位置状况。作为畜禽场场地，要求地形整齐、开阔、有足够的面积。地形整齐，便于合理布置畜禽场建筑物和各种设施，并有利于充分利用场地。地形如果狭长，建筑物布局势必拉大距离，使道路、管线加长，给场内运输和管理造成不便，也不利于场区的卫生防疫和生产联系。地形不规则或边角太多，则会使建筑布局零乱，且边角部分无法利用，造成场地面积浪费，增加防护设施等投资。要求地形开阔，是指场地上地物要少，以减少施工前清理场地的工作量或填挖土方量。场地面积应根据拟建畜禽场的性质和规模来确定，并为将来的发展留有余地。

（2）水源选择　在畜禽生产过程中，畜禽饮用、饲料调制和畜禽舍、设施、畜体的清洗等都需要大量的水。所以必须要有可靠的水源，并符合下述要求。

①水量充足。能满足畜禽场内人、畜禽的饮用和生产、管理用水需要，还需考虑防火和远期发展需要。

②水质良好。符合饮用水的卫生标准，能满足人、畜饮用和建筑施工要求。

③便于防护。保证水源水质处于良好状态，不受周围条件的污染。

④取用方便，处理投资少。

在选择水源时，对于水源的水量情况，需要了解地表水（河流、湖泊）的流量，汛期水位，地下水的初见水位和最高水位，含水层的层次、厚度和流向。对于水质情况，需要了解其酸碱度、硬度、透明度，有无污染源和有害化学物质等。如有条件则应提取水样做水质的物理、化学和生物污染等方面的化验分析。在仅有地下水源的地区建场，第一步应先试打一眼井。如果打井时出现水的流速慢、有泥沙或其他问题，最好另选场址，这样可减少损失。对畜禽场而言，建立自己的水源，确保供水是十分必要的。此外，水质与建筑施工用水也有关系，主要与砂浆和钢筋混凝土搅拌用水的质量要求有关。水中的有机质在混凝土凝固过程中发生化学反应，会降低混凝土的强度，锈蚀钢筋，破坏钢混结构。拟建场区附近如有当地自来水公司供水系统，可以尽量引用，但需要了解水量能否保证。大部分畜禽场的建设位置均远离城镇，不能利用城镇给水系统，所以都需要独立的水源，一般是自己打井和建设水泵房、水处理车间、水塔、输配水管道等。

（3）土壤选择　土壤的物理、化学、生物学特性，对畜禽场的空气、水质、植被和建筑物都产生直接和间接的影响。适合建立畜禽场的土壤，应该是透气、透水性强、毛细管作用弱、吸湿性和导热性小、质地均匀、抗压性强的沙壤土。但在一些客观条件限制的地方，选择理想的土壤条件很不容易，需要在规划设计、施工建造和日常使用管理上，设法弥补土壤的缺陷。对施工地段工程地质状况的了解，主要是收集工地附近的地质勘察资料以及地层的构造状况，如断层、陷落、塌方及地下泥沼地层。对土层土壤的了解也很重要，如土层土壤的承载力，是否为膨胀土或回填土。膨胀土遇水后膨胀，会导致基础破坏，不能直接作为建筑物基础的受力层；回填土土质松紧不均，会造成建筑物基础不均匀沉降，使建筑物倾斜或遭破坏。遇到这样的土层，需要做好加固处理，情况严重不便处理的或投资过大的则应放弃选用。此外，了解拟建地段附近的土质情况，对施工用材也有意义，如沙层可以作为砂浆、垫层的骨料，可以就地取材节省投资。

土壤的化学成分可通过水和植物进入畜禽体。土壤中某些元素缺乏或过多可使畜禽发生某些化学性地方病。我国地域辽阔，自然条件复杂，土壤类型繁多，形成了不同的土壤地带。各土壤地带由于化学成分的差异，往往导致某些元素的过多或不足，从而危害人畜健康。在南方酸性土壤中，锰有富集现象，而钼可能缺乏。因此，查明我国生物地球化学分区，并在此基础上制定各种畜禽的微量元素补给标准，对预防这类生物地球化学病，增进畜禽健康，提高畜禽生产力具有重要意义。

(4) 气候因素　气候因素主要指与建筑设计有关以及影响畜禽场小气候的气象资料，如气温、风力、风向及灾害性天气的情况。拟建地区常年气象变化包括平均气温、绝对最高与最低气温、土壤冻结深度、降雨量与积雪深度、最大风力、常年主导风向、风频率、日照情况等。

气温资料不但在畜禽舍热工设计时需要，而且对畜禽场防暑、防寒日程安排，及畜禽舍朝向、防寒与遮阳设施的设置等均有意义。风向、风力、日照情况与畜禽舍的建筑方位、朝向、间距、排列次序均有关系。

(5) 城乡规划　在今后很长一段时间内，我国的城乡建设出现和保持迅猛的发展态势。因此，畜禽场选址应考虑城镇和乡村居民点的长远发展，不要在城镇建设发展方向上选址，以免造成频繁的搬迁和重建。

(6) 交通运输　畜禽场场址应尽可能接近饲料产地和加工地，靠近产品销售地，确保其有合理的运输半径。大型集约化商品场，其物资需求和产品供销量极大，对外联系密切，故应保证交通方便，场外应通有公路，但应远离交通干线。

(7) 电力供应　畜禽场生产、生活用电都要求有可靠的供电条件。一些畜禽生产环节如孵化、育雏、机械通风等的电力供应必须绝对保证。因此，需了解供电电源的位置、与畜禽场的距离、最大供电允许量、是否经常停电、有无可能双路供电等。通常，建设畜禽场要求有二级供电电源。属于三级以下供电电源时，则需自备发电机，以保证场内供电的稳定可靠。为减少供电投资，应尽可能靠近输电线路以缩短新线路敷设距离。

（8）卫生防疫要求　为防止畜禽场受到周围环境的污染，选址时应避开居民点的污水排出口，不能将场址选在化工厂、屠宰场、制革厂等容易产生环境污染企业的下风向处或附近，要求距离国道、省际公路500m以上；距离省道、区际公路300m以上；距离一般道路100m以上；距居民区1 500m以上。不同畜禽场，尤其是具有共患传染病的畜种，两场间必须保持在安全距离之上。

（9）土地征用需要　场址选择必须符合本地区农牧业生产发展总体规划、土地利用发展规划和城乡建设发展规划的用地要求；必须遵守珍惜和合理利用土地的原则，不得占用基本农田，尽量利用荒地和劣地建场。大型畜禽企业分期建设时，场址选择应一次完成，分期征地。远期工程可预留用地，随建随征。征用土地可按场区总平面设计图计算实际占地面积。

以下地区或地段的土地不宜征用：①规定的自然保护区、生活饮用水水源保护区、风景旅游区；②受洪水或山洪威胁及有泥石流、滑坡等自然灾害多发地带；③自然环境污染严重的地区。

7.3.2　光伏露天散养设计方法

7.3.2.1　建筑设计

（1）刚性支架　在露天散养的光伏畜禽场中，刚性支架的布设至关重要，因为它不仅直接关系到光伏组件的稳固运行，还涉及到畜禽的生活质量和整体场景的美观性。因此，在设计刚性支架时，必须充分考虑到畜禽的活动需求和环境舒适度，以及与光伏畜禽场整体风格的和谐统一。

建筑设计是光伏畜禽场建设中的核心内容之一，主要包括建筑平面尺寸、建筑高度、采光板倾斜角等关键参数。在进行建筑设计时，需要在最大化采光条件的同时，与畜禽养殖工艺相结合，确保光伏支架的设计能够满足畜禽的生活和生产需求。建筑平面尺寸应根据畜禽种类、数量以及活动空间需求进行合理规划。例如，对于散养鸡，每只鸡需要 $0.1 \sim 0.2m^2$ 的活动空间。如果一个光伏畜禽场养殖 1 000 只鸡，所需的活动区域至少为 $100m^2$。对于散养羊或牛，每只动物需要更大的活动空间，具体需求应根据实际情况进行调整。

建筑高度的设计应考虑到畜禽的活动需求和通风需求，同时要保证光伏组件的安装高度适宜，以最大化利用太阳能资源。例如，散养鸡的建筑高度通常为 $2.5 \sim 3m$，以保证充足的通风和光照。采光板的倾斜角是影响光伏组件效率的重要参数，应根据当地的地理纬度和太阳辐射角度来设计。例如，在北纬30°地区，最佳倾斜角约为30°；在北纬40°地区，最佳倾斜角约为40°。同时，倾斜角的设计也应避免对畜禽活动空间造成遮挡或限制，可以调整光伏组件的排列方式，使采光板在不影响畜禽活动的情况下，获得最大化的日照时间。

刚性支架的布设需要合理规划，以兼顾畜禽的活动空间和舒适度。支架的位置和尺寸应避免限制畜禽的正常活动，支架的高度和间距则应考虑不同种类和体型的畜禽需求，以及它们在不同时段的活动特点。支架的最低点应高于畜禽的最高活动高度，例如，散养鸡的支架高度应在2m以上，以避免鸡群活动受限。支架之间的间距应保证畜禽自由活动，例如，每个支架之间的间距应至少为2m，以便畜禽自由穿行。支架的结构设计应尽可能减少对畜禽活动的干扰，避免尖锐边角或突出物，防止畜禽受伤或不适，可以采用圆角设计或增加保护套，以确保畜禽的安全。

此外，刚性支架的外观设计需要与光伏畜禽场的整体风格相协调，使之融入自然环境中。光伏畜禽场通常位于自然风景优美的区域，如农村田园或山区高原，因此，刚性支架的外观设计应该尊重自然环境，与周围的景观相融合，以减少对景观的影响。可以采用与自然元素相呼应的设计风格，例如，采用土地色系的外观颜色、仿生设计的支架形态等，使支架在视觉上更加和谐统一。此外，可以考虑在支架上种植一些爬藤植物或绿化植被，进一步增强其与自然环境的融合度，提升光伏畜禽场的整体美感。

总之，刚性支架在露天散养的光伏畜禽场中的布设需要兼顾畜禽的活动空间和舒适度，避免对畜禽的生长和生活产生不利影响。同时，刚性支架的外观设计也应与光伏畜禽场的整体风格相协调，使之融入自然环境中，从而实现支架与场地的和谐统一，提升场地的整体美感和舒适度。通过合理的建筑设计和参数配置，光伏畜禽场不仅能够实现能源的高效利用，还能为畜禽提供舒适的生活环境，达到生态与经济效益的双赢。

（2）柔性支架　柔性支架在露天散养的光伏畜禽场中扮演着关键的角色。相较于刚性支架，柔性支架具有更高的适应性和更强的缓冲能力，在面对外部荷载时能够产生弹性变形，有效减轻对光伏组件和建筑物的影响。因此，在光伏畜禽场的设计中，合理选择和布设柔性支架至关重要，它不仅能够保障设施的稳固运行，还能提升畜禽的舒适度和生活质量。

柔性支架的材料选择至关重要。常见的柔性支架材料包括弹性材料和橡胶等，这些材料具有良好的弹性和韧性，能够在外部荷载作用下产生弹性变形，从而减缓冲击力对光伏组件和建筑物的影响。在选择材料时，需要考虑到其耐久性、环保性以及适用于户外环境的特性，以确保支架能够长期稳定运行并符合环境保护的要求。例如，采用高密度聚乙烯（HDPE）或弹性体材料，可以在提供良好缓冲效果的同时，具备优异的抗紫外线性能和耐候性。

柔性支架的布设位置和方式也需要合理规划。根据光照条件和畜禽活动区域的需要，可以将柔性支架布设在光伏组件的周围或畜禽活动区域的边缘，以最大限度地减缓外部冲击对光伏组件和畜禽的影响。同时，还可以通过合理设置支架间距和连接方式，进一步提升支架的缓冲效果和稳定性。例如，在光伏组件周围布设柔性支架时，可以采用网格式布局，以增加支架的稳定性和整体性。在畜禽活动区域的边缘布设柔性支架时，可以通过设置一定高度的围栏，既保护光伏组件，又不影响畜禽的正常活动。

　　为了增强柔性支架的缓冲效果，可以在支架的关键节点和连接部位安装减震装置，如弹簧或阻尼器。这些装置能够在外部冲击力作用下提供额外的缓冲作用，进一步减轻对光伏组件和建筑物的影响。此外，在设计柔性支架时，应考虑风载、雪载等自然因素的影响，确保支架在恶劣天气条件下仍能保持稳定。

　　柔性支架的设计和安装还需要考虑畜禽的活动习性和安全需求。例如，支架的高度应足够高，以防止畜禽啄食或撞击支架；支架的表面应光滑无尖锐边角，以避免对畜禽造成伤害。同时，为了保持畜禽活动区域的整洁和卫生，可以在柔性支架周围设置排水系统和防护网，防止雨水积聚和外来动物侵入。柔性支架结构见图7-6。

图7-6　柔性光伏支架

　　需要指出的是，柔性支架在光伏畜禽场中并非常规选择，只有在跨度大、地形复杂的条件下才会选用柔性支架。这是因为柔性支架可以更好地适应不规则地形，并提供更大的跨度空间，但其设计和安装要求较高，通常在特殊情况下才会使用。柔性支架在光伏畜禽场中具有重要的作用，能够有效减轻外部冲击对光伏组件和建筑物的影响，保障设施的稳固运行。在设计和布设柔性支架时，需要综合考虑材料选择、设计方案以及布设方式等因素，以确保支架能够有效适应环境变化，并提升光伏畜禽场的整体安全性和舒适度。通过科学合理的设计和精心施工，柔性支架能够在光伏畜禽场中发挥出最大的效能，为畜禽提供一个安全、舒适的生活环境。

7.3.2.2 结构设计

（1）整体结构设计　在露天散养畜禽场中，光伏支架基础是将支架结构所承受的各种作用传递到地基上的关键组成部分。光伏支架的结构设计需要综合考虑荷载、结构材料、结构选型、结构强度计算以及基础设计等因素，以确保系统的安全性和经济性。以下分别介绍固定光伏支架和柔性光伏支架的整体结构设计和节点设计方法。

固定光伏支架的整体结构（图7-7）设计主要包括荷载计算、材料选择、结构选型和基础设计。首先，荷载计算包括风荷载、雪荷载和永久荷载（包括支架和光伏组件的自重）。荷载计算时，应根据当地的气象资料和相关规范进行。风荷载的计算按本书4.3.2节给出的方法计算。

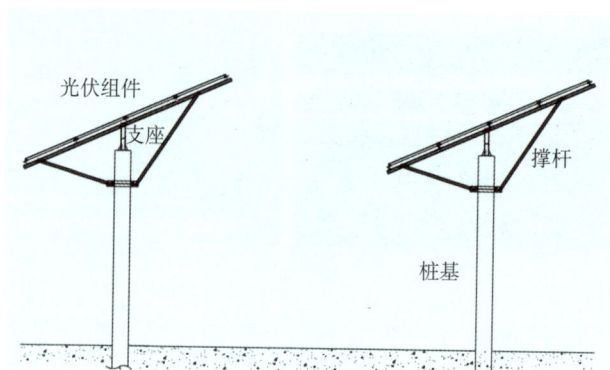

图7-7　光伏组件整体结构示意

材料选择方面，固定光伏支架常用的材料包括铝合金、不锈钢、镀锌碳钢等。材料选择应考虑耐久性、抗腐蚀性和经济性。铝合金轻质、耐腐蚀、施工方便，但成本较高；不锈钢耐腐蚀性好、强度高，但成本较高；镀锌碳钢成本低、强度高，但耐腐蚀性相对较差。

结构选型方面，固定光伏支架根据地形和安装条件选择合适的支架类型。平地式适用于平坦地形，安装简便，成本较低；山地式适用于不平坦地形，需考虑地形变化，设计复杂；水面式适用于水面安装，需考虑防水、防腐设计。

基础设计方面，固定光伏支架的基础设计根据支架荷载和地基条件进行。常见基础形式有预制管桩、灌注桩和独立柱基础。基础尺寸和数量根据荷载和地基承载力计算确定，确保基础能承受支架和光伏组件的总重量，并在长期使用中保持稳定。

柔性光伏支架同样承受风荷载、雪荷载和永久荷载，荷载计算方法类似于固定支架。

柔性光伏支架主要采用预应力钢丝绳和钢绞线，材料选择应考虑高强度和高韧性。预应力钢丝绳强度高、耐久性好，但需定期检查和维护；钢绞线强度高、耐腐蚀性好，适用于大跨度结构。

结构选型方面，柔性光伏支架适用于地形复杂、需要大跨度的场地。大跨度多连跨结构适用于山地起伏、植被密集等复杂地形。水面式适用于湖泊、池塘等水面场地，需设计防水和防腐结构。

柔性光伏支架的基础设计需考虑大跨度结构的特殊要求。基础形式包括独立柱基础、配重式基础。基础布置在支架两端的钢立柱下方设置独立基础，并在端部钢立柱外侧安装斜拉钢绞线，确保结构稳定。基础尺寸和数量根据荷载和地基条件计算，确保基础能承受支架和光伏组件的重量，并提供足够的抗拔力。

(2) 连接节点设计　在固定光伏支架的节点设计中，主要涉及支架的承载能力和稳定性计算。承载能力计算根据荷载计算结果，确定支架各构件的受力情况，使用《光伏支架结构设计规程》中的公式进行计算，确保支架各部位能承受设计荷载。稳定性计算确保支架在风荷载和雪荷载作用下不发生倾覆和滑移。

常见的节点设计包括斜撑、立柱、固定连接件（如三向连接件、檩托、檩条连接件和抗拔连接件等，图7-8）。支座通常与建筑物的承重构件连接，或者可平稳放置在屋顶上，起到承重和抗拔的作用。地面式光伏系统支架根据地形环境的不同可分为平地式、山地式和水面式3种类型。常用支架配件包括前后斜撑、立柱、檩条、拉条和固定连接件（如抱箍、檩托、檩条连接件和三角连接件等）。

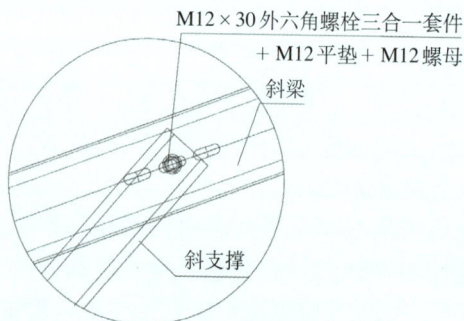

a.斜支撑与斜梁连接节点

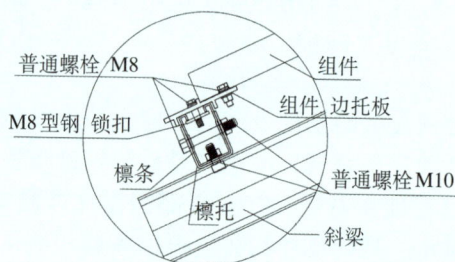

b.斜梁与檩条及光伏组件边缘连接节点

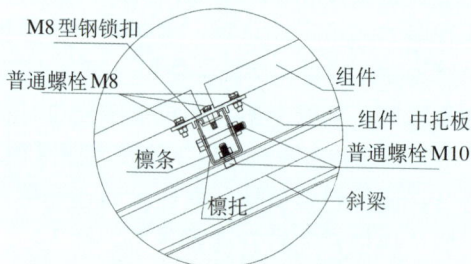

c.斜梁与檩条及相邻光伏组件之间连接节点

图7-8　光伏组件节点示意图

柔性光伏支架的节点设计重点在于预应力和挠度控制。预应力计算根据荷载和跨度，计算钢丝绳或钢绞线的预应力，确保其在使用中不发生过大变形。挠度计算使用《光伏支架结构设计规程》中的公式，确保支架在设计荷载下的挠度控制在规范范围内。

柔性光伏支架的节点设计包括在支架两端的钢立柱下方设置独立的基础，同时在端部钢立柱的外侧安装斜拉钢绞线，而钢绞线下方则是配重式独立基础。柔性支架上方的钢丝绳系统将对端立柱柱顶施加向内的水平拉力，该拉力通过设置在立柱外侧边斜拉钢绞线的水平分力进行平衡。边立柱外侧斜拉钢绞线同时还对其基础产生竖直向下的拉力，该拉力则通过配重式基础上方的土形成相应的竖直向下的压力，从而实现力的平衡。

根据光伏组件的布局，可采用灵活的支撑方案，其中包括水平光伏组件和垂直光伏组件。根据实际情况可以选择单跨或多跨的支撑方式。然而，由于场地条件的限制，通常单个跨度难以满足需求，因此可能需要采用2个、3个，甚至更多个跨度。为了有效控制钢绞线的挠度，可以使用摆动柱。在连接钢绞线或钢丝绳与端柱和中柱时，采用铰接固定可以减少应力的集中。采用上述设计方案有利于钢绞线或钢丝绳的张紧和安装，可以缩短施工周期，节约成本。

通过以上设计方法，光伏畜禽场的支架系统能够在复杂多变的地形环境中保持稳固性和耐久性，为光伏畜禽场提供安全、可靠、高效的支持结构。

7.3.3 光伏设施畜禽场设计方法

7.3.3.1 畜禽场设计基本要求

（1）鸡舍　需要满足不同鸡群对小气候的要求，包括环境温度、湿度、光照、通风和空气洁净程度等；鸡舍应与生产设备相配套，以适应预定的生产工艺需求；鸡舍设计还需符合总平面布置、建筑模数要求以及饲养管理操作的要求，并具有科学实用、坚固耐久和投资适宜的特点。同时，鸡舍的装鸡容量也需要配套，以满足全场鸡群周转的需要。此外，对于蛋鸡或种鸡场，还需要根据成年鸡群大小、育成期与育雏期的死淘率、饲养周期和比例关系确定鸡舍栋数和装鸡容量的比例。

（2）猪舍　科学的自然养猪猪舍是尽最大可能利用自然资源，如阳光、空气、气流、风向等自然元素，尽可能少地使用如水、电、煤等现代能源或物质；尽可能多地利用生物性、物理性转化，尽可能少地使用化学性转化。

自然养猪猪舍设计，也需要事先考虑如下原则，这些原则都需要生产体制和栏圈来予以保证：一是"零"混群原则，不允许不同来源的猪只混群，需要考虑隔离舍；二是最佳存栏原则，始终保持栏圈的利用，这就需要均衡生产体系；三是按同龄猪分群原则，不同阶段的猪只不能在一起。

猪舍的环境，主要指温度、湿度、气体、光照以及其他一些影响环境的卫生条件等，是影响猪只生长发育的重要因素。猪的集体与环境之间，随时都在进行着物质与能量的交换，在正常环境下，猪体能与环境保持平衡，形成良性循环，可以促使猪只发挥其生长潜力。但如果环境变化超出了猪体的忍耐限度，这种平衡就要被打破，当环境特别恶劣时，可能产生不良后果，甚至造成死亡。因此，为保证猪群正常的生活与生产，须创造一个适合猪生理需要的气候条件。

（3）牛舍　建造乳牛舍的目的是给乳牛创造适宜的生活环境，保障乳牛的健康和生产的正常运行。设计时，要尽量以较少的资金、饲料、能源和劳动力投入，获得更多的畜产品和较高的经济效益。为此，设计乳牛舍时应遵循以下原则。

①符合生产工艺要求。乳牛场的饲养工艺不同，配套的牛舍数量、面积与设备设施也不同。因此，乳牛场的设计必须与确定的生产工艺相配套，否则，乳牛场在运行时必将导致转群困难，生产管理不便，运行成本增加，甚至必须进行改造。牛舍内部设施设计，要能保证生产的顺利进行和畜禽兽医技术措施的实施，方便乳牛场日常工作的进行。

②创造适宜的牛舍环境。牛舍的环境条件会影响乳牛的生产力水平。研究表明，不适宜的环境温度可以使乳牛的生产力下降10%～30%。如荷斯坦牛在30℃高温以上时，采食量降低，产乳量比温度10℃时的产乳量下降50%以上。乳牛舍的环境控制，主要控制温度、湿度、通风、光照和空气质量，冬季乳牛舍尤其要注意湿度、空气质量控制。犊牛舍还要注意保温。

③合理配套工程防疫与环境保护措施。乳牛场的工程防疫措施是通过合理进行场地规划和建筑物布局，确定畜禽舍的朝向和间距，设置消毒设施，合理安置粪污处理设置等来实现的。另外，建造规范牛舍，为乳牛创造适宜环境，也是防止或减少疫病发生的有效措施。还要设计专门的畜禽兽医室、治疗室等附属建筑与设施，对病牛和死牛进行有效的治疗和处理，防止疫病发生和传播。

对于乳牛场的环境污染问题，既要防止乳牛场本身对周围环境的污染，又要避免周围环境对乳牛场的影响。牛场的粪便和污水是场区及周围环境的主要污染源，除了上述工程防疫措施外，还要配备必要的粪污收集、储藏和无害化处理设施设备，最后进行资源化利用。

④因地制宜、经济合理、技术可行。牛舍设计应结合当地条件尽量降低工程造价和设备投资，以降低生产成本，加快资金周转。从防疫角度看，牛舍使用年限越长，病源积累得越多，因此，牛舍建筑没有必要要求使用50年，一般15年即可（国家未制定相应的规范），设计标准可以适当降低。此外，乳牛舍的设计要尽量利用自然界条件（如自然通风、采光等），尽量就地取材，根据当地建筑施工习惯，适当减少附属用房面积。在乳牛场占地面积满足乳牛生产与管理需要的情况下，要注意节约用地。在技术和设施投入方面，不能脱离实际技术水平，片面追求乳牛场的规模和机械化程度，否则会造成极大的浪费。应该尽量采用先进的饲养技术、适度的饲养规模和设备投入，取得较高的投资回报。

7.3.3.2 畜禽舍建筑分类与选型

（1）鸡舍

①根据鸡舍窗墙特点分类。分为密闭式、有窗式、开放式或半开放式。

密闭式鸡舍四壁封闭，两侧不留采光窗、通风窗，面积很小的应急窗与两侧山墙上的门也常关闭。舍内的通风、光照、温度等环境条件完全人工控制。其优点是可以人为地给鸡创造良好的生长环境，满足不同生长阶段鸡对环境条件的要求，有利于发挥鸡的生产性能，且管理方便；缺点是建设投资大、耗能多，对电的依赖性极强，需要配备发电设施，否则易造成重大经济损失。适用于饲养大规模、高效益鸡群。

有窗式鸡舍纵墙上设有窗户，可以进行自然光照和通风，也可安装机械通风设备。舍内环境受自然气候的影响较大，如果设计合理，既能充分利用自然环境条件，又可减轻高温和寒流对鸡群的威胁，是我国目前应用最多的一种鸡舍。有的养鸡场将有窗鸡舍的窗户遮黑、封严，当作密闭鸡舍使用，称为遮黑鸡舍。

开放式鸡舍或半开放式鸡舍仅有立柱支撑屋顶，四周无墙壁或仅有半截墙，或仅南侧无墙，或仅北侧有墙；属于一种简易鸡舍，受自然环境影响较大，鸡群的生产性能不能充分发挥，但建筑投资小、节约电能，适于南方高温地区应用。

②按饲养方式分类。有地面平养鸡舍、网上平养鸡舍、地网结合式鸡舍和笼养鸡舍。

地面平养鸡舍鸡群的活动、采食、饮水及生长或生产都在舍内地面之上，这种方式主要用于饲养肉仔鸡或育成鸡。多为有窗式或开放式鸡舍，地面铺设垫料的（如麦秸、稻草、锯末、刨花、沙子等）称为厚垫料地面平养，饲养肉鸡效果较好。

网上平养鸡舍是在鸡舍地面之上 50 ～ 70cm 高处架设铁网、塑料网、竹板网或木条网等。其优点是鸡粪可通过网孔漏下，减少了鸡与粪便的接触，卫生防疫状况较好，饲养密度较大，适于饲养各类型的鸡，但设备成本较地面平养鸡舍高。

地网结合式鸡舍，又称两高一低平养鸡舍，鸡舍内靠近窗户的两侧设网，中间为厚垫料地面，面积比约为2：1或6：4。鸡可在网上采食、饮水、产蛋与休息，在地面上活动、交配，给鸡以选择的余地。这种方式兼有网上和地面平养两种方式的优点，多用于肉用种鸡饲养，国外蛋种鸡应用也较多。

笼养鸡舍，鸡群在舍内鸡笼中饲养。其优点是饲养密度大，可以节省鸡舍面积，适于机械化操作，鸡与粪接触少，管理方便，劳动效率高；缺点是设备投资大，鸡的活动少。普遍用于各阶段蛋鸡的饲养。

③按粪坑与走道的高低关系分类。可分为普通笼养鸡舍、高床笼养鸡舍和半高床笼养鸡舍。

普通笼养鸡舍粪坑略低于走道；高床笼养鸡舍走道比粪坑高$1.5 \sim 1.8m$；半高床笼养鸡舍走道比粪坑高$1.0 \sim 1.3m$。

（2）猪舍

①根据墙面不同形式分类。分为开放式猪舍、半开放式猪舍、密闭猪舍和有窗猪舍。

开放式猪舍有3面墙，南面无墙而全部敞开，用运动场的围墙或围栏阻拦猪群。这种猪舍能获得充足的阳光和新鲜的空气，同时猪能自由地到运动场活动，有益于猪的健康，但舍内昼夜温差较大，保温防暑性能差。

半开放式的猪舍上有屋顶，东、西、北3面为满墙，南面为半截墙，上半部分完全开敞，有运动场或不设运动场。半开放式猪舍介于封闭猪舍和开放猪舍之间。这类猪舍采光、通风良好，但除了对冷风有一定的遮蔽外，舍内环境受外界影响很大，适合于炎热地区或1月气温在5℃以上的温暖地区。半开放猪舍冬季封上塑料布或挂草帘能明显提高其保温性能。舍饲散养生产工艺中，在猪舍建筑配置时可采用开放式或半开放式猪舍，以降低猪场投资，尤其是用于饲养成年猪、生长育肥猪的猪场，甚至可以采用棚舍。

密封式猪舍墙面无窗，与外界自然环境隔绝，采用机械通风、自动控温、人工照明等工程手段，创造适合猪群生长的小气候，适用于我国各地。密封式猪舍的优点是可避免严寒、酷热等不利的自然条件对猪的影响，杜绝自然媒介传播疾病的途径。其缺点是投资大、耗能高，建筑标准和生产管理的技术要求较高。目前我国较少采用。

有窗式猪舍可利用侧窗、天窗或气楼等调节自然通风，还可以根据当地气候辅以机械通风，适用于我国大部分地区。

②根据猪舍屋顶不同形式分类。有平顶式、单坡式、双坡式、拱顶式和半气楼式等。

平顶式猪舍屋顶一般采用钢筋混凝土现浇板或预制板，排水方式可以采用无组织排水或有组织排水。

单坡式猪舍屋顶由一面坡构成，跨度较小、构成简单、排水顺畅、通风采光良好、造价低，但冬季保温性能差。

双坡式猪舍根据两面坡长可分为等坡和不等坡两种。我国大部分养猪场建筑都采用双坡，优点与单坡式基本相同，但保温性较能好，造价略高。

拱顶式猪舍拱顶结构材料有砖石和轻型钢材。砖石结构为砌筑而成，可以就地取材，造价低廉。轻钢结构构件可以预制，施工速度快。

半气楼式猪舍屋顶呈高低两部分，在高低落差处可以设置窗户供南侧采光和整栋舍的通风换气。

通常，单坡式屋顶适用于公猪舍或其他采用单列栏位的猪舍。北方地区选用单坡式或南坡短、北坡长的不等坡屋顶，可在冬季获得较好的太阳辐射。此外，有些猪舍往往根据当地的建筑习惯、施工条件和结构造价等，建成其他类型猪舍。

由于屋顶形式不同，对猪舍温热环境会产生较大的影响。

（3）牛舍　根据牛舍屋顶造型的不同，可分为单坡式屋顶、双坡式屋顶、钟楼式屋顶和半钟楼式屋顶。

单坡式屋顶牛舍跨度小、结构简单、利于采光，适用于单列牛舍，养乳牛效果好，且投资少。这种牛舍多见于小规模乳牛场，若在现代化乳牛场中采用，则占地面积偏大，不便于采用机械化设备。

双坡式屋顶牛舍跨度较大，适宜于各种规模的乳牛场。这种屋顶的优点是易于建造，且由于屋顶呈楔形，对牛舍小气候的控制较好。采用这种屋顶的牛舍，纵墙的建筑材料和窗户的设置直接影响牛舍的保温效果和散热功能。在我国北方的寒冷地区，一般采用自然通风，要求纵墙上的门窗结实且密封性良好，以便冬季获得良好的防风效果。但在炎热地区，牛舍的防暑效果不理想，需辅以机械通风加快通风散热。

钟楼式屋顶牛舍是在双坡式屋顶的两侧设置贯通屋脊的天窗，南北两侧屋顶坡长和坡面角对称。设计天窗可增加舍内采光，有利于舍内空气流动，防暑效果也不错，但不利于冬季防寒保温，比较适合南方地区。这种屋顶建筑结构比较复杂，建筑材料用量大，相对造价高。

半钟楼式屋顶牛舍是在双坡式屋顶的南面，设有与地面垂直的"天窗"，屋顶南北坡长不对称，一般南面坡长较小、北面坡长较长，南北坡面角相等，其他与双坡屋顶相同。南侧天窗能加强通风和采光，夏季北侧较热，适合于温暖地区大跨度的牛舍使用。与钟楼式屋顶相似，这种屋顶的构造复杂、造价高。

美国、丹麦等国家的乳牛舍，在双坡屋顶上开启一条宽30～60cm的通气缝。这样的牛舍既克服了双坡屋顶通风量不足的缺点，造价又比钟楼式牛舍低。但是，这种牛舍适用于降雨量比较少且降雨不集中的地区，牛舍饲喂走道地坪要低于食槽，避免落入舍内的雨水浸湿草料。

7.3.3.3 光伏组件在畜禽舍屋面上的铺设

7.3.3.3.1 光伏组件铺设对屋面的要求

畜禽舍建筑设计的内容主要包括墙壁、屋顶、天棚、门、窗、通风口及地面等。建筑设计合理与否，直接影响着畜禽舍内的小气候和畜禽舍环境的调控。设计时，应满足保温防寒、隔热防暑、采光照明、通风换气等要求。

（1）屋顶结构设计

①屋顶的作用与形式。屋顶位于房屋的最上层，由屋面和承

重结构组成。屋面主要起遮风、避雨雪和隔绝太阳辐射、保温防寒作用，以使屋顶下的空间有一个适宜的环境。承重结构支撑屋面，并将屋面上的荷载（雪和风压）和自重通过墙柱、基础向地基传递。

屋顶的基本形式有坡屋顶、平屋顶和拱形屋顶。坡屋顶又分为单坡式、双坡式、联合式、半钟楼式、钟楼式，多个畜禽舍单元或多幢畜禽舍组合在一起则形成联体式，如图7-9所示。

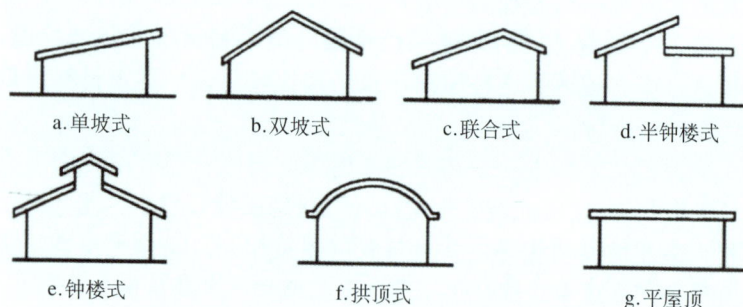

图7-9 畜禽舍屋顶形式

单坡式屋顶跨度小，结构简单，有利于采光，适用于单列畜禽舍。双坡式屋顶跨度大，易于修建，保温隔热性能好，适宜各种规模的各种畜群的饲养。联合式屋顶跨度小，采光较单坡式屋顶差，但保温性能比单坡式屋顶好。钟楼式和半钟楼式屋顶是在双坡式屋顶的单侧或双侧增设天窗以加强通风和采光。这种屋顶造价高，适用于温暖地区大跨度畜禽舍使用。拱顶式屋顶是一种节省木材、钢材的屋顶，一般适用于跨度较小的畜禽舍。但屋顶保温隔热效果差，当环境温度达30℃以上时，舍内闷热。随着建材工业的发展，平屋顶的使用不断增多，其优点是可充分利用屋顶平台，节省木材，缺点是防水问题比较难解决。

此外，还有锯齿式、折板式、哥特式等形式的屋顶，但这几种在畜禽舍建筑上很少选用。

②屋顶设计要求。屋顶设计应选用隔热性能好的材料,可就地取材,造价便宜。屋顶应有一定的坡度,以利于雨雪的排除,并且要求有一定的防火性能。

在使用上屋顶要求耐久、结构简单、轻便,但任何一种材料不可能兼有防水、保温、承重三种功能,所以要正确选择屋顶形式并处理好三方面的关系。

(2)光伏组件铺设条件

①坡度和排水系统。坡度的设计需要考虑到不同地区的降雨量、屋顶的面积和形状。设计合理的坡度能够有效地引导雨水流向排水口,避免积水问题。排水系统需要设计雨水收集和排放设施,以确保排水通畅,避免水损和污染,从而保持舍内干燥清洁。

②通风系统。通风系统的设计应考虑到畜禽舍的密封性和舍内气流。通过合理布置通风口和风扇,调节舍内温度、湿度,降低氨气和有害气体的浓度,有助于提高动物生长率和生产效率。通风系统可确保畜禽舍内部空气的质量和适宜的温度,除了考虑通风设备的位置和数量外,还需要考虑通风口的大小和布局,以确保空气流通畅通,并避免局部温度过高或过低的情况发生。

③保温材料和结构。保温性能对于畜禽舍的舒适度和能耗非常重要。选择合适的保温材料和结构,能够有效地减少热量流失,并提高舍内的温度稳定性。对于光伏畜禽舍,选择合适的遮阳结构可有效降低光伏组件表面温度,特别是在炎热季节,例如遮阳棚、遮阳网或遮阳帷幕,以降低光照强度并减少热量积聚,从而提高畜禽舍内部的舒适度。

④结构承重能力。光伏系统的安装需要考虑屋顶结构的承载能力和稳定性。在设计阶段需要进行结构分析,确保屋顶能够承受光伏组件的重量以及可能的风荷载和雪荷载,并在需要时进行结构加固或选择更坚固的材料,同时还需考虑结构的抗震性能。

⑤防火性能。选择具有良好防火性能的屋顶材料,并采取适当的防火措施,如设置防火隔离带和安装火灾报警系统,以降低

火灾发生的风险，并提高动物和人员的安全性。此外，还需要定期检查和维护防火设施，确保其正常运行。

⑥清洁和维护。设计应考虑到清洁和维护的便利性，可选择易于清洁的材料和表面处理方式，并设计方便检修和更换的部件，以确保舍内环境的卫生和整洁。定期清洁光伏组件表面，且可以考虑自动清洁系统以减少人工干预。

⑦光伏组件的安全。在安装光伏系统时，必须符合当地的电气安全标准，并采取适当的接地和防雷措施，以降低电气故障和火灾的风险。这可能涉及使用防火电缆、安装过电流保护装置和接地系统等措施。

7.3.3.3.2 光伏组件在屋面上的铺设方法

在确定光伏组件的布置方式时，需要考虑畜禽舍屋顶的形状和尺寸，以最大化光照捕获。这可能涉及考虑周围建筑物或树木的阴影投射，以及光伏组件之间的最佳间距和倾斜角度。光伏组件在屋面的平铺铺设方式主要有3种，分别是坡屋顶安装、平屋顶安装和彩钢屋顶安装。

（1）坡屋顶安装　光伏组件通过光伏支架顺着屋面架空安装。光伏组件阵列与屋顶属于平行铺设，光伏支架使用点阵式固定主横梁。

（2）平屋顶安装　在设计的时候选择好光伏电站的适合安装位置；其次，水泥屋顶的防水层要做好，要使用防水卷材、水泥砂浆保护层、瓷砖等做好防水工作。

（3）彩钢屋顶安装　彩钢瓦屋顶安装光伏组件与坡屋顶安装方式区别不大，唯一区别就是光伏组件底座安装方式不一样。如果屋顶的结构承载力满足要求，可以把倾角翘起，加大安装角度。

此外，安装光伏组件还需注意：选择合适的安装位置和朝向，确保光伏组件能够接收到充足的阳光。避免被建筑物或绿化遮挡，同时安装面需平整，安装在屋顶倾斜侧。安装光伏组件支架时要确保支架底座焊接稳固，上紧螺丝，并优先使用优质的不锈钢材料以确保安全。将光伏组件安装到支架内，根据系统电压决定需要安装光伏组件数量，分别用螺丝固定。选择电流负载合适的电缆，将光伏组件各组件通过串联与并联组成一个发电阵列，满足发电输出功率需求。注意正负极和接线端子的正负极，最后连接到逆变器上。连配电箱，由电力公司并网。

　　光伏组件的铺设需要根据不同的屋顶类型选择合适的安装方式（图7-10、图7-11），并确保安装过程中的安全和质量。同时，在安装过程中需要注意各种细节问题，以确保光伏组件能够正常运行并发挥最大的发电效益。

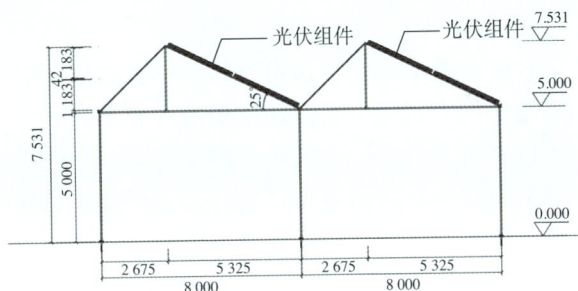

图7-10　屋面平铺光伏组件剖面示意图（单位：mm）

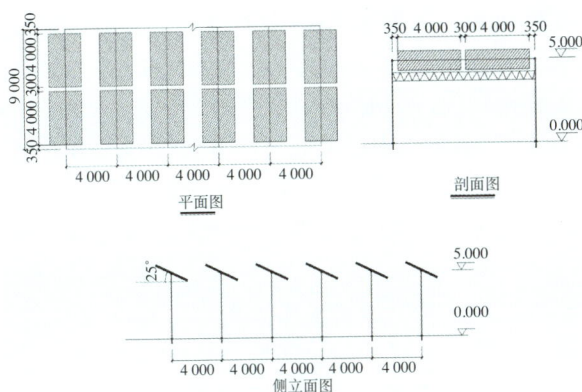

图7-11　光伏桁架铺设示意图（单位：mm）

7.3.3.3.3 分布式光伏发电系统连接

光伏组件设备选择应符合《光伏发电站设计规范》（GB 50797—2012）的相关要求。光伏组件的类型、规格、数量、安装位置、安装方式和安装面积应根据建筑屋顶设计确定。光伏方阵中，同一光伏组件串中各光伏组件的电气性能参数应保持一致，选用同一规格、同一品牌的产品。光伏组件的选型和光伏方阵的设计应与建筑结合，不应造成周围环境光污染。光伏方阵应结合太阳能辐射度、风速、雨水、积雪等气候条件及建筑朝向、屋顶结构等因素进行设计，经技术经济比较后确定方位角、倾角和方阵行距。

光伏支架应结合工程实际选用材料、设计结构方案和构造措施，保证支架结构在运输、安装和使用过程中满足强度、稳定性和刚度要求，并符合抗震、抗风和防腐等要求。光伏支架基础应按承载能力极限状态和正常使用极限状态进行设计，使用年限不应小于屋顶分布式光伏设计使用年限，且不应小于25年。光伏支架、支撑金属件及其连接点，应具有承受自重、风荷载、雪荷载、检修荷载和抗震能力。光伏支架的安全等级为三级，结构重要性系数不应小于0.95。支架基础的安全等级不应小于上部支架结构设计安全的等级，支架基础结构重要性系数不应小于0.95。

屋顶分布式光伏发电系统防雷设计应分为建筑部分防雷系统设计和电气部分防雷系统设计；建筑和光伏系统的防雷等级分类及防雷措施应符合现行标准《民用建筑电气设计规范》（JGJ 16—2016）和《建筑物防雷设计规范》（GB 50057—2010）的有关要求。光伏方阵应设置接地网，并充分利用支架基础金属构件等自然接地体，接地连续、可靠，工频接地电阻应满足相关接地要求。接地干线（网）应在不同的两点及以上与接地网连接或与原有建筑屋顶防雷接地网连接，连接应牢固可靠，不得采用铝导体做接地体或接地线。接地干线（网）连接、接地干线（网）与屋顶建筑防雷接地网连接应采用焊接，焊接质量应符合要求，不应出现错位、平行和扭曲等现象，焊接点应做好防腐处理，在直线段上，不应有高低起伏及弯曲等现象。带边框的组件、所有支架、电缆的金属外皮、金属保护管线、桥架、电气设备外壳、基础槽钢和需接地的装置都应与接地干线（网）牢固连接，并对连接处做好防腐处理措施。接地线不应做其他用途。

分布式光伏户外明敷电缆应具有防水、防紫外线性能，室内电缆不低于本建筑物室内电缆选型要求。直流侧电缆耐压等级应达到光伏方阵最大输出电压的1.25倍及以上；额定载流量应高于短路保护电气整定值，线路损耗应控制在2%以内；短路保护电气分断能力应达到光伏方阵的标称短路电流的1.25倍及以上。交流侧电缆的电压等级应不低于系统最高电压；电缆载流量应根据《低压配电设计规范》（GB 50054—2011）、《电力工程电缆设计标准》（GB 50217—2018）及《导体和电器选择设计技术规定》（DLT 5222—2021）等相关规定选取。

配电箱应按使用环境、柜体型式、安装方式、电压等级、绝缘等级、防护等级、输入输出回路数、输入输出额定电流等参数选择。屋顶分布式光伏使用的配电箱应为成套配电箱且必须经过中国强制性产品认证，表箱材质要求使用不锈钢或SMC材质，箱内须配备符合安全需求的刀闸、断路器、浪涌保护器、自复式过欠压保护器等。配电箱的箱体结构设计、材质、箱体厚度、接地、涂喷工艺质量和电气元件安装质量应符合设备技术要求和质量标准。汇流箱应依据型式、绝缘水平、电压、温升、防护等级、输入输出回路数、输入输出额定电流等技术条件进行选择。汇流箱的箱体和结构设计、采集和告警、通讯功能、显示功能、机械要求、防雷、接地、低温工作、高温工作、保护功能、防护等级等相关技术要求应符合现行国家标准《光伏发电站汇流箱技术要求》（GB/T 34936—2017）有关要求。

逆变器应按照型式、容量、相数、频率、冷却方式、功率因数、过载能力、温升、效率、输入输出电压、最大功率点跟踪、保护和监测功能、通信接口、防护等级等技术条件进行选择。光伏组件与逆变器之间的容配比，应综合考虑当地太阳能资源、使用环境条件、组件安装方式、直流损耗等因素，经技术经济比较后确定。光伏方阵的最大功率工作电压变化范围应在逆变器的最大功率跟踪范围内。逆变器的配置容量应与光伏方阵的安装容量相匹配，数量应根据光伏装机容量及单台逆变器额定容量确定。逆变器的配置应满足下列要求：具备自动运行和停止功能、最大功率跟踪控制功能和防孤岛功能；具有并网保护装置，并与电网的保护相协调；具备电压自动调整功能；具备低电压穿越功能；具备响应电网有功和无功调节指令的功能；通信协议规约与电网设备相协调，具备单独接受电网统一调度的功能，并配置满足电网调度要求的本地控制终端；满足环境对逆变器的噪声和电磁兼容要求。逆变器应设置在通风良好的场所，其位置应便于维护和检修，满足高效、节能、环保的要求。户外型逆变器的防护等级应不低于IP54要求，户内型逆变器的防护等级应不低于IP20要求。逆变器应具备有功功率连续平滑调节能力，能够接受本地能量管理系统、配变台区智能融合终端等的控制指令，调节有功功率输出值。

对于单个并网点，分布式光伏接入的电压等级应按照安全性、灵活性、经济性原则，根据装机容量、导线载流量、上级变压器及线路可接纳能力、所在地区配电网情况、周边分布式电源规划情况，经综合比选后确定，具体可参考表7-1。

表7-1   分布式光伏接入电压等级建议

单个并网点容量	并网电压等级
400kW 及以下	380V
400kW 至 6MW	10kV
6MW 及以上	35kV

注：最终并网电压等级应根据电网条件，经过技术经济比选论证确定，优先采用低电压等级接入。

屋顶分布式光伏单点接入容量在400kW及以下时，宜汇集接入380V母线，路径困难时，可通过专线汇集接入至380V电网主干线路；单点接入容量在8kW及以下，经三相不平衡校核通过也可单相接入220V电网；单点接入容量在400kW至6MW时，宜通过用户专变接入至10kV电网；单点接入容量在6MW及以上时，宜通过升压站接入至35kV电网。屋顶分布式光伏接入时，应进行相关线路热稳定、变压器承载力校核，避免线路/变压器反向重载。线路及变压器承载力校核未通过时，应采取降低屋顶分布式光伏接入容量或升高并网电压等级等措施。屋顶分布式光伏并网点选择应根据并网电压等级及周边电网情况确定，具体可参照表7-2。

表7-2　分布式光伏并网点选择

电压等级	并网点
35kV	变电站或开关站35kV母线；35kV线路
10kV	变电站、开关站、配电室、箱变、环网箱（室）的10kV母线；10kV路（架空线路）
380（220）V	配电室、箱变或柱上变压器低压母线；低压主干线路/配变箱

7.4　光伏畜禽场的案例介绍

7.4.1　高支架非接触式光伏畜禽场

7.4.1.1　项目简介

2021年，黄河新能源（北京）有限公司与青岛九联集团股份有限公司达成战略合作，黄河新能源在青岛九联集团旗下的近百个养殖场内的养殖禽舍棚顶和附属设施棚顶建设新能源光伏发电系统（图7-12），在其旗下位于青岛莱西市和平度市的数十个加工厂、饲料厂建设"光伏＋智慧能源"综合能源服务系统，项目总装机容量超400MW。

图7-12　九联集团养殖场光伏发电系统

　　该项目采用全额上网模式，各光伏电站采用分块发电、集中并网方案，全部采用550W及以上规格的单晶硅组件，每26块光伏组件组成一个组串，每个组串通过光伏专用电缆接入组串式逆变器。逆变器出线电缆接入箱式变压器内，每座电站现场需新建1～2台2 000～3 150kVA箱式变压器，通过箱式变压器升压至10kV后接入附近的公共电网。

　　采用固定式高支架方案，光伏组件通过固定式高支架支撑起来，光伏组件与禽舍棚顶不接触，禽舍棚顶不受力（图7-13），避免因为禽舍结构影响光伏发电系统，同时为禽舍提供遮阳、抗风、抗雪、防水、隔热、保温的作用。

　　该项目投产后，年均发电量约4.94亿kW·h，与同容量燃煤发电厂相比，每年可节约标煤15.1万t，相应每年可减少多种大气污染物的排放，其中减少二氧化硫（SO_2）排放量约79t、二氧化碳（CO_2）约41.1万t、氮氧化合物约88t、炭粉尘15.8t，减少了有害物质排放量，减轻了环境污染，节省了常规能源，改善了当地能源结构，促进当地经济发展。

a.效果图

b.山墙侧实景

c.侧墙侧实景

图7-13　光伏组件在棚舍上的安装方式

7.4.1.2 合作效益

（1）土地租金和节能降耗的净收益　黄河能源租用养殖场资源，可为养殖场带来可观的租金收益。

（2）养殖场改扩建收益　养殖场内的光伏发电系统独立于禽舍，光伏发电系统的立柱、横梁和檩条可以为养殖场改建和扩建提供结构支持，减少养殖场改扩建的投资。光伏发电系统是按照25年长寿命进行设计的，在禽舍改扩建后的25年内，不必再对禽舍立柱、横梁等主要结构进行更换，极大减少了禽舍改扩建投入和日常维护费用。

（3）养殖场日常免维护收益　养殖场建设的光伏发电系统具有先进的建筑功能，可为禽舍棚顶提供抗风、抗雪、防水、隔热、保温的作用，同时还具备高效发电能力，25年内无需进行鸡舍棚顶更换、检修及保养维护，节省了鸡舍棚顶的维修、改造、更换等日常维护费用。

（4）养殖场新建和代建服务　黄河能源应合作单位的要求，投建了智慧化养殖设备和综合能源服务系统，为畜禽养殖提供更加舒适的养殖环境，为合作单位实现"绿电和农业"的双重盈利，在获取农业、绿电收益的同时，实现节能减排的社会效益。

7.4.2 屋面接触式光伏畜禽场

7.4.2.1 项目概况

该项目利用高邮邮都园生猪养殖基地的屋顶安装太阳能光伏系统（图7-14），通过光伏发电系统将产生的电能全部接入厂内用电系统，实现"自发自用，余电上网"的模式。彩钢瓦屋面上高密度布置光伏组件不仅提升了单位面积的发电能力，而且提高了整体能源利用效率，确保了项目的经济性和可操作性。

a.园区俯瞰图

b.屋顶细节图

c.屋顶光伏支架图

图7-14　光伏养殖项目实景

7.4.2.2 光伏组件布置方式

该项目规划总装机容量6.21MW，采用单晶硅550Wp光伏组件。在现有42栋彩钢瓦屋面建筑的屋面安装了光伏支架及组件。彩钢瓦屋面上光伏组件横向布置，屋面南坡部分光伏组件与屋面成10°夹角，屋面北坡区域光伏组件与屋面成15°夹角。

7.4.2.3 项目意义

该项目不仅提高了高邮邮都园生猪养殖基地的能源使用效率，降低了电力成本，还助力绿色能源的推广，减少碳排放。采用分块发电和集中并网的模式，项目展示了较强的经济性和操作简便性，契合现代化能源管理标准，推动了可持续发展。

参 考 文 献

电工运维藏金阁, 2021. 光伏发电系统的采光方式介绍[EB/OL]. https:// baijiahao. baidu. com/s?id=1713499878940060888&wfr=spider&for=pc.

光伏大数据, 2023-07-09. 光伏支架: 固定式与跟踪式的创新科技[EB/OL]. https://baijiahao. baidu. com/s?id=1770946298661603811.

光伏支架厂家秀水, 2022-07-16. 光伏支架结构设计分析以及应用[EB/OL]. https://baijiahao. baidu. com/s?id=1738470769644615136&wfr=spider&for=pc.

何继江, 刘健, 2022-02-24. 海南光伏温室大棚蔬菜产量显著高于露地[EB/OL]. https://mp. weixin. qq. com/s/foB03N2IWndxNDZ8tu-gRw.

红外电加热薄膜联合空气能热风干燥的离网光伏烘房[P/OL]. https://uiaec. ujs. edu. cn/project_show. php?id=165.

江苏齐达新材料, 2023-12-05. 太阳能板支架选型分析[EB/OL]. https://baijiahao. baidu. com/s?id=1784407986039319728&wfr=spider&for=pc.

聚高新能源, 2018-07-06. 光伏支架的强度怎么计算[J/OL]. http://www. gecopv. com. cn/page73. html?article_id=20.

李一龙, 张冬霞, 袁英, 2017. 光伏组件制造技术[M]. 北京: 北京邮电大学出版社.

李钟实, 2012. 太阳能光伏发电系统设计施工与应用[M]. 北京: 人民邮电出版社.

刘建, 何继江, 2022-02-19. 农业研究: 利用光伏温室建设永久性常年蔬菜基地[EB/OL]. https://mp. weixin. qq. com/s/gwBzaLDOZ1E5xRVZnnY8Fg.

刘勇平, 2023. 光伏电站电气设计技术分析[J]. 电气技术与经济(10): 143-145.

买发军, 吕丹, 白荣丽, 2018. 基于有限元分析的固定可调光伏支架受力分析和强度计算[J]. 太阳能, 2018(4):4.DOI:CNKI:SUN:TYNZ.0.2018-04-009.

内蒙古新媒体协会, 2023-05-15. 棚顶光伏, 棚内养牛, 优然牧业"牧光互补"如何实现绿色经济[EB/OL]. https://new. qq. com/rain/a/20230515A021LA00.

农业大数据, 2022-05-24. 光伏农业: 政策利好, 乡村振兴加速器, 但商业模式有

待升级 [J/OL]. http://www. nongxianfeng. com/news/show-2303. html.

庞大（天津）工贸有限公司, 2023-11-13. 牧光互补光伏支架 [EB/OL]. https://www. douyin. com/note/7300941112699522319.

荣月, 2016. 服先农业大棚 30MW 光伏电站电气设计 [D]. 长春: 吉林大学.

润诚建筑安全鉴定中心, 2024-01-06. 分布式光伏屋顶荷载要求 [EB/OL]. https://baijiahao. baidu. com/s?id=1787329593969508829&wfr=spider&for=pc.

上海威士达冷链研究院, 2022-09-05. 如何建设光伏+冷库的需求 [EB/OL]. https://zhuanlan. zhihu. com/p/561394827.

食通社 Foodthink, 2023-11-27. 只见光伏, 不见农业: 光伏农业的神话与现实 [EB/OL]. https://zhuanlan. zhihu. com/p/669069593.

硕标新能源, 渔光互补光伏支架 [J/OL]. https://www. shuobiaosolar. cn/product/25. html.

汤俊超, 吴宜文, 张姚, 等, 2022. 浅谈"光伏+农业"产业的发展模式 [J]. 中国农学通报, 38(11): 144-152.

陶兴南, 2022. "农光互补"光伏电站支架基础结构选型对比分析 [J]. 安装 (3): 71-72, 80.

通威集团, 2019-12-16. 央视科教频道聚焦通威"渔光一体": 解读"三产融合"通威样本 [EB/OL]. https://www. sohu. com/a/360787197_178610.

王彩, 2017. 交城建宏现代农业园区规划设计 [D]. 太原: 山西农业大学.

许钧升, 裴琦钰, 刘浩. "农光互补"助力乡村振兴分析和研究 [J/OL]. 内蒙古师范大学生命科学学院. http://xueshu. qikan. com. cn/preview/1/235/2530354.

央广网, 2023-02-22. 塔拉滩上"光伏羊"走出生态畜牧业新路径 [EB/OL]. https://www. cnr. cn/qhfw/jjqh/20230222/t20230222_526160969. shtml.

杨挺昂, 谢建林, 2023. 光伏电站电气设计研究 [J]. 光源与照明 (3):115-117.

英利能源中国, 2019-10-22. 户用屋顶光伏电站的维护与保养实用指南分享 [EB/OL]. https://zhuanlan. zhihu. com/p/87944455.

元一能源, 2023-03-21. 发展"光伏+食用菌"新模式"菌光互补"助"共富" [EB/OL]. https://k. sina. com. cn/article_6524345316_184e19be4001018bip. html.

张胜杰, 2020-10-12. 35% 可再生能源占比目标提前完成——德国光伏产业大发展回归理性（他山之石），《中国能源报》第 27 版 [N/OL]. http://paper. people. com. cn/zgnyb/html/2020-10/12/content_2013127. htm.

鹧鸪云光伏系统, 2024-04-01. 太阳能光伏产业不同领域应用分析 [EB/OL]. https://www. 163. com/dy/article/IUN47B7B055673T1. html.

中国储能网新闻中心, 2023-06-28. 多个光伏项目因违规用地遭拆除，用地合规性需警惕 [EB/OL]. https://www. escn. com. cn/20230628/19992326b4794b1b81 c918c3fb836b6e/c. html.

周长吉, 高秀清, 2014. 光伏技术在农业中的应用 [M]. 北京：中国农业大学出版社.

2022-12-06. AIP Conference Proceedings 2635, 020002 (2022)[EB/OL]. https://doi. org/10. 1063/5. 0106454 Published Online: 06 December 2022.

Fraunhofer-Institut ISE (2022): Agri-Photovoltaik: Chance für Landwirtschaft und Energiewende. Ein Leitfaden für Deutschland. Fraunhofer-Institut für Solare Energiesysteme ISE. Freiburg, Germany. Available online at https://www. ise. fraunhofer. de/de/veroeffentlichungen/studien/agri-photovoltaik- chance-fuer-landwirtschaft-und-energiewende. html.

GOETZBERGER, A. ; ZASTROW, A. (1982): On the Coexistence of Solar-Energy Conversion and Plant Cultivation. In International Journal of Solar Energy 1 (1), pp. 55–69. DOI: 10. 1080/01425918208909875.

Michelle Poliskie, 2018. Solar Manufacturing Environment Design Concepts for Solar Modules[M]. 北京：机械工业出版社.

Prannay Malu; Utkarsh Sharma; Joshua Pearce(2017): Agrivoltaic potential on grape farms in India. Sus-tainable Energy Technologies and Assessments 23, pp. 104-110. DOI:10. 1016/j.seta. 2017. 08. 004. hal: 02111403.